寒洲 李震相의 主理論 研究

寒洲 李震相의 主理論 研究

李 相 夏

景仁文化社

책머리에

내 또래들이 꺼리는 한문을 공부하고 이제는 또 空理空論으로 비판받아온 성리설을 가지고 어쭙잖은 책을 내기에 이르렀으니, 시대에 뒤떨어진 오활한 사람이라 해도 나는 할 말이 없게 되었다. 그러나 곰곰이 생각해 보면 아무래도 오활한 사람이 내게 제격이라 앞으로도 오활한 사람이 됨을 기꺼이 받아들이고 오활한 학문에 오래 종사할 수밖에 없을 듯하다.

무턱대고 앞만 보면서 남들에게 뒤질 새라 바삐 걸어가는 현대인들에게 그냥 제 자리에 그쳐 있으라고만 가르치는 듯 보이는 孔孟의 학문이 무슨 의미를 가질 수 있을까. 근세 이래 서양의 학문이 세계를 주도하면서 사람들은 대개 역사는 발전하고 그에 따라 인류도 발전한다고 생각해왔다. 그러나 동양의 학문에서는 발전의 반면에는 분명 퇴보도 있다고 말한다. 세상이 발전하면서 사람들은 오히려 참으로 중요한 것을 잃고 있으며, 자기를 잃고 맹목적으로 밖을 향하여 달리고 있다고 꾸짖는다. 공맹의 가르침인 儒學도 마찬가지이니, 이러해야 유학이 될 수 있고 이렇지 못하면 유학이 유학일 소이가 없어지고 만다. 그리하여 유학의 세상에서는 무엇을 남들보다 잘하기보다는 하지 말아야 할 일을 하지 않음의 의미를 곱씹어 말하고 세상에 나아가 움직이기보다는 그쳐야 할 자리에 그침의 가치를 높이 평가한다.

서양과 동양, 움직임과 그침을 연계하여 생각할 때 나는 『대학』의 그침 [止]을 생각하고 그침을 생각하면서 곧잘 팽이를 떠올리곤 한다. 힘차게 돌아가는 팽이는 제 자리에 그쳐서 움직이지 않음으로써 실은 가장 잘 움직인다. 팽이가 이리저리 자리를 옮기며 돌아가면 자기의 존재를 잘 드러내는 듯 보이지만 이내 쓰러지고 만다. 팽이는 제 자리에 그침으로써 자기 존재를 가장 명확히 자각하고 자기 할 일을 가장 잘 할 수 있다. 사람인들 이와 다를 것인가. 아무리 위대한 일을 이룬 사람일지라도 그가 자기 존재를 성찰하고 확신하지 못했다면 그가 한 일은 결국 歸着處가 없어 맹목적이고 공허한 것이 되고 말 뿐이다. 나는 아직 동양학을 서양학에 비교하고 孔孟의 가르침이 가장 殊勝한 진리라고 큰 소리로 말할 만한 자신은 없다. 그러나 비틀대는 팽이와 같은 오늘날의 인류에게 가장 적절한 警策을 줄 수 있는 것이 공맹의 가르침임은 확신한다.

여기 寒洲 李震相은 19세기를 살다간 전형적인 조선의 성리학자로서 玄相允의 『朝鮮儒學史』에서 性理學 六大家에 든 걸출한 학자이다. 그의 학문은 心卽理說을 주장, 영남학파 主理論의 절정에 이르렀다는 점만 주로 부각되어 있으나 실은 經學, 禮學 및 성리학자들이 좀처럼 관심을 두지 않는 時務에 이르기까지 폭넓은 분야에 걸쳐 실로 浩汗한 저술을 남겼다. 특히 성리설에서는 기존의 논리를 정리 보완하여 竪看·橫看·倒看의 三看과 順推·逆推의 二推라는 인식논리와 추론방법을 고안해 내어 각 학파의 성리설을 회통할 수 있는 이론의 틀을 마련하고 그 틀 위에서 자기 학설을 전개했다는 점에서 조선시대의 학자, 그 누구보다 근대 학문에 가까운 발전된 면모를 보인다고 평가할 수 있다. 그러나 한주는 초야에 묻혀 성리학만 연구하며 평생을 보냈을 뿐이니, 당시의 급변하던 국내외의 정황을 읽고 그에 적절히 대응하여 그 시대의 先覺이 되지는 못했다. 따라서 오늘날 말하는 발전하는 역사의 場에서 그의 존재 의의를 찾기는 어렵다. 그러나 그칠 곳에 그치고 그 그침을 통해서 자기를 성찰하고 자기 존재를 확인하고 자기 할 일을 충실히 했다는 측면에서는 누구보다 의미 있는 삶을 산 지식인이라 할 수 있다.

조선의 지식인이 변화해야 할 때에 변화하지 못하여 우리 민족이 겪은 고통은 이루 말할 수 없다. 그 책임을 성리학에 고스란히 떠넘겨도 그 시대의 이념을 주도해온 학문으로서 자책할 일이지 궁색한 변명을 늘어 놓아서는 안 된다고 생각한다. 그러나 우리는 언제까지나 변화의 시대에 대한 기억만으로 역사와 학문을 말하고 모든 것을 판단할 것인가. 역사의 큰 흐름 위에서 失이었던 것이 得이 되기도 하고 得이라 여겼던 것이 失이 되기도 한 사례는 얼마든지 있다.

오늘날 인문학의 위기를 말하는 사람들이 많다. 그리고 그 원인을 인문학이 대중과 소통하지 못한 데서 찾는 학자들도 있다. 그러나 어느 시대를 막론하고 인문학이 대중과 쉽게 소통한 적은 없었다. 어느 시대에 인문학이 읽기 쉬운 책으로 대중과 접한 적이 많았던가. 오늘날 인문학자들이 참으로 사람에게 절실히 필요한 진리에는, 그 지루한 반복과 平易 明白함에 싫증을 느껴 潛心해 硏鑽하지 못하고, 자신의 생각으로 만들어낸 참신하고 工巧한 설들을 자꾸만 대중에게 내어놓는 것이 과연 대중을 위하는 것인가, 인문학자 자신을 위한 것인가. 오히려 오늘날 인문학자들이 그칠 데 그칠 줄 몰라 대중들로 하여금 그치지 못하고 방황하게 하는 것은 아닐까. 인문학의 위기인가, 인문학자의 위기인가. 깊이 반성해 볼 일이다.

그침의 의미를 끝까지 추구하고 그침의 가치를 온 몸으로 구현한 조선의 성리학자들을 통하여 오늘날 우리가 얻을 가르침은 크고도 많다. 우리 과거의 역사가 너무 그쳐 있음으로써 실패했다면 오늘날 인류의 역사는 그칠 데 그칠 줄 몰라 종당에 실패할 것이기 때문이다.

이 책은 한국인물사연구소 유승주 소장님의 정성어린 오랜 권유가 없었으면 세상에 나오지 못했을 것이다. 학위논문을 가지고 별로 보완한 것도 없이 장정만 바꾸어 책을 만들자니 나를 아는 모든 분들께 그저 부끄러울 뿐이다. 특히 정년하신 뒤에야 논문들을 정리해 저서를 발간하신 지도교수 對山 李東煥선생님께는 더욱 송구하다. 이 일로 따끔한 질책이라도 받아야 마음이 편할 듯하다.

2007년 3월 1일, 무등산 아래 서재에서 저자 씀.

<차 례>

서 론

1. 寒洲의 性理說과 經學

근세 新學問이 들어오기 전까지 적어도 漢文 文化圈에서 經學은 학문의 모든 分門을 통괄하는 總腦였다. 철학과 문학은 물론이고 정치, 경제 등 학문의 거의 모든 분야들이 經學의 영토 안에서 저마다의 田地를 개척해갔던 것이다. 그러나 현대에 와서는 經學의 관심이 考證學, 史學, 문학 등으로 다양하게 나뉘어 본래 경학의 핵심이었던 宇宙論, 性情論, 修養論과 같은 것들은 거의 철학 연구의 몫이 되어 버렸다. 이는 淸代에 유행한 고증학이 오늘날 학계에까지도 영향을 끼치고 있을 뿐 아니라 性理學이 철학으로 분류되면서 성리설 쪽에 속하는 자료들은 대체로 경학의 영역에서 분리되어 나갔기 때문에 생긴 현상이다. 그러나 성리학 자체가 기본적으로 경전의 해석에 그 입론의 근거를 두고 있으므로, 성리설의 핵심 논거는 역시 經書의 원문 및 그 註說이며, 이를 해석하는 관점의 차이가 학파와 학자에 따라 학설을 多岐하게 나누는 분수령이 된다.

한국의 경학은 주로 理氣·心性論을 주축으로 한 義理學 쪽에 자료가 집중되어 있다. 여기에 실린 학설들은 오늘날 학문의 관점에 볼 때 철학과 경학 두 영역을 동시에 넘나들고 있어 어느 한 分門만이 전담 연구해서는 만족할 만한 성과를 얻기가 어렵다. 근세 이전의 학자들은 理氣·心性의 문제를 연구할 때에도 儒家 경전과 그에 대한 先儒의 註說을 검토한 위에 새로운 시각의 해석, 또는 新義·新說을 發明하였다. 그것이 그들의 학설을 결정짓는 가장 중요한 관건이 되었던 것이다. 따라서 그들이 근거로 제시한 경전과 先儒의 설을 통하여 그들의 입론의 근거를 먼저 검토하지 않으면, 그들의 학설이 얼마나 的確한 논리적 근거를 갖고 있는지, 또 거시적으로는 그들의 사상이 사상사에서 어느 위치를 占하는지 분명히 파악하기 어려울 것이다. 또한 이러한 검토과정을 거치지 않은 채 새로운 학설이라고 쉽게 단정하거나 새로운 견해라는 이유만으로 그 가치를 쉽게 인정해 주어서도 안 될 것이다.

이러한 문제의식에서 볼 때 19C 영남 主理論을 대표하는 학자인 寒洲 李震相은 당시로서는 매우 파격적인 성리설을 주장했다는 점에서 뿐 아니라 경학과 선유의 설을 고증하고 검토하여 그의 성리설의 입론 근거를 체계적인 저술로 보여준다는 점에서도 매우 주목할 만하다.

조선 왕조가 그 명운을 재촉하고 있던 서기 1818년, 경상북도 星州의 한개[大浦]에서 출생한 寒洲는 17세 때 숙부인 凝窩 李源祚의 권유로 성리설을 공부하기 시작하여 師承 없이 독학으로 『性理大全』을 읽었다.[1] 그가 본격적으로 학문의 길에 들어선 처음에 많은 학자의 다양한 학설들을 두루 수록하고 있는 『性理大全』을 먼저 읽었다는 사실은 주목하여 볼 만하다. 당시 조선 학계의 정황을 보면 학자들은 대체로 자신이 소속한 학파의 前賢의 저술들을 먼저 접하였는데, 그것들은 이미 기존 학파에서 定說로 공인하는 학설이 분명히 제시하고 있어, 처음 공부하는 학자로 하여금 여러 학설의 異同을 객관적으로 관찰하고 연구하는 과정을 생략

---

1) 曰 "汝長於窮究, 盍從事於性理之學?" 先生自是尤發憤自任, 退讀『性理大全』, 蚤夜潛究, 至忘寢食.『寒洲全書』(아세아문화사, 1980. 이하『全書』로 약칭함.) 1책, 811쪽, 「문집」, 年譜.
自惟念寒鄕晚生, 無所師承, 自受讀四子以來, 雖於文義字訓之間, 一有所未通, 則究索至於透曉而後已.『全書』1책, 152쪽, 「문집」6권, 與金訂窩.

한 채 곧바로 師門의 成說을 이해하고 수용하는 쪽으로 공부를 진행하게
하기 쉽다. 한주는 처음『성리대전』을 읽으면서 각 학설 同異를 分辨하는
데 고심하여, 두 개의 공책에 같은 설과 다른 설을 나누어 적어두었다가
그 설을 지은 학자들의 문집을 꼼꼼히 읽고 참조하여 초년과 만년 說의
차이, 어느 설을 주장한 것이 많고 어느 설을 주장한 것이 적은지의 비율
등을 고찰 분석하였다. 이러한 연구 과정을 거친 뒤에 한주는 나름의 見處
를 얻고, 다시 자신의 견해를 경전에 절충하여 聖賢의 뜻에 맞는지 여부를
점검함으로써 최종의 결론에 도달한 것이다.[2] 즉 先儒들의 성리설을 비교
분석하는 것에서부터 처음 학문을 시작하였고, 다시 經學을 통하여 성리
설을 磨勘한 셈이니, 한주의 학문은 성리학과 경학의 유기적인 관계를
매우 잘 보여주는 것이라 할 만하다.[3]
　　한주의 저술은 四書集註의 經‧章句‧或問의 관계와 같이 체계적으로
엮어져 있다. 즉『求志錄』에는『大學』,『論語』,『孟子』,『中庸』,『詩傳』,
『書傳』,『儀禮』,『周禮』,『禮記』,『太極圖說』,『通書』,『近思錄』의 箚義와
『易學管窺』및『朱子大全考疑』,『朱子語類箚疑』,『心經窺啓』,『退溪集箚
疑』가 실려 있어 經書와 性理說 전반에 걸친 寒洲의 견해를 볼 수 있으며,
『辨志錄』에는『困知記辨』,『四七辨』,『朱子言論同異考辨』,『記聞錄附理
氣性情圖辨』,『南塘集辨』,『巍菴集辨』,『林滄溪四七說辨』,『鹿門集考辨』
이 실려 있어 畿湖學派의 학설에 대한 한주의 비판을 볼 수 있다. 이러한
『求志錄』과『辨志錄』의 바탕 위에서 한주가 자신의 학설의 입론 근거 및
그에 대한 자신의 견해를 집약하여 보여준 것이『理學宗要』이다. 이 책은

---

2) 先生自言 "始讀『性理大全』, 苦於同異之難辨, 卽分抄兩錄, 歷考諸賢本集, 以相
　參訂, 考其早晚多寡分合之歸. 久之, 乃始有得於一致之地. 遂折衷于經傳, 要其
　本原, 然後始有著落.『전서』1책 811쪽,「문집」부록 1권「年譜」.
3) 府君言 "吾一生讀四子, 有不足者. 如六經, 已略. 然於易, 晚年精力盡在此. 諸家
　說話, 只將來參證, 雖宋儒文字, 只是聖經註脚, 後來說話乃註脚之註脚.『전서』
　1책 834쪽,「문집」부록 2권, 行錄.

한주의 대표적인 저술로 제자 弘窩 李斗勳에게 보낸 書簡에서 미완성의 책이라고 밝히고 있듯이 한주가 작고하기 직전까지 수정 보완한 절필의 遺著이다. 『이학종요』에는 주로 경전의 근거 위에 선유의 학설들을 체계적으로 분류하고 자신의 견해를 덧붙여 놓고 있다. 그리고 『이학종요』의 이론이 실제로 발휘된 것이 『寒洲集』에 실려 있는 書簡의 논변과 雜著들이다. 『구지록』과 『이학종요』는 경학의 관점에 볼 때 실로 義理學의 방대한 저술이라 할 수 있으며, 『한주집』 역시 거의 대부분이 진지한 성리설 연구로 채워져 있다. 한주는 이 밖에도 史學으로는 『春秋集傳』, 『春秋翼傳』, 『千古心衡』을, 禮學으로는 『四禮輯要』, 心學으로는 『直字心訣』을 남기고 있어 성리학 전반에 걸쳐 실로 浩汗한 저술을 남기고 있다.

2. 연구의 범위와 목적

본고는 주로 한주 성리설의 입론 근거가 될 수 있는 경전 해석 및 한주가 연구한 先儒의 설, 이 두 가지를 고찰의 대상으로 삼을 것이다. 즉 앞으로 두 갈래의 큰 방향으로 연구가 진행될 것이다. 그 하나는 물론 한주가 주장한 학설 자체에 관한 연구가 될 터이고, 또 하나는 한주 학설의 입론 근거가 될 수 있는 경전의 주석 및 주자, 퇴계 등 先儒들의 학설에 대한 한주의 연구에 대한 연구가 될 터인데, 후자가 오히려 主가 될 것이다.

한주는 성리학자이다. 따라서 한주 학설의 입론 근거를 먼저 연구한 바탕 위에서 한주에 관한 연구가 진행되어야 한주 성리학의 실상을 보다 정확히 파악할 수 있을 것이다. 이는 성리학자 일반에 두루 적용될 수 있는 연구의 큰 방향이 될 수 있겠거니와 한주의 경우에는 經書의 註說 및 기존 학자의 설들을 종합하여 비교 검토함으로써 자신의 학설의 입론 근거를 분명히 제시했다는 점에서 더욱 그러하다. 따라서 그가 어떠한

經文과 그 註說, 어느 학자의 어떠한 설을 受用하고 있는지를 먼저 검토하
는 과정이 한주 연구에서는 반드시 선행되어야 할 것이다. 또한 조선후기
성리학의 가장 큰 장점이 폭과 깊이 모두에서 朱子 연구의 한 정점에 도달
했다는 것이므로, 당시 학계에 부각되어 있던 쟁점에 대한 한주 학설의
근거를 착실히 규명하지 않은 채 곧바로 한주의 철학을 해석하고 그 사상
사적 의의를 云謂해서는, 논리 전개의 段落이 부족하다는 비판을 받을
수밖에 없다고 생각한다.

　지금까지 한주에 대한 연구는 모두 철학 방면에서 진행되어 三看・二
推, 心卽理說 등의 철학적 含意를 해석하는 데 주력해 왔다.[4] 心性情論에

---

4) 한주에 관해 학계에 발표된 논문은 다음과 같다.
　　宋贊植,「朝鮮朝末 主理派의 認識論理 - 寒洲 李震相의 사상을 중심으로 -」
　　『동방학지』 제18집, 연세대학교출판부, 1978년.
　　송찬식,「寒洲 李震相의 理氣論研究」『韓國史學』 제5집, 한국정신문화연구
　　원, 1983년.
　　송찬식,「寒洲 李震相先生의 학문과 사상」『淡水』 13, 1984년.
　　金東赫,『寒洲 李震相의 主理哲學에 관한 研究』, 한국정신문화연구원 부속대
　　학원 석사학위논문, 1984년.
　　김동혁,「寒洲 性理學의 主理的 特性」『東洋哲學研究』 제7집, 1986년.
　　姜大杰,「寒洲 李震相의 理氣說小考」『北岳論叢』 제5집, 국민대학교, 1987년.
　　김동혁,「心卽理의 陽明說과 寒洲說 비교연구」『慧田專門大論文集』 제8집,
　　1990년.
　　山內弘一,「李震相의 心卽理論說과 嶺南學派」『碧史李佑成停年紀念 민족사의
　　전개와 그 문화』, 창작과 비평사, 1990년.
　　김동혁,「湖洛論爭에 대한 寒洲의 批判的 立場」『慧田專門大論文集』 제9집,
　　1991년.
　　김문용,「寒洲 李震相의 四端七情論」, 민족과 사상 연구회, 『四端七情論』, 서
　　광사, 1992년.
　　李三基,『寒洲 李震相의 心性論의 연구』, 고려대학교 대학원 석사학위논문,
　　1993년.
　　김동혁,「寒洲 性理學의 直思想에 관한 研究」『동양철학연구』 제14집, 동양
　　철학연구회, 1993년.

관한 연구도 있었으나 역시 그 철학적인 의미를 해석하는 데 치중하였고

김동혁, 「寒洲 李震相의 直字心訣에 관한 연구」 『慧田專門大論文集』 제13집, 1993년.

이삼기, 「한주 이진상의 人物性同異論」 『인성물성론』, 서광사, 1994년.

안영상, 「극단으로 간 최후의 퇴계주의자 ─학주학파─」 『조선유학의 학파들』 한국사상연구회, 1996년.

김동혁, 「李震相의 인물과 학문사상」 『嶺南學派의 연구』, 東方學會 編, 병암사, 1998년.

李炯性, 「寒洲 李震相의 心性論 研究 ─心卽理說과 以心使心論을 중심으로─」 『韓國思想과 文化』 제2집, 한국사상문화학회, 『동양철학연구』 제19집, 동양철학연구회, 1998년.

이형성, 「한주 성리설에 있어 主宰性에 관한 一考察 ─以心使心論을 중심으로─」 『동양철학연구』 제19집, 1998년.

洪元植, 「이진상의 철학사상과 그의 후예들」 『東洋學』 제29집, 단국대학교 동양학연구소, 1999년 6월.

이형성, 「李震相 性理學의 方法論에 관한 考察」 『韓國思想과 文化』 제6집, 한국사상문화학회, 1999년.

琴章泰 「퇴계학파의 학문 ─寒洲 李震相의 性理學과 心卽理說」 『퇴계학보』 제102집, 퇴계학연구원, 1999년.

金炯瓚, 「이진상의 心圖 및 主宰圖, 기타」 『圖說로 보는 한국 유학』, 한국사상연구회, 2000년.

이형성, 「李震相의 心統性情論에 관한 攷察」 『東洋古典研究』 제15집, 동양고전학회, 2001년 6월.

이형성, 「李震相의 心統性情論에 관한 攷察」 『東洋古典研究』 제15집, 동양고전학회, 2001년 6월.

이형성, 「李震相의 哲學思想研究 序說」 『韓國思想과 文化』 제13집, 한국사상문화학회, 2001년 9월.

이형성, 『한주 이진상 성리학 연구』, 성균관대학교 대학원 박사학위논문, 2001년 10월.

『근대 영남 유학의 유산 : 寒洲學派』 제3회 학국학연구원 기획학술발표회, 계명대학교 한국학연구원, 1999년 11월.

『寒洲學派의 學脈과 民族運動』, 제40회 동양학 학술회의, 近代의 儒敎學脈과 民族運動 3, 성균관대학교 대동문화연구원 동아시아 유교문화권 교육연구단, 2000년 8월.

『구지록』·『이학종요』등의 저술을 통하여 한주가 제시하고자 하였던 자기 입론의 經學的 근거, 先儒說의 고증에 대해서는 구체적인 연구를 보여주지 못하였다.

이처럼 한주 연구는 宋贊植이 처음 시작한 이래 줄곧 동일 주제를 반복하여 이미 거론된 철학적 명제를 보다 자세히 해석하거나 생애와 학파의 성격 등을 규명하는 데에만 관심이 쏠려 왔다. 한주 연구에 있어 무엇보다 선행해야 할 과제는 그의 사상과 학설이 畿湖學派 및 嶺南學派의 여타 학자들과 변별되는 특성은 무엇이며, 또 그가 그러한 趣向을 가지게 된 까닭은 무엇인가, 그가 제시한 주자와 퇴계의 정설은 과연 타당한 근거를 가지는가 하는 것들이다. 이러한 문제들을 분석, 검토한 토대 위에서 한주 철학의 함의 및 사상사적 의의를 해석하고 규정해야 한주의 실체를 보다 명료히 그려낼 수 있을 것이다.

기존의 한주 연구는 이러한 단계를 생략한 채 곧바로 한주 사상에 의의를 부여하고 한주 철학의 함의를 해석하는 쪽으로만 나아갔기 때문에 한주 학문을 떠받치고 있는 논거는 무엇이며 그것이 어떠한 경로를 통해 受用되고 있는가 하는, 연구에서 보다 기본적인 과제들은 여전히 미해결 상태로 남아 있다. 학계가 그 동안 한주의 사상을 定齋 柳致明, 또는 그의 숙부인 凝窩 李源祚의 영향 아래 형성된 것으로 서술해 온 것도 이러한 논거에 대한 고찰의 부족에서 온 것이라 생각한다. 이에 본고에서는 주로 한주 성리설의 논리적 근거가 될 수 있는 經書와 그 註說에 대한 한주의 해석과 비판, 그리고 이를 보완할 수 있는 朱子·退溪 등 先儒의 설에 대한 한주의 연구를 고찰함으로써 한주 성리설의 특성 및 그 사상사적 의의를 보다 근원적인 자리에서 究明하고자 한다.

朱子說 고증에서 初晚說 구분과 같은 단순한 연대의 고증은 따로 章을 마련하지 않고 각 章에 적절히 분속시켜 그 설의 논거로써 한 자리에서 볼 수 있게 하였다. 朱子說에 관한 한주의 연대 고증은『朱子大全』·『朱

子語類』등에서 보이는 서신 왕래, 교유 등의 연대 추적을 통해서 확인한 것이다. 한주 성리학의 큰 特長 중 하나가 선유설의 정밀한 고증에 있으며, 특히 주자 만년설에 관한 고증은 그 자체가 주자 연구의 중요한 성과로 평가받을 수 있을 것이다. 따라서 이는 단순한 연대 고증이란 의의를 뛰어넘어 철학사의 중요한 쟁점으로 다루어져야 마땅할 것이다.

논의가 진행되는 동안 한주의 학설을 영남학파, 기호학파의 학설들과 비교 검토하게 될 것이며, 이러한 과정을 통해서 한주 성리설의 성격이 더욱 분명히 드러날 수 있을 것이다.

제 *1*장

성리학계의 동향과 한주의 인식

1. 19세기 性理學계의 동향

　조선의 性理學은 대개 학자들이 저마다 주자의 설을 근거로 삼아 자기 학설을 전개하면서도 각 학파가 서로 첨예하게 대립하여 때로는 매우 상반된 견해의 同異를 드러내는, 특이한 양상을 보인다. 어쩌면 학계가 朱子學 일색으로 되면서 더 이상 밖에서 異端을 찾을 수 없게 되자 상호 논쟁의 적을 자기 학문 영역 안에서 만들어 간 것이 아닌가 싶을 만큼 학파 사이의 공방은 실로 치열한 것이었다.

　嶺南學派는 대체로 退溪의 학설을 철저히 신봉하는 일색으로 학맥이 이어졌다. 그래서 理氣說에 관한 한 새로운 견해를 내세울 필요도 없었고, 自派 안에서 심각한 논쟁이 벌어질 일도 별로 없었다. 이러한 현상은 한주가 활약하던 19C까지도 그대로 이어져 와 理氣說에 관한 연구의 열의는 담담하게 식고, 葛庵·大山의 큰 줄기로 이어지는 師門의 成說을 고수하는 형세가 굳어졌다. 감히 새로운 학설을 주장할 수 있는 분위기가 아니었던 것이다. 定齋 柳致明·西山 金興洛 등 당시 영남학파 主流의 학자들이 치열한 理氣心性의 논쟁을 벌이고 있던 畿湖學派의 학자들과는 달리 주로 修養論으로서의 敬을 주장하고 敬에 관한 설들을 수집 정리하는 저술을 남긴 것도 이러한 시대적 배경 속에서 이해됨직하다. 조선 후기의 영남의 학계에는 매우 보수적이라 할 수 있는 일정한 경향성이 이미 고착되어 가고 있었던 것이다. 이러한 정황 속에서 理氣·心性論을 연구하여 새로운 이론을 전개하던 한주는 많은 학자들, 특히 安東圈의 영남학과 주류로부터 혹독한 비판과 질시를 받을 수밖에 없었다.[1]

기호학파에서는 尤庵 宋時烈 이후 人物性同異論이라 불리는, 소위 湖洛論爭이 일어나 農巖 金昌協 계보의 洛論과 遂庵 權尙夏 계보의 湖論으로 학파의 갈래가 크게 나뉜다. 여기서 낙론은 퇴계와 율곡의 학설을 절충하는 입장을, 호론은 철저히 율곡의 학설을 신봉하는 입장을 보인다. 특히 호론을 대표하는 학자인 南塘 韓元震은 尤庵 宋時烈의 유지를 받들어『朱子言論同異攷』를 완성하였는데, 이 책은『朱子大全』과『朱子語類』에 실린 성리설을 정밀히 분석하여 율곡의 설을 지지하고 퇴계의 설을 비판한 저술로, 철저히 心卽氣의 입장에 서 있다. 한주가『理學綜要』를 저술하게 된 것도, 성리설 전반을 정리 會通하겠다는 큰 목적 외에 그 직접적인 집필 동기는 주로 이 책의 주장을 辨駁하는 한편 영남학파의 分開看에 치우친 문제점을 矯正하기 위한 것이었다 할 수 있다.[2]

한주가 살던 19C에 와서 성리학계의 흐름은 여러 갈래로 매우 큰 변화

---

1) 이에 대한 반발로 일어난 것이 경상남도의 학자들이 중심이 된 한주학파의 형성이라고 볼 수 있다.
2) 三代以後, 世有主氣之學, 老氏以元氣爲太極, 而其學則專氣致柔. 釋氏以作用爲眞性, 而其學則絶去理障 … 至於近世, 則以明德爲本然之氣者有之, 以氣質爲眞體之性者有之. 厥或泥於分開之論而不察本原之妙者, 謂理氣不可偏主, 凡於理字變名處, 率皆兼氣說去, 籠罩無分. 震相嘗慨然於是, 而學不究用, 言不見信, 乃敢歷摭經傳, 引類序次, 裒成一通, 名之曰理學宗要『전서』2책, 4쪽,「理學宗要」, 序.

를 보인다. 이 변화 중에서 이 논문의 취지와 관련하여 필자가 특히 주목하는 것은 華西 李恒老와 蘆沙 奇正鎭의 등장이다. 이들은 기호학파에 속해 있으면서도 성리설에 있어서는 主理說을 주장하여, 한주와 유사한 학설을 보인다. 특히 화서는 한주와 그 心說이 거의 일치한다.[3] 한주가 死後에 陶山書院으로부터 문집이 불태워지는 등 영남학파의 주류로부터 혹심한 탄압을 받았듯이 이들도 華陽書院을 중심으로 한 기호학파의 주류로부터 매우 심한 비판과 탄압을 받았다. 그러나 華西·蘆沙·寒洲의 문인들은 서로의 학설에서 공감하는 부분이 많았다. 이러한 현상은 오랜 세월에 걸쳐 상호 문호를 닫은 채 극력 대립해 오던, 영남·기호 兩學派로 이루어진 기존 학계의 구도가 허물어지기 시작했으며, 그것도 성리학에서 이론의 頭腦가 되는 理氣·心性論에서 양학파의 일각이 상호 견해의 합일점을 발견했음을 의미한다는 점에서, 한국 사상사에서 매우 주목할 만한 현상으로서 중요한 의의를 지닌다고 생각한다.

19C 主理論의 강화 경향을, 일본 및 洋夷를 배척하기 위한 이론적 무장의 필요 차원에서 이해하려는 견해도 학계에 이미 있어왔다. 한주 또한 『春秋集傳』·『春秋翼傳』을 저술하고 『대학』講會를 자주 여는 등 격변하는 시대의 흐름에 대처하는 이론과 방법을 자신의 학문, 儒學의 범주 속에서 찾으려는 적극적인 노력의 자취를 남기고 있으므로, 그가 주장한 主理論이 主氣, 또는 主氣에 포함될 수 있는 서구 사상에 대응하는 강력한 이념을 세우기 위한 것이었다고 볼 수도 있다. 그러나 한 학문의 史的

---

3) 華西之言, 大要與洲上說無異. 『后山集』(后山書堂, 1999년)3책 82쪽. 與郭鳴遠.
  華西의 高足인 重庵 金平默은 한주의 제자 尹胄夏에게 보낸 편지에서 한주의 心說에 대해 "前賢이 發明하지 못한 이치를 발명하여, 程朱의 本旨에 꼭 부합하니, 오늘날의 하늘 아래에서 心의 本體 眞面目이 후련하게 드러나는 것이 이토록 분명할 줄은 생각지도 못했다.[庶幾發前賢所未發, 吻合乎程朱之本旨, 不圖今天之下, 心之本體眞面目, 軒豁呈露, 若是其端之也.]" 하여, 극찬을 아끼지 않았다. 『전서』1책, 839쪽, 「문집」 부록 2권, 行錄.

흐름을 시대의 변화와의 밀접한 관련 위에서 파악하려는 노력은 필요하겠지만 그렇다고 外在하는 시대 상황에 곧바로 그 원인을 연결시켜서도 안 될 것이다. 한 사물의 成住壞空, 또는 변형, 재생 등의 변화는 근본적으로는 그 사물 자체의 필연적인 운동이듯이, 조선의 性理學史도 그 자체의 운동 과정이라는 보다 근본적인 자리에서 그 변화의 동인을 찾아야 할 것이다.

19세기에 와서는 성리학계가 전대의 연구 성과를 토대로『朱箚輯補』와 같은 巨帙의 저술들을 많이 이룩해 놓았다. 이 시기에는 예전에 일부 학자들의 전유물이 되었던 理氣論·心性論이 학계 전반에 일반화되어 성리설의 모든 쟁점들이 수면 위에 떠올라 있었고, 각 학파 사이에 서로 첨예하게 대립하던 기존의 학설들이 서서히 절충점을 모색해 가기 시작하였다. 이러한 긍정적인 변화를 견인한 가장 큰 힘이 주자의 定說, 晩年說을 찾는 연구였고, 따라서 이 시기에 나온 저술에는 주자의 初晩說에 관한 정밀한 고증이 많이 보인다. 주자의 저술을 샅샅이 고찰하고 분석하여, 기존 자료의 범위 안에서 주자 자체만 대상으로 한정한다면, 이미 연구의 정점에 접근해 있었다고 할 수 있다. 따라서 이 시점에 와서는 각 학파가 주자의 정설에 위배되는 설을 어떻게든 수정하지 않을 수 없었던 것이다. 그렇다고 師門의 宗旨를 결정하는 중요한 학설을 공공연히 바꿀 수도 없는 형편이라 각 학파의 정통을 자부하는 주류에서는 골격은 그대로 둔 채 가급적 工巧하게 기존 학설의 단점을 수정할 수밖에 없었다. 반면에 화서·노사·한주와 같은 학자들은 저마다 자기 학파의 주류와 우선 지역적으로, 또는 學脈에서도 일정한 거리를 두고 있었던 터라 과감하게 자기 육성을 낼 수 있었던 것이다.

2. 嶺南·畿湖 兩學派에 대한 한주의 인식

한주의 생애는 그 동안 선행 연구가 많이 서술해 놓았으므로, 본고에서
는 앞으로 전개될 논지와 관련하여 당시 학계 현실에 대한 한주의 인식이
어떠했는가에 대해 주로 고찰하기로 한다.

한주의 집안은 영남 星州에 世居하는 士族이었다. 성주는 지리적으로
경상좌도와 우도의 접경에 위치하여 退溪·南冥 당시부터 兩學派의 학문
의 접경 역할을 했던 곳이다. 그래서 이 지역의 학자들은 대체로 학문적으
로는 영남학파에, 四色에서는 南人에 속하면서도 南冥學派 뿐 아니라 老
論의 畿湖學派와도 일정한 교유를 유지해 올 수 있었다. 각 지역이 黨色으
로 첨예하게 대립하던 조선 후기 학계의 정황으로 볼 때, 그나마 지역적인
舊見의 속박에서 다소 벗어나 각 학파의 학문을 고루 접할 수 있는 학문적
풍토가 성주에 정착되어 있었다고 할 수 있는 것이다.

한주는 학문적으로 寒岡 鄭逑의 연원에 속하며 黨色으로는 南人에 속
한다. 그러나 한주는 어릴 적부터 당색과 학파를 초월하여 先儒의 저술을
두루 읽었으며, 安東의 屛虎是非, 성주의 晴檜是非 등 자신이 속한 지역
안의 士林 분쟁에도 일체 간여하지 않음으로써 嶺南圈 안에서도 가급적
편파적 위치에 서지 않으려 노력했다.[4] 당시 영남 士林은 중앙 정계에서
힘을 잃고 老論의 세력에 눌려 있던 터라 걸핏하면 연명으로 상소하는
것이 다반사였는데 한주는 꼭 세 차례, 寒岡 鄭逑의 문묘 배향, 서원 철폐

---

4) 府君持論甚公, 不以黨議害正見. 國人自宣仁以來, 分朋相角, 大者有四, 南北老
   少. 家世南中, 且爲文穆淵源, 而遯齋公又守正不撓, 府君篤守世議, 然自少通看
   四家文字, 公取並觀, 其於義理之一輸一贏學問之一正一誌, 較如指掌, 不以彼而
   非, 不以此而是. 至如嶺中之屛虎鄕裏之晴檜, 皆不祖其左右以立赤幟, 而一鑑炯
   然, 姸媸俱顯, 非若無星之秤都無輕重於其間也.『전서』1책 837쪽,「문집」부
   록 2권, 行錄.

중지, 洋夷 배척을 청할 때에만 회의에 동참했다고 한다.[5]

이러한 한주의 영남 지역에서의 독자적인 행보가 그의 독특한 학설과 겹쳐지면서, 한주는 당시의 영남학파로부터 심한 비판을 받을 수밖에 없었고, 이는 다시 한주에게 돌아와서 당시 학계에 대한 비판적인 인식을 형성하였다. 기호의 학자들에 대해서는 南塘 韓元震의 主氣論을 극력 비판하였지만 한편 栗谷에 대해서는 긍정적인 평가도 많은 편이며, 農巖 金昌協에 대해서는 극찬을 아끼지 않는 등 조선의 학자 전반에 걸쳐 객관적인 시각을 유지하려 노력했다.

> 남당이 율곡에 있어서는 규모와 역량이 현격히 차이가 나고 언론과 風旨도 많이 어긋난다. 하물며 바다처럼 넓고 하늘처럼 높은 朱夫子의 경지에 있어서야 그 울타리를 엿보고 그 나루터를 얻어 들어갈 수 있겠는가. 道家에서 말하는 "두 번의 生 동안의 공부만큼이나 격차가 난다."는 것이 바로 남당을 위해 준비해둔 말일 듯하다. 그대의 병통은 어느 한 쪽을 주장하는 데서 생긴다. 나는 그렇지 않아 비록 남당의 말일지라도 주자의 설에 맞으면 취하고 비록 율곡의 말일지라도 조금 주자에 어긋나면 버린다.[6]
>
> 農巖의 학문은 기호의 선배들 중 가장 醇正하다. 그가 저술한 四七說은 진실로 퇴계의 설에 위배되지 않는다.[7]

---

5) 嶺人以會議叫閤爲常法, 而府君之參其議者只三焉. 一請鄭文穆公陞廡享, 一請勿毁祠院, 一請斥洋邪. 嘗曰"非尊師道闢異端, 非韋布可言."『전서』 1책 837쪽. 行錄

6) 南塘之於栗谷, 規模力量, 煞有分劑, 言論風旨, 亦多矛盾. 況於朱夫子海闊天高之處, 尙安可覰其藩籬而得其津渡哉. 道家所謂膈兩塵者, 殆準備語也. 病生於主張也. 僕則不然, 雖南塘之言, 有合乎朱子則取之, 雖栗谷之言, 少違朱子則舍之. 『전서』 1책, 357쪽, 「문집」 15권, 答金鳳乃.

7) 農巖之學, 於畿湖先輩中最醇正, 所著四七說, 實不悖於退陶之旨. 『전서』 1책 815쪽. 「문집」 부록 1권.
한주가 농암의 학문을 높이 평가한 것은 농암의 四七說이 비교적 퇴계의 설에 부합하는 데에도 이유가 있겠지만, 黨爭이 치열하던 때에 자신이 속한 黨派에 치우치지 않았던 농암의 공정한 학문적 자세를 더욱 높이 평가한 것이다. 그리고 농암의 四七說에 대해서는 "이 설이 처음에는 元集에서 누락되었다가 오히려 영남 학자의 고루한 학문 태도에 대해 매우 신랄하게 비판하였다.

　　세상의 담론을 좋아하는 이들은 誠意·正心 두 마디를 한바탕 찬탄하고
存心·養性 두 마디를 한참 동안 읊조림으로써 남의 입을 막고 기운을 빼
앗아 말을 하지 못하게 하니, 이는 단지 자신의 단점을 감추는 교묘한 방법
일 뿐 실제로 학문에 소득이 있는 것은 아니다.8)

　실제로 이렇다 할 학식도 없으면서 誠意·正心, 存心·養性 등 그럴
듯한 표제를 내세움으로써 문답에서 우위를 선점하여 자신이 진정으로
爲己之學을 하는 양 위엄을 보여 놓고, 구체적인 쟁점을 꺼내어 토론하자
고 하면 이어서 '그러한 것은 학자의 分上에 절실하지 않다. 나는 공부가
부족하니, 분수에 넘치게 理氣·心性論과 같은 차원 높은 공부를 云謂할
수 없다'는 식으로 말하여 겸손을 무기로 교묘히 처세하는 것이다. 한주는
자신이 매우 솔직하고 직선적인 성격의 소유자라는 것을 여러 사람들에
게 보낸 편지에서 누차 밝혔거니와9) 늘 형식과 체면이 우선되어 의문이

뒤늦게 續集에서 나오게 된 것은 四七에 관한 설은 두 학파가 각각 한 쪽만
주장하는 풍토가 조성되었기 때문이었다. 그러나 程子가 잘못 본 곳을 주자가
누차 辨析하였고, 胡五峯의 『知言』의 잘못된 곳을 그 후손인 南軒이 숨기지
않았으니, 公理를 사사로이 斗護할 수 없음은 분명하다 하겠다. 이 설이 한
번 유포되자 派黨을 지어 상대 쪽을 공격하던 논의가 절로 파탄을 드러내고
꽉 막혀 固滯되었던 견해가 풀릴 수 있었으니, 아아, 훌륭하도다.[右說始漏於
元集而晩出於續集者, 蓋緣四七說之各成偏主, 而程子誤處, 考亭屢辨, 知言失
處, 南軒不諱, 公理之不容私護, 明矣. 斯言一出, 而黨伐之論, 自歸破綻, 窒滯之
見, 可以疏釋, 嗚呼韙哉!]" 하여, 농암의 사칠설이 공정하여 어느 쪽에 기울지
않은 것이었기 때문에 그가 속한 기호학파에서 자기 학파의 학설에 위배된다
고 刪削하였다고 하고 농암의 공정한 학문 자세를 크게 칭찬하였다. 『한주집』
초간본 漢籍 41권 15쪽.

8) 但觀世之好談論者, 將誠正贊歎一場, 以存省吟諷半餉, 關人口而奪之氣, 此特護
短之巧法而非其實得也. 『전서』 1책 306쪽 答柳肇甫.

9) 한주가 자신의 성격을 매우 직선적이라고 언급한 곳은 문집 도처에 보인다. 우
선 答張仲謙書에서는 "우직한 성품이 평소에 머뭇거리거나 회피함이 없다.[拙

있어도 함께 허심탄회하게 토론할 상대를 만나기 어려운 학계의 풍토가
그로서는 불만이었다.

> 세상에는 혹 마음 속으로는 교만한 생각을 품고 있으면서 겉으로는 겸손
> 한 태도를 보이는 자도 있으며 혹 거짓으로 겸손한 말을 하면서 몰래 자신
> 의 단점을 감추려는 꾀를 부리는 자도 있으니, 도리어 있는 것은 있다 하고
> 없는 것은 없다 하는 편이 그래도 진실에 가까운 것만 못하다.10)

조선 후기의 사림은 실제 학문의 역량보다 오히려 학맥과 가문의 배경
이 우위가 되어 위세를 과시하는 경향이 많았으므로, 활발한 학문 활동은
상당히 제약될 수밖에 없었다. 이러한 풍토에서는 진지한 논쟁이 한주와
같이 솔직한 학문 자세에서는 오히려 오만한 행위로 받아들여졌고, 그것
이 당시 각 학파의 성리설에 문제점이 많다고 인식하여 그 연구에 몰두하
고 있던 한주로서는 매우 답답하게 느껴졌던 것이다. 이 밖에도 한주는
문집의 많은 곳에서 당시 사림의 허상을 비판하였는데 사뭇 신랄한 것들
이다.

> 세상의 작은 것을 얻고서 만족하며 자기에게 편의한 곳을 차지하여 체면
> 만 세우려 드는 자들은 책을 읽거나 사물을 접응할 때 미리 하나의 簡約한
> 곳을 찾아 두었다가 남이 도리를 폭넓게 말하고 妙義를 해박하게 궁구하는

直之性, 平生絶不回互.]" 하였고, 한주의 아들 大溪 李承熙가 지은 「行錄」에는
"세상에서 혹 부군에 대해 견해를 고집하는 것이 너무 준엄하다고 하기에 불
초가 조용히 말씀드리기를 '남의 말이 혹 이치에 분명치 못하면 조금 너그럽
게 대하여 관용을 보이셨으면 합니다.' 하니, 부군이 '나는 일생 동안 태양증
이 있어 이런 병통이 있다. 그러나 안으로는 수긍하지 않으면서 겉으로 모호
한 태도를 취하여 스스로 겸손한 척 하는 것을 나는 싫어한다.' 하셨다.[世或
謂府君執見太峻, 不肯嘗從容白 '人言或未明, 請稍寬以示優容.' 府君曰 '吾一
生有太陽證, 有是病. 然亦病夫內不然而外含糊, 自處以謙卑也.]" 하였다.
10) 世或有中懷矜高之念而外作卑遜之態, 亦或有虛假撝謙之辭而陰售護短之計者, 反
不若有曰有無曰無之猶爲近實也. 『전서』 1책 309쪽 「문집」 13권, 答金聖夫.

것을 보았다 하면 문득 미워하는 마음을 일으켜 대뜸 상대의 부족한 곳을 찾는다. 그리하여 이로써 남을 규제하니, 남에게 있어서는 이익이 되겠으나 이러한 자세로 자신을 지켜 가면 손실이 실로 많아 비루하고 인색한 생각의 뿌리를 기르고 진취적으로 향상하는 길을 막게 될 것이다. 그런데도 이러한 태도로 종신토록 자신을 숨기고 살아가니, 斯學에 뜻을 둔 학자들은 참으로 이러한 자들을 보아 경계로 삼아야 할 것이다.[11]

보수적이고 소극적인 태도로 자신을 감추고 학문 토론을 꺼리는 풍토를 비판한 것이다. 여기서 간약한 곳이란 앞의 인용문에 보이는 성의·정심·존심·양성과 같은 것들이다. 즉 복잡한 학설의 쟁점을 질문하면 자신은 기실 이렇다할 식견도 없으면서 '그러한 것은 학자에게 절실한 문제가 아니라 분수에 넘치는 짓이다. 나는 존심·양성과 같은 자기 수양에도 여력이 없다.' 하여, 직답을 교묘히 회피한다는 것이다.

오늘날에는 時文에 뜻을 두어 갖은 정력을 다 쏟는 이들도 있고, 장기나 바둑과 같은 놀음에 빠져 정신을 다 쏟는 이들도 있고 재물을 불리느라 심력을 다 쏟는 이들도 있는데, 이러한 짓들은 결코 玩物喪志라 경계하지 않으면서 유독 義理를 연구하고 心性을 논술하는 사람에게 헐뜯는 말을 하여 마지않으니, 도리어 우스운 노릇이다.[12]

성리설의 분석, 연구에 대해 조선 후기 영남의 사림은 지나치다 할 만큼 신중하였다. 그리하여 성리설은 葛庵 李玄逸 이후 대체로 퇴계의 心合理氣와 四七互發說을 철저히 遵奉하였으며 또 번쇄한 이론을 싫어하고

---

11) 世之得小爲足占便自好者, 讀書應事, 先尋一箇約處, 稍見人濶說道理博究妙義, 則輒生厭惡之心, 徑探不足之處. 以此規人, 於人則益矣, 而以此持己, 所損實多, 養成私吝之根, 畫斷進取之塗. 以此黯暗以終身, 有志斯學者, 政當視此爲戒耳. 『전서』 1책 310쪽, 「문집」 10권, 答宋楚叟.

12) 今有業時文而銃心劇目者, 有賭奕棋而專心致志者, 有營財利而費心勞力者. 此等處曾不以喪志爲戒, 而乃獨於講究義理論述性命者, 斷斷不已, 還可好笑. 『전서』 1책 326쪽, 「문집」 14권, 答宋康叟.

居敬을 통한 心性 공부 쪽에 주력하였다. 이러한 경향은, 경솔한 학문 자세를 견제하여 謹厚한 학풍을 조성할 수 있다는 장점도 있으나 이것이 너무 고착화될 경우에는 활발한 토론 문화를 억제하고 체통을 우선하는 풍토를 조성하여 학문의 발전을 오히려 저해할 수도 있다. 오랜 세월 심력을 쏟아 先儒의 성리설을 분석 연구하여 나름의 見處를 얻었다고 자부하고, 자신의 견해를 남들과 토론해 보고 싶었던 한주가, 당시의 학계에서 긴요치 않은 문제에 몰두하고 굳이 前賢과 다른 설을 내어 놓아 명성을 얻고자 하는 好名, 好事者로 치부되는 것은 어쩌면 당연한 일이었을지도 모른다.

> '韜晦' 두 글자는 본래 좋은 말이다. 그러나 반드시 감추고 숨길만 한 실상이 있어야 자신을 그르치고 남을 그르치는 데 이르지 않을 것이다. … 보검이 여기 있다 치다. 그렇다면 그 하늘의 별을 찌르고 번개를 끊는 듯한 빛과 물소 뿔을 자르고 교룡을 벨 수 있는 예리한 칼날을 가볍게 남에게 보여서는 안 될 터이니, 의당 상자 속에 감추어 두어야 할 것이다. 그러나 만약 칼날이 무디고 이지러져 애초에 한 번 휘두를 가치도 없는 것인데 칼집을 어루만지며 남들에게 말하기를 "나는 내가 가진 검을 자랑하고 싶지 않다."고 한다면 어찌 識者의 웃음거리가 되지 않겠는가. 이제 보잘 것 없는 지식과 행실을 가지고서 명성을 훔치는 자들은 매우 수치스러운 짓을 하는 것이니 진실로 말할 가치도 없다. 그러나 '韜晦'로 자처하는 사람들도 왕왕 학문이 엉성하고 거친데 그들 스스로도 자신이 이렇다 할 학문이 없는 줄 알면서도 거짓으로 자신을 가려서 교묘하게 처세한다.[13]

매우 신랄하다. 주지하듯이 儒家에서는 자신의 재능과 지식을 안으로

---

13) 韜晦二字, 自是好語, 而必有可韜可晦之實, 然後不至於自誤誤人. … 且有寶劍於斯, 衝星掣電之光, 剸犀截蛟之利, 不可輕以示人, 所宜藏之於匣. 若乃芒鈍刀缺, 初無一割之用, 拊鞘而語人曰 "吾不欲衒吾有也." 則寧不爲識者笑乎? 今以零知碎行遽自暴外竊取名譽者, 可恥之甚, 固無足道, 而其以韜晦自命者, 往往悠泛鹵莽, 自知其無所發明, 而虛作遮蓋, 巧占便宜耳.『전서』1책 33,「문집」14권, 答宋康叟.

감추어 덕성을 함양하는 것을 매우 중시한다. 그러나 한편으로는 儒學, 특히 주자학만큼 師友간에 진지한 토론과 논쟁이 벌어졌던 학문도 없을 것이다. 퇴계의 겸허한 학문 자세는 그 자체로 매우 바람직한 학풍을 열었다고 할 수 있으나 오랜 세월이 흐르면서 후학들의 보수적인 학문 자세로 말미암아 오히려 활발한 토론을 저해하는 부정적인 요인으로 작용한 점이 없지 않았다. 즉 겸손한 성품을 지녔으면서도 학문 토론에 매우 솔직하고 진지했던 퇴계와는 달리 영남학파의 퇴계 후학들은 宗師 퇴계의 학설을 준봉하는 쪽에 편중하여 새로운 학설, 특히 성리설에 있어 퇴계의 설과 다른 설을 주장하는 것을 경망한 행동으로 여겨 매우 금기시하였던 것이다. 그리하여 大山 李象靖 이후로는 영남에서 이렇다 할 새로운 학설을 찾아볼 수 없었던 것이 실정이었다.

요컨대 한주는 분석과 토론을 싫어하는 것을 당시 영남 학자들의 큰 병폐로 여겼다. 그리하여 한주는 당시 영남 사림의 丈席으로 퇴계의 正脈을 잇고 있던 定齋 柳致明과의 토론에서도, 그가 心의 主宰 문제를 놓고 心과 性의 同異를 세밀히 분석한 것에 대해 정재가

> 心·性의 분석이 너무 지나쳐 도리어 心의 참된 본체를 손상한다. 고생스레 이와 같이 하는 것이 정작 자신에 무슨 소용이 있겠는가.

하자,

> 이는 義理의 지극히 정미한 곳이요 身心에 지극히 緊切한 곳이니, 이 문제를 분명히 밝히지 못한다면 아마도 大本을 세울 수 없을 것입니다. 게다가 嶺學의 폐단을 보면 대략 얼버무려 분명히 말하지 않는 데 있지 정밀히 분석하여 명백히 밝히는 매우 힘든 연구에 있지 않으니, 혹 그렇게 하는 것으로 쾌활한 경계를 삼는 것은 아닌지요?[14]

---

14) 答曰 "剖析太過, 而反傷其本體之眞. 苦苦如是, 受用於何處?" 曰 "此乃義理之極精微處, 身心之至親切處, 於此有疑, 則恐無以立大本. 且見嶺學之弊, 在於模

하여, 簡約한 공부를 중시하여 爲己之學을 한다고 내세우는 것이 기실은 난해한 학설을 분석 연구하는, 어려운 공부를 기피하는 안이한 자세에 다름 아니라고 비판하였다. 理氣·心性의 문제에 대한 한주와 당시 영남 학파 주류의 인식 차이를 극명히 보여주는 대목이다.

이렇게 당시 영남 유림에 대해 비판적 자세를 보였고 또 퇴계의 心說과 일견해서 다른 心卽理說을 주장했기 때문에 한주는 사후에 그의 문집이 도산서원 측에 의해 불태워졌을 뿐 아니라, 생전에도 영남 유림으로부터 매우 심한 질시와 배척을 받았다. 그래서 한주를 존경하는 제자들조차 공공연한 자리에서 한주에 대한 얘기를 꺼내는 것을 조심할 정도였다.

> 접때 만났을 말이 洲上(寒洲)에 미치자 내가 주위를 돌아보고 말하지 않습니다. 대저 칭찬이 있으면 毁謗이 있는 것은 진실로 人之常情이나 근자에 사람들이 주상에 대해서는 吹毛求疵가 너무 심하니, 어찌 칭찬이 지나치기 때문에 훼방이 지나친 것이 아니겠습니까. 그러나 내가 본 바로 말한다면 주상의 바른 학술과 先儒의 학설을 發揮한 공은 거의 근세에 없던 것이니, 비록 朱門의 素臣이요 陶山의 嫡傳이라 해도 좋을 것입니다.[15]

가장 먼저 한주 문하에 들어와 寒洲學團의 형성에 핵심 역할을 하여 後에 洲門八賢의 한 사람이 된 后山 許愈가 역시 후에 주문팔현의 한 사람인 된 勿川 金鎭祜에게 보낸 편지의 일부분이다. 사람이 많은 자리에서 물천이 한주에 대해 물었고 이에 후산이 주위를 의식하여 대답을 회피하였다가 뒤에 편지를 보내어 대답한 것이다. 한주가 당시 학계로부터 얼마나 혹심한 비판을 받고 있었는가를 알 수 있게 한다.

棱籠罩, 而不在於剖析打開極辛苦處, 無或爲快活境界耶?"『寒洲集』 초간본, 한적, 40권 7판.

15) 頃對時, 語及洲上事, 而愈顧瞻未及言. 大抵有譽則有毁, 常情之固然, 而近日此近物情, 於洲上, 吹覓太甚, 豈譽者之過故毁之者甚耶? 然以余論之, 洲上學術之正, 發揮之功, 殆近世所未有. 雖謂之朱門之素臣陶山之嫡傳, 可也.『后山集』上同書 46쪽, 2권, 與金致受.

기호학파가 농암 김창협을 기점으로 학파를 나누어 치열한 학문 토론을 벌여 오는 동안 영남학파는 기존의 틀에 안주한 채 성리설에서 새로운 견해를 주장하는 것을 꺼렸다. 따라서 영남학파로써 볼 때 한주는 거의 최초로 기존 학설에 대한 반성과 재검토를 본격적으로 시도한 학자라 할 수 있다. 한주가 퇴계 이후의 학자 중 가장 尊信하였던 大山 李象靖조차도 퇴계의 '互發'을 各發과 분명히 구별하지 않았으므로, 핵심 쟁점에서는 여전히 영남학파의 기존 학설을 준봉하였다고 할 수 있다.

南塘 韓元震의 『朱子言論同異攷』를 논거로 한 主氣說의 팽배에 대한 심각한 우려, 그리고 영남학파의 無批判的인 안이한 학문 풍토에 대한 통렬한 반성, 이 두 가지가 한주의 현실 인식의 핵심 축이며 또한 한주의 성리학 연구의 직접적인 動因이 된다고 할 수 있다.

제2장

한주 성리설의 핵심

　적어도 성리설 하나만 놓고 볼 때 한주는 한국 사상사에서 가장 방대하고 체계적인 저술을 남겨 놓고 있다. 그는 침식을 잊고 수십 년 동안 사색에 열중하다가 건강을 해쳤다고 스스로 술회하였다.[1] 또한 한주는 17세 때 『性理大全』을 읽고 先儒의 학설들을 비교 분석하여 定說을 추출하면서 성리학 연구를 시작하였는데, 이는 그가 일찍부터 학문에 比較分析, 또는 批評的 연구 방법이 매우 유용하다는 사실을 자각하고 있었음을 말해 주는 것이다. 그리고 그는 성리학의 群書를 두루 열람하여 각 학파, 학자의 학설을 비교 종합한 바탕 위에 자신의 설을 세웠다. 이러한 연구 방법은 그 이전의 성리학자들에게서 보기 어려운 것으로, 학문의 방법론

---

1) 余早也, 薄有才資, 妄懷向上之志, 而未得指南之方, 仍念持敬窮理, 吾道之輪翼, 而敬主一心, 理散萬事, 未有不格致而能誠正者也. 仍就理上推究, 博集群書, 參互演繹, 食與俱唉, 寢與俱夢, 殆將四十年許.『전서』1책, 649쪽,「문집」30권, 贊義錄跋.
府君有覃思處, 竦坐數餉如塑, 夜則靜坐, 寂然若不息, 或枕上耿然不寐, 久復更衣起坐. 時聞警咳聲, 或曉起, 擁衾淡坐, 囱角未曙, 雙瞳炯然如曙星. 嘗言 "吾平生多思, 似害心氣, 然有義理疑處, 却舍不得."『전서』1책 835쪽.『문집』부록 2권, 行錄.

에 있어 분명히 발전한 것으로 평가될 수 있을 것이다.[2]

성리설을 연구하는 과정에서, 한주는 기존에 사용되었던 理氣에 대한 인식론을 정리하고 발전시켜 性理說 전반을 회통할 수 있는 논리의 틀로 완성시킨다. 이것이 竪看·橫看·倒看 세 看法과 順推·逆推 두 推論法이며, 이 간법과 추론법을 통하여 한주가 입론한 것이 主理說과 心卽理說이다.

1. 三看과 二推

宇宙와 인간을 관통하는 원리를 찾고 그 원리를 인간의 삶에 적용하는 것을 목적으로 삼는 성리학을 공부할 경우, 어떻게 현상계의 사물을 보고 진리를 찾을 것인가 하는 인식의 방법을 정립하는 것은 학자들에게 무엇보다 중요한 일이 될 것이다. 그러나 性理學을 처음 제창한 北宋의 周濂溪, 二程 등은 말할 나위 없고, 朱子도 자신의 理氣論을 전개하면서 따로 인식론의 틀을 체계적으로 정리해 보여주지는 못하였다. 그래서 주자의 설은 우선 보아서는 자체 논리의 모순을 보이는 듯한 곳이 많게 되어 있다. 이를테면 理에는 動靜이 있다 하기도 하고 없다 하기도 하였으며, 心을 氣로 보기도 하고 合理氣로 보기도 하고 理로 보기도 하는 등 때와 곳에 따라 견해가 달라지는 것이다. 그러나 이러한 문제에 대해 주자가 자신이 분명한 설명을 해 놓지 않았기 때문에 자체 모순을 보이는 학설이라는 비판을 받아도 당장은 무어라 변명할 수 없게 되고 만 것이다. 그러나 주자와 같은 大學者가 아무 근거 없이 자신의 입론의 모순을 스스로

---

2) 다카하시 도오루(高橋亨)는 "이진상의 연구 방법은 조선 학자에게 진귀한 벼 평적인 것으로, 자신의 주장을 말하기 전에 중국과 조선의 선배 유학자의 주 장을 계통적으로 서술하고, 여기에 비평을 가한다." 하였다(다카하시 도오루 지음, 조남호 옮김, 『조선의 유학』).

쉽게 드러내 보인다는 것은 오늘날의 우리로서도 납득하기 어렵다.

　현대의 일본 학자 오하마 아끼라(大濱晧)는 朱子의 理氣·心性論에 기본
적으로 모순된 표현들이 있는 것을 알고 이를 철학, 또는 形式論理的으로
논증하다가 그 속에 공통된 패턴이 있다는 것을 발견했는데, 그것은 바로
'理氣合離'의 사고방식이라 한다.[3] 주자 자신이 분명한 체계를 갖추어 입론
하지는 않았으나 주자의 저술에서 그 단초를 찾는 것은 어렵지 않다.

　　　一陰一陽을 道라 하니, 陰陽을 어찌하여 道라 합니까? 응당 離合하여 보
　아야 한다.[4]

　『주역』「繫辭上傳」 5장의 첫 구절을 놓고 제자와 주자가 문답한 것이
다. 제자의 물음은 陰陽은 분명 氣인데 道라 하였으니, 理와 氣를 혼동한
것이 아니냐는 것이었다. 주자의 대답에서 주목해야 할 곳은 바로 '이합하
여 본다[離合看]'는 것이다. 이는 離看과 合看을 묶은 것으로, 두 층차의
시각에서 사물을 보는 논리 구조를 통하여 理氣를 설명할 수 있다는 뜻으
로 해석될 수 있다. 즉 주지하듯이 理와 氣의 관계는 不相離이면서 不相雜
이므로, 理氣의 속성을 온전히 파악하고 설명하려면 경우에 따라 理와
氣를 분리하여 말하기도 하고 합일하여 말하기도 할 수 있어야 한다는
것이다. 이 때 理氣의 관계를 분리하여 보면 分開看이 되고 합일하여 보면
渾淪看이 되는 것이다. 이 渾淪과 分開의 개념은 주자가 이미 간략하지만
분명히 언급해 놓았다.

　　　이른바 理와 氣는 결단코 二物이다. 다만 사물 上에서 보면 二物이 渾淪
　하여 分開할 수 없어 각 사물의 理와 氣가 한 곳에 있다. 그러나 二物이 각
　각 一物이 되는 데는 문제될 것이 없다.[5]

---

　3) 오하마 아끼라(大濱晧) 『朱子の 철학』, 東京大學校出判會, 1983, 3～4쪽 참조.
　4) "一陰一陽之謂道, 陰陽何以謂之道?" 曰 "當離合看." 『朱子語類』 47권 可學錄.

만물은 모두 理와 氣의 합일로 이루어져 있으므로 理와 氣가 분리된 사물은 현상계에서는 결코 찾을 수 없다. 그러나 인식 논리 위에 놓고 보면, 예컨대 흰 색의 돌에서 흰 색과 단단한 형질을 분리할 수 없지만 색과 형질을 나누어 볼 수 있듯이, 理와 氣가 합일한 사물에서 理와 氣의 개념을 나누어 정립하는 것이 가능하다는 것이다. 이렇게 주자가 理·氣가 二物임을 강조한 것은, 근원적으로는 「주역」「繫辭 上傳」11장의 "易有太極, 是生兩儀." 및 周濂溪의『太極圖說』등의 사상을 조술한 것이겠지만, 직접적으로는 당시에 理氣를 一物로 보아 理와 氣의 개념을 혼동하는 견해가 많았기 때문에 이를 辨破하기 위해서였다고 볼 수 있다. 주자는 理·氣를 一物로만 보고 말면 理는 氣의 운동 법칙에 그쳐, 결국 死物이 되고 만다고 우려하였다. 理學을 표방하고 나선 주자로서는 우선 자신의 학문을 老·佛과 분명히 구분해야 했고, 또 현실적으로는 唐代에 성행하여 당시까지도 지식인 사회에 만연해 있던 禪學的 요소가 理學 속에 滲透해 드는 것을 매우 경계했다고 볼 수 있다.

> 음양의 理는, 음양과 理가 합하는 곳도 있고 나뉘는 곳도 있으니 모든 사물이 다 이와 같다. 그런데 오늘날 浙中의 학자들은 단지 합하는 곳, 混一하는 곳만 말할 뿐 나뉘는 곳은 전혀 알지 못한다.[6]

浙中은 주자의 친구인 呂祖謙이 살던 지역이다. 주자는 위와 같은 취지로, 편지에서 "喜合而惡離", 즉 합치는 것을 좋아하고 나누는 것을 싫어한다는 표현을 써서 여조겸의 학문 성향을 비판하였다.

> 당신의 병통은 道의 본체가 渾然하여 모든 것을 다 갖추고 있다는 것만

---

5) 所謂理與氣, 此決是二物, 但在物上看, 則二物渾淪, 不可分開, 各在一處, 然不害二物之各爲一物也.『朱子大全』46권 答劉叔文.

6) 陰陽之理, 有合處, 有分處, 事皆如此. 今浙中學者只說合處混一處, 都不理會分處.『朱子語類』65권 綱領 上 去僞錄.

어렴프시 알 뿐 혼연하여 모든 것을 다 갖추고 있는 중에 精粗·本末·賓
主·內外의 구별이 터럭만큼도 어긋나서는 안 된다는 것을 알지 못하는 데
있습니다. 그래서 당신의 말씀은 늘 합치는 것을 좋아하고 나누는 것을 싫
어하니, 비록 文理密察하여 터럭만한 것을 정밀히 분석하더라도 애초에 본
체의 渾然함에 해가 되지 않는다는 것을 도리어 알지 못합니다.7)

도의 본체에 모든 것이 갖추어져 있다는 것만 중시하고 제각각 差別相
으로 전개되는 사물의 理를 분석하는 것을 싫어한다면, 결국은 그 본체라
는 것은 모호한 관념의 세계일 뿐 현실에 근거한 實理일 수 없다는 것이
주자의 생각이다.8) 그래서 渾淪과 分開 두 看法 중, 주자는 자신의 이론을
펼 때 주로 분개에 의거하는 경향이 뚜렷하다.

　혹자가 理一分殊에 대해 묻자 주자가 말하기를 "성인은 理一을 말한 적
은 없고 分殊를 많이 말하였다. 분수 중에서 모든 사물의 당연한 이치를 알
수 있어야 비로소 理가 본래 一貫임을 알 수 있다. 萬殊가 각각 一理를 갖고
있다는 것을 알지 못한 채 한갓 理一만을 말한다면, 理一이란 도대체 어디
에 있는가? 성인이 많은 말을 하여 사람들을 학문에 종사하게 하는 것은 단
지 이를 알게 하기 위한 것일 뿐이다. 요컨대 모든 사물에 있어 그 所當然을
알게 하고자 하는 것인데 그 소당연을 얻는 것, 이것이 바로 理一이다. 顏子
와 같은 경우는 하나를 들으면 열을 알기 때문에 그다지 힘을 들이지 않아
도 되었다. 그러나 曾子의 경우에는 노둔하여 모든 사물에 있어 일일이 그

---

7) 其病在乎略知道體之渾然無所不具, 而不知渾然無所不具之中, 精粗本末賓主內
外 蓋有不可以毫髮差者. 是以其言常喜合而惡離, 却不知雖文理密察縷析毫分而
初不害乎其本體之渾然也. 『朱子大全』 33권 答呂伯恭. 이 밖에도 주자는 『주
자대전』 35권 答呂伯恭問龜山中庸에서도 이와 같은 취지로 "喜合而惡離之
過"라 하였다.
8) 주자는 『朱子大全』 54권 答孫季和에서 "대저 근자의 의론은 합하는 것을 좋
아하고 나누는 것을 싫어하여 含糊를 좋아하고 剖析을 꺼린다. 그런 까닭에
凡事의 이치는 도무지 깊이 알지 못하니, 이것이 이 시대 학자들의 보편적인
병통이다.[大抵近日議論, 喜合惡離, 樂含糊而畏剖析, 所以凡事都不曾理會到
底, 此一世之通患也.]" 하여, 모호하게 통합하는 것을 좋아하고 사물의 이치
를 분석하는 것을 꺼리는 학문 성향으로 喜合惡離를 설명하였다.

이치를 깊이 궁구하였다. 공자가 그의 공부가 이와 같은 것을 보았기 때문에 '우리의 도는 하나로 꿴다'고 말해 주었던 것이니, 만약 曾子가 萬殊의 리를 알지 못하였다면 이른 바 一貫이란 무엇을 꿰겠는가." 하였다.[9)]

만물의 이치가 제각각 다르기 때문에 현상계 전체에 적용될 수 있는 통일된 원리를 찾기 위해 그 근본이 理一이라는 것을 파악할 필요가 있는 것이지 만물을 떠나서 理一을 말한다면 공허한 관념의 세계일 뿐이라는 것이다. 다시 말하면 만물의 이치를 철저히 궁구하면 理一은 그 결과로 얻어지는 것이므로, 성현은 分殊를 많이 말했다는 것이다.

한국에서는 퇴계가 이미 高峯과의 왕복 논변 등에서 자신의 논지를 설명하면서 渾淪看과 分開看을 적극 활용하였다. 영남학파에서는 퇴계 이후로 이 두 看法이 理氣論에서 인식론의 기본 축으로 활용되어왔다. 葛庵 李玄逸의 「栗谷李氏論四七書辨」과 大山 李象靖의 『理氣彙編』이 이러한 인식의 틀 위에서 이루어진 대표적인 저술이다. 그러나 갈암의 경우에는 저술의 제목에서도 알 수 있듯이 율곡의 理氣說이 渾淪看에 치우쳤다는 점을 비판하는 것이 주된 목적이었으므로 절로 分開看에 주안점을 둘 수밖에 없었다. 대산은 분개간과 혼륜간을 적절히 조정하여 영남학파 학설의 분개간에 치우친 결점을 보완하려 노력했다. 그러나 그의 저술도 혼륜간과 분개간에 의거하여 先儒의 理氣說을 분류해 놓았을 뿐 이 두 간법 자체의 이론을 따로 정립하거나 설명해 놓지는 않았다.

한주는 이 두 看法을 한 차원 발전시켜 竪看·橫看·倒看, 셋으로 나누

<hr>

9) 或問理一分殊, 曰 "聖人未嘗言理一, 多言分殊. 蓋能於分殊中, 事事物物, 頭頭項項, 理會得其當然, 然後方知理本一貫. 不知萬殊各有一理, 而徒言理一, 不知理一在何處? 聖人千言萬語, 教人終身從事, 只是理會這箇, 要得事事物物頭頭件件, 各知其所當然, 而得其所當然. 只此便是理一矣. 如顏子穎悟, 聞一知十, 故不甚費力, 曾子之魯, 逐件逐事, 一一根究著落到底. 孔子見他用功如此, 故告以吾道一以貫之, 若曾子元不曾理會得萬殊之理, 則所謂一貫者, 貫箇什麼?" 『朱子語類』 27권.

고, 다시 順推·逆推, 두 推論法으로 재정리하여 기존의 성리설을 분류 會通하는 데 사용하는 한편 자신의 성리설을 개진하는 자리에서 그 입론 의 근거와 名義·개념을 자세히 설명하였다.

그렇다면 한주가 이미 학계에 사용되고 있던 理看·合看, 渾淪看·分 開看을 버리고 굳이 새로운 용어를 만든 것은 무슨 까닭인가?

> 理와 氣는 合하여 보면 不相離이고 나누어 보면 不相雜이다. 그러나 합하 여 보는 데 치우치면 理와 氣를 一物로 보는 병통이 있고 나누어 보는 데 치우치면 理와 氣를 二本으로 볼 우려가 있다. 理와 氣가 一物이 되면 理는 眞空이 되고 氣는 妙有가 되며, 二本이 되면 理가 혹 작용하고 氣가 혹 주재 하게 된다. 따라서 나는 생각건대 理와 氣가 不相離한 곳에서는 竪看해야 할 것이니, 竪看하면 理는 氣의 근본이요 氣는 理의 타는 바 될 것이며, 不 相雜한 곳에서는 橫看해야 할 것이니 횡간하면 理와 氣가 함께 있어 理는 氣의 함께하는 바가 될 것이다.[10)]

한주는 合看과 離看, 渾淪看과 分開看으로 理와 氣의 관계를 파악하는 인식 방법 자체에는 문제가 없으나 어느 한 쪽으로 치우칠 경우에는 문제 가 생길 수 있다고 보았다. 合看에 치우치면 理와 氣가 一物이 되어 기실 理는 있으나 없으나 한 死物이 되어 그 主宰性, 法則性을 잃고 현상계의 모든 작용은 오직 氣의 존재에 의해 이루어져 理는 그야말로 佛家에서 주장하는 眞空妙有와 같아질 우려가 있으며, 離看에 치우치면 理와 氣가 각각 우주의 근본이 되어서 '無爲而無不爲'하여 氣를 타고서 주재해야 할 理가 氣의 도움 없이 실제로 作爲하는 것이 되고 理의 資具가 되어 理의 分殊를 실현해야 할 氣가 오히려 主宰라는 理의 권능을 빼앗게 될 우려가

---

10) 理與氣, 合看則不相離, 分看則不相雜. 然偏於合看則有一物之病, 偏於分看則有 二本之疑. 其爲一物則理爲眞空而氣爲妙有, 其爲二本則理或作用而氣或主宰. 竊謂不離處, 正好竪看. 竪看則理乃氣本而氣爲理乘(所乘)矣. 不雜處, 正好橫看, 橫看則理與氣俱, 而理爲氣夾矣. 『전서』 4책 386쪽, 「求志錄」 12권, 太極圖說 箚疑.

있다는 것이다. 한주는 기호학파는 주로 合看에 의존하고 영남학파는 離看에 의존하여 각각 偏主하는 바가 있다고 판단하였다. 그리고 이러한 병통이 생기게 되는 원인이 合·離, 渾淪·分開라는 용어에 있다고 보았던 것이다. 혼륜간은 실제로 倒看에 그쳐 理를 유명무실한 존재로 전락시킬 수 있고, 분개간은 실제로 理氣二元論으로 진행될 수 있다고 우려한 것이다. 그래서 한주는 혼륜간할 곳에 竪看하면 氣가 理의 자리를 침탈할 우려가 없어 理가 萬化의 근본이 되고, 분개간할 곳에 橫看하면 理와 氣가 判然히 나뉘어 각각 근본이 되는 것이 아니라 氣가 理를 도와 함께 있는 관계가 된다고 보았다.

한주가 삼간을 만든 것은 心卽理說이 주자의 정론임을 밝히는 한편 나아가서는 종래의 理氣說의 문제점을 보완, 상호 첨예하게 대립하여 절충점을 찾지 못하고 있던 각 학파의 理氣論들을 會通하려는 데에도 그 목적이 있었다. 이러한 관점에서 한주의 三看을 살펴보자. 한주는 理와 氣의 관계는 어느 한 측면만 보아서는 그 실상을 제대로 파악할 수 없으므로, 本原과 現象·표면과 이면을 다양한 각도에서 볼 수 있는 활발한 시각이 필요하다고 생각했다.

> 삼가 생각건대 理·氣의 妙는 不相離·不相雜에 있으니, 요컨대 사람이 離合해서 보아야 한다. 그러므로 本原에 나아가 竪看하는 경우도 있고 流行處에 나아가 橫看하는 경우도 있고 形迹上에 나아가 合看하는 경우도 있으니, 처음 理를 궁구하는 시초에는 倒看하여 근거하는 바가 있어야 하고 理를 분석하는 정밀한 곳에서는 橫看하여 빠뜨림이 없어야 하고 理를 명명하는 지극한 곳에서는 竪看하여 그 진수를 얻어야 한다.[11]

위에서 인용한 주자의 離合看의 두 층차가 한주에 와서 竪看·橫看·

---

11) 竊念理氣之妙, 不相離不相雜, 要在人離合看. 故有就本原上竪看者, 有就流行處橫看者, 有就形迹上倒看者. 窮理之始, 倒看而有所據, 析理之精, 橫看而無所遺, 名理之極, 竪看而得其眞. 『전서』1책, 174쪽, 「문집」7권 答沈穉文.

倒看의 세 층차로 다시 나뉘어 더욱 정밀한 구조를 보이고 있다.

모든 사물은 理와 氣의 합일로 이루어져 있지만 감각 기관으로써 인식할 수 있는 것은 形而下, 즉 氣의 세계일 뿐 理는 인간의 오관과 사유로 感知할 수 없다. 그렇다고 해서 理가 氣로 이루진 사물을 떠나 절대자로서 따로 존재하는 것은 결코 아니므로 사물을 떠나서 理를 찾는다면 현상계의 무수한 曲折들을 沒却한 채 스스로 내면의 공허한 관념의 세계로 빠져들기 쉽다. 이것이 朱子가 格物致知「補亡章」에서 구체적인 사물에 나아가 理를 찾아야 한다고 주장한 까닭이기도 하며, 진리를 찾는 방법에 있어 성리학이 老·佛과 분명한 차이점을 보이는 곳이기도 하다.

수간과 횡간은, 한주와 같이 인식 방법으로서의 개념을 정립해 놓지는 않았지만, 주자가 陰·陽의 관계를 설명하면서 용어로 사용한 적이 있고 龜峯 宋翼弼과 南塘 韓元震도 용어로 사용한 적은 있다.[12] 그러나 도간이 인식 방법으로 사용된 것은 한주가 처음이 아닌가 생각한다.[13] 주자도

---

12) 한주는 "내가 지은 수간과 횡간 두 설은 진실로 옛날 설의 장점을 모은 것으나 오늘날 학자들과는 잘 맞지 않는 것이다.[鄙所著竪橫兩說, 固亦集古之長, 而寡諧於今者也.]" 하여, 자신의 설이 당시 학자들에게는 잘 이해되지 못하고 있음을 밝혔다. 『전서』 1책, 377쪽, 「문집」 16권, 答李舜文.

이형성은 위 인용문을 "내가 지은 竪·橫 두 설은 본래 옛날의 장점을 모으고 지금의 것을 약간 종합한 것이다."로 해석하여, 옛날의 학설은 주자와 龜峯 송익필의 것으로, 지금의 것은 南塘 한원진의 것으로 보았다. 그러나 위 인용문은 분명 한주가 자신의 학설이 周濂溪의 太極圖說 및 주자의 설을 근거로 만든 것임을 밝힌 것으로 보아야 옳을 것이다. 한주가 송익필의 저술을 읽었다고 주장할 수 있는 근거는 한주의 저술 어디에서도 찾을 수 없고, 남당의 저술은 꼼꼼히 읽었지만 주장하는 학설이 근본적으로 서로 배치되는 것으로 보아 남당의 설을 참조하였을 리는 없을 것이다(이형성, 『한주 이진상의 성리학 연구』, 28~29쪽, 성균관대학교 박사학위논문, 2001년 12월.

13) 劉明鍾은 "凝窩의 학문적인 특색은 性學에 있었는데, 寒洲說의 기원이 된다.", "理氣四七을 論證할 때는 반드시 分開와 混淪, 離看과 合看, 竪說과 橫說이 병행되어야 偏見을 벗어날 수 있다. 이러한 論證法은 그의 조카 寒洲 李震相에게 傳授되는 것인데 하나의 논리적 再開發이라고 하겠다." 하여 한주의 성

리설이 그의 숙부인 凝窩 李源祚의 영향을 크게 받은 것으로 보았으며, 나아가
서는 倒看이란 인식 방법을 응와가 처음 고안해 내었다고 보았다(유명종, 『조
선후기 성리학』, 537~539쪽, 이문출판사, 1985년).

그러나 유명종이 근거로 삼은 것은 『凝窩集』11권에 수록된 定齋 柳致明의
문인인 崔永祿에게 답한 편지, 그리고 12권에 수록된 한주와 최영록의 문답
에 대해 자신의 견해를 밝힌 글인 「批震姪與崔幼夫問答心經疑義動靜爲竪對
之名橫對之名」인데, 이 두 글은 모두 최영록이 기존 영남학파의 관점에서 한
주의 성리설이 主理에 너무 치우쳤다고 반박하고 이에 대해 한주가 三看이란
인식 방법을 근거로 자신의 성리설의 근거를 해명하면서 시작된 논쟁에 응와
가 개입하여 한주의 견해에 동조한 것일 뿐이다. 한주의 문집 어디에도 성리
설에 있어 응와의 영향을 받았다는 기록이 없다. 한주가 지은 「仲父凝窩先生
行狀」에 "도리를 講究함에는 견해가 매우 뛰어났다. 태극의 動靜, 鬼神의 顯
微, 四七의 分合 등을 논함에 있어 모두 주자와 퇴계의 眞詮에 근거하여 속된
선비들의 설과는 현저히 달랐다.[其講究道理, 見解超詣, 如論太極動靜, 鬼神
微顯, 四七分合, 皆有以本諸朱李之眞詮而逈異於拘儒之說.]" 하였을 뿐 자신이
숙부의 학설의 영향을 받았다는 구절은 없고, 오히려 "학자를 경계하기를 '만
개의 心자를 말하는 것이 一刻이라도 求放心하는 것만 못하고, 백 개의 理자
를 아는 것이 한 가지 일을 진실에 의거하여 실행하는 것만 못하다.[戒學者曰
"說出萬心字, 不如一刻求放, 認得百理字, 不如一事靠實."]' 하였다." 하여 번
쇄한 학설을 싫어하였는데, 이는 한주의 학문 성향과는 상반되는 것이다.(『전
서』 1책. 794쪽, 「문집」 38권).

한주의 아들인 大溪 李承熙가 지은 「書凝窩先生文集後」에는 "선친의 主理의
학설이 가정에 계합되는 것이 많으니, 지금 이 문집에 실려 있는 明德・達
道・鬼神・鳶魚・四七理氣 등의 설을 보면 대략 알 수 있다.[我先君子主理
之旨, 蓋多有契合於家庭者, 今觀集中所載明德達道鬼神鳶魚四七理氣之旨, 槪
可見也.]" 하여 한주의 학설이 응와의 학설과 서로 같은 곳이 많다고만 하였
다. 응와와 한주가 叔姪間임에도 한주가 응와의 학설을 전수받았다고 하지 않
은 것이다. 한주가 최영록과 서신 문답한 것은 36세 때로 이때에는 이미 학문
적으로 원숙한 단계에 이르러 있었다.

다카하시 도오루(高橋亨)는, 주리설이 주자의 정설임을 주장하기 위하여 先儒
의 학설을 조목별로 모으고 心卽氣說을 비판하는 등 논변과 저술에 주력하는
한주의 학문 태도를 비판하고 실제의 敬 공부와 실행에 힘쓰라고 권하는 응
와의 글을 인용하면서 "이원조는 성리론에 가치를 두지 않았는데, 아마 흥미
를 가지지 않았던 듯하다." 하였는데, 필자는 이 견해에 찬동한다. 그러나 다

도간이란 말을 몇 곳에서 쓴 적이 있으나 서술의 관점을 아래에서 위로
전개한다는 뜻, 또는 倒錯의 뜻으로만 사용하였고, 인식의 출발점을 구체
적인 사물에 두어야 한다는 뜻으로 쓴 곳은 보이지 않았다. 역시 학문의
인식 방법으로 개념을 정립하지는 않았던 것이다.

한주의 주장에 의하면, 처음 사물의 이치를 궁구할 때에는 도간하여야
하는데 이 때에는 氣로 이루어진 形迹만 보일 뿐이다. 그러나 이 형적을
근거로 삼아 이면의 진리를 찾아 들어가야 공허한 관념의 세계에 빠져
들지 않고 현실에 발을 디디고 구체적인 사물을 접할 수 있게 된다. 그런
다음 우선 실재하는 사물 그 자체를 橫看하여 마치 물건의 단면을 쪼개듯
이 해부해 보면 모든 사물은 理와 氣의 합일로 이루어져 있다. 여기서
理와 氣는 합일하여 현상적으로는 나눌 수 없지만 논리적으로는 나눌 수
있다. 만약 사물의 理과 氣를 변별할 줄 모른다면 사물의 속성을 바로
파악할 수 없을 것이고, 나아가서는 사물과의 관계를 올바로 영위할 수
없을 것이다. 따라서 橫看은 竪看에 도달하기 위한 인식의 중간 단계이지
만 또한 실제의 공부에 있어 직접적으로 적용되는 看法이 된다. 특히 人心
과 道心, 四端과 七情을 정밀히 변별해야 하는 心性 공부에서는 횡간이
더욱 중요하다. 이것이 퇴계가 心性論을 전개할 때 횡간에 주로 의거한
까닭이다.

　　情이 발한 뒤에 그 所從來의 苗脈을 나누어 보면 氣의 작용이 큰 것을
　氣發이라 하고 理가 主가 된 것을 理發이라 하지만 氣發한 것에는 원래 氣
　를 탄 理가 있고, 理發한 것에는 원래 理를 따르는(理가 氣를 타기 때문에
　氣가 절로 理를 따르는 것이다.) 氣가 있다. 情이 발한 곳에서 竪看하여 所
　由生의 근본을 가리켜 보면 情은 비록 만 가지로 다르나 모두 理가 발한 것

カ하시 도오루가 "이진상은 이원조의 학설을 계승하면서도 실제는 오히려 유
치명의 영향을 많이 받고 있다." 하였는데, 이는 사실과 다르다. 이에 대해서
는 뒤에 상론하겠다(다카하시 도우로 지음, 조남호 옮김, 『조선의 유학』, 131
쪽, 조합공동체 소나무 1999년 12월.

으로, 理는 氣를 타고 氣는 理를 탄다. 따라서 주체는 시종일관 하나의 理일
뿐이다.[14]

여기서 주목해야 할 용어는 '所從來'와 '所由生'이다. 한주는 횡간의
초점을 소종래로 보고 수간의 초점을 소유생으로 보았다.[15]

소종래를 관찰해야만 人心과 道心, 四端과 七情의 갈래를 분명히 식별
하여 心性 공부에 착수할 단서를 찾을 수 있다. 그런 다음 소유생을 궁구
함으로써 우주 만물은 모두 太極, 즉 理의 分殊에 의해 顯現하는 것이므로
근본은 모두 理이며 따라서 心性의 본원은 성인과 범부가 모두 같다는
것을 알 수 있다. 이에 사람은 누구나 성인이 된다는 확신을 가짐으로써
心性의 본원을 지키는 存心·養性 공부의 논리적 근거를 확보할 수 있는
것이다.

이상의 인용문들은 학문의 認識 방법으로서 도간·횡간·수간의 세 看
法이 저마다의 특성을 가지고 있으며, 인식의 단계로서 꼭 필요하다는
것을 설명한 것이다. 아래 인용문은 삼간이 종래의 성리설을 會通하고
비판하는 논리적 근거가 될 수 있음을 보여 준다.

여기에 물이 있다고 치자. 위에서 竪看하면 源泉으로부터 바다에 이르기
까지 물길의 갈래가 아무리 많다 하더라도 모두 원천이 흘러간 것이다. 중
간에서 橫看하면 원천에 있는 물은 굳이 말할 필요가 없고, 이미 물이 흐른
뒤에는 절로 물길이 나뉘어 江水가 흘러가면 沱水가 따르고 河水가 흘러가

---

14) 橫看於旣發之後而辨其所從來之苗脈, 則氣爲重者, 謂之氣發, 理爲主者, 謂之理
發, 而氣發者元有所乘之理, 理發者元有所隨(乘故自隨)之氣也. 竪看於所發之處
而指其所由生之根本, 則情雖萬般, 而皆是此理之發, 理乘氣氣隨而始一理終
一理也. 『전서』 4책 457쪽, 「求志錄」 12권, 近思錄箚疑.

15) 뒤에 가서 詳論하겠지만 한주는 당시 영남학자들이 소유생과 소종래를 혼동
하고 있었다고 파악하였다. 이 소유생과 소종래를 보는 관점의 차이가 결국은
心統性情圖 및 기타 心性論과 관련된 논의에 있어 영남학파와 한주의 견해
차이를 이루는 원인이 된다.

면 濟水가 합류하는 것이 불가할 게 없다. 아래에서 倒看하는 사람은 원천
은 멀어서 볼 수 없고 물길은 갈래가 많아서 헬 수 없으며, 단지 모든 물이
같다는 것만 알고서 억지로 뭉뚱그려 하나로 보고자 한다.그리하여 濟水를
河水인 줄 알고 渭水를 가리켜 涇水라 하니, 아무래도 물을 아는 사람이 아
니다.16)

현상계에 보이는 사물이 氣로 이루어졌다는 사실만 알아 사물의 다양
성을 沒却한 채 모든 사물이 理의 分殊라는 사실을 알지 못하는 것이 倒
看에 그치는 견해이다. 여기서 도간은 위에서 학문의 처음 단계에서 궁리
의 출발점을 사물에 두어 立脚處을 확실히 가진다는, 인식 방법으로서의
긍정적인 측면과는 달리 이것에만 의거할 경우 미숙한 인식에 그치고 말
게 될 부정적인 측면을 지닌다.

그런데 여기서 또 주의할 점은 단순히 竪看에만 의존하면, 우주 만물은
모두 理의 顯現이라는 매우 막연한 결론을 도출하는 데 그칠 수밖에 없고,
나아가서는 心性情의 本然도 理이므로 人事를 무시하더라도 本性만 회복
하면 성인이 될 수 있다는 禪學의 주장이 논리적으로 성립될 수 있다는
것이다. 이렇게 되면 理學의 가장 기본 공부인 格物致知의 중요성이 퇴색
하고 마는 것이다.

여기서 한주가 고안해 낸 것이 順推와 逆推, 두 추론법이다.

順推는 竪看에서 倒看으로 내려오는 것이고 逆推는 倒看에서 竪看으로
올라가는 것이다. 다시 말하면 순추는 形而上에서 形而下로 내려오는 추
론으로 演繹法과 흡사하고, 역추는 형이하에서 형이상으로 거슬러 오르는
추론으로 귀납법과 흡사하다. 『주역』「說卦傳」에서 順·逆이란 용어가

16) 今有水焉, 從上而竪看, 則自泉放海, 派別雖多, 而一是泉之放也. 從中而橫看,
則水之在泉者不須言, 而旣達之後, 便自分流, 江發而沱隨, 河發而濟乘, 亦無不
可. 其自下而倒看者, 源遠而不可見, 派衆而不可數, 只知其水之同而强欲一之,
則認濟爲河, 指渭爲涇, 終非知水之人也. 『전서』 4책 423쪽, 「求志錄」 11권,
太極圖說箚疑, 箚疑後說.

사용되었고, 北宋 때 邵康節이 卦變을 설명하면서 順數·逆數, 逆推·順
觀이란 용어를 사용하였다.[17] 그러나 이러한 용어는 한주의 순추와 역추
란 용어를 만드는 데 참고는 되었을지 몰라도 학문의 인식 방법으로서
개념을 가졌던 것은 아니다.

　한주는 순추와 역추를 병행해서 진리를 찾아야 그 진리가 形迹에 머물
지도 않고 觀念에 빠지지도 않는다고 생각했다.

　　　　주자가 말하기를 "현재의 사물에서 보면 음양이 태극을 內涵하고 있고,
　　　그 근본을 미루어 보면 태극이 음양을 낳는다." 하였으니, 사물에서 보는 것
　　　은 역추이고 그 근본을 미루어 보는 것은 순추이다. 역추는 사람이 처음 사
　　　물을 보는 시점이고, 순추는 天理의 근원에서 내려오는 것이다. 사물에서
　　　위로 역추하면 實理에 의지하게 되고 理에서 아래로 순추하면 참된 理를 얻
　　　게 된다.[18]

　도간하지 않고 역추하지 않은 채 수간하고 순추한다면, 어떠한 사물을
놓고 보더라도 '태극, 즉 理가 分殊하여 삼라만상을 顯現하며, 따라서 모
든 사물의 근원은 理이다.'라는 매우 당연한 결론에 도달할 수밖에 없을
것이다. 순추와 역추는 이러한 결점을 보완하여 실재하는 사물 위에서
理를 인식할 수 있게 고안한 것으로, 기실 삼간의 運用法이 된다. 이렇게
보면, 한주의 삼간·이추는 사물의 본말·表裏·精粗의 어느 한 쪽도 빠
뜨리지 않고 정밀히 보는 일종의 活看인 셈이다.

　그러나 실제 저술에 나타난 한주의 학설은 주로 수간에 의거해 전개된
경우가 많다. 이는 소위 주자 晩年定論을 추출하고 이를 바탕으로 삼아
主氣論을 비판하는 과정에서 생겨난 필연적인 현상일 수 있지만, 만약

---

17) 송찬식, 위 논문, 711쪽 참조.
18) 朱子曰 "自見在事物而觀之, 則陰陽涵太極. 推其本, 則太極生陰陽." 觀乎物者
　　逆推也, 推其本者順推也. 逆推者人見之始, 順推者天理之原, 物上逆推則靠實
　　理, 理下順推則得眞. 『전서』 2책, 12쪽. 「이학종요」 1권.

수간이 가장 높은 단계의 인식 방법이라 하여 수간에 치중한다면 그렇게 하여 얻어진 진리는 현실을 떠난 공허한 것이 될 우려가 있다. 이 점은 한주의 心卽理說을 비판했던 학자들이 이미 언급한 것이거니와 한주 자신도,

> 心이 氣稟의 구속을 받아 성인의 光明 純粹한 心과 같지 않다면, 本心은 성인과 범부가 다 같다는 사실만 믿고 본심을 밝히려 노력하지 않아서는 안 된다. 진실로 나의 心의 理와 氣가 합쳐진 곳에서 그 理를 확충하고 그 氣를 제어해야 한다. 그렇게 한 뒤에야 순수하게 천리로 이루어진 眞心을 볼 수 있을 것이다. 만약 성인의 心과 같이 渾然히 천리만 있는 경지에 이르지 못했다면 '心卽理' 세 글자를 경솔하게 말해서는 안 된다.[19]

하여, 자신이 말하는 心卽理의 心은 본심을 가리키는 것이므로 본심을 완전히 회복하여 성인의 경지에 이르지 못하였으면, 合理氣說에 따라 本然의 理를 확충하고 客用의 氣를 제어하는 공부가 꼭 필요하다고 강조했다. 竪看과 橫看이 반드시 병행되어야 한다는 것이다.

朱子도 실제 공부에 있어서는 대체로 도간과 횡간을 중시하였다고 볼 수 있다. 그 대표적인 例가 바로 格物致知說이다. 따라서 수간은 도간과 횡간의 과정을 철저히 거친 다음에 자연히 얻어지는 見處가 되어야 할 것이며, 그렇지 않으면 현실에 卽하여 학문하는 儒家의 사유와는 거리가 먼 것이 될 우려가 없지 않다.

한주의 설은 삼간이란 논리적인 인식의 구조 위에 건립된 것이라 당시의 다른 학자 누구보다도 자기 논리가 분명하다. 그러나 실제 학설의 전개에 있어서는, 도간을 인식 과정의 필수적인 단계로써 중시하는 쪽보다

---

19) 心爲氣稟所拘而不若聖人之光明純粹, 則不可恃本心之同而不求所以明之也. 固當於吾心合理氣處, 擴其理而制其氣, 然後眞心之純乎天理者, 可得以見之矣. 苟不到聖人之心渾然天理處, 則心卽理三字, 未可以遽言之也. 『전서』 1책 679쪽, 「문집 32권」 心卽理說.

오히려 기호학파 心卽氣說이 미숙한 견해임을 증명하는 쪽에 주로 사용하였기 때문에 도간은, 수간이 가장 殊勝한 인식 방법임을 증명하기 위해 동원된 것일 뿐이라는 느낌마저 줄 수 있다. 이 점은 한주의 성리설을, 한주와 對峙하거나 한주의 성리설을 비판한 여타 학설들과 비교하여 정밀히 검토하여야 할 과제이다.

2. 心卽理說

1) 한주 심즉리설의 개요

三看을 통하여 氣・合理氣・理의 세 층차에서 모든 사물을 볼 수 있다고 하였고 보면, 결과적으로 心에서도 卽氣・合理氣・卽理의 세 가지 관점을 모두 인정한 셈이다. 따라서 여기서 남은 문제는 이 중 어느 것이 학설로 세울 시대적 가치가 있느냐, 그리고 朱子學 연구 차원에서 주자의 정론에 부합하느냐 하는 것을 밝히는 일일 것이다. 앞에서도 이미 언급했듯이 한주는 자신의 학설을 개진할 때 주로 수간에 의지하는데, 이는 주자의 만년설이 수간에 입각한 主理論이란 확신에 근거한 것이고, 또한 한주 당시에는 南塘 韓元震의 『朱子言論同異攷』를 논거로 삼아 主氣論이 팽배하고 있었기 때문에 주리론을 강조할 시대적 필요성이 있다고 여겼기 때문이었다.

한주는 43세 때 장차 학계에 큰 파문을 일으키게 될 「心卽理說」을 지었다. 그러나 한주는 그보다 오래 전인 18세 때 지은 「性命圖說」에서 이미 그의 철학이 장차 主理論으로 전개될 것임을 예고하였다.

> 極은 태극의 體이고 命은 理가 부여된 것이고 性은 命이 稟受된 것이고 情은 性이 발현한 것이고 心은 性・情의 總名이다. 이 圖는 氣를 섞어놓지

않고 줄곧 理만 말하였으니, 性은 곧 子思가 말한 大本이요 情은 그 達道이
다.20)

「心卽理說」의 근간이 되는, 心·性·情의 개념과 그 상호 관계가 이
때에 이미 한주의 사유 속에 정리되어 있었음을 보여 준다. 이 圖說은
아직 논리가 정밀하지 못한 것이었던지 한주가 그 후에 많이 改稿하였고,
현전하는 문집에는 실려 있지 않다.21)

그리고 한주는 35세에 「四七辨」, 「朱子言論同異考辨」, 「南塘集辨」,
「困知記辨」 등을 저술하였고, 36세 봄에 「心字考證」을 저술하여 主氣
說이 주자의 初年說에 근거한, 미숙한 이론이라 논증한 다음 38세에
「主宰圖說」을 저술하여 心의 근본 가치는 主宰性에 있음을 밝힌다.

그는 「주재도설」에서 첫째 圖에는 上帝를 가장 위에 두고 "帝란 天의
주재요 天理의 尊號이다." 하고, 둘째 圖에는 神을 가장 위에 두고 "神이
란 天命의 流行이요 理의 妙用이다." 하였으며, 셋째 圖에는 天君을 가장
위에 두고 "天君이란 人의 主宰요 人理의 尊號이다."22) 하였는데, 이는
사람에서의 心을 우주에서의 天과 同一線上에 놓고 본 것이라 할 수 있다.
이렇게 心을 天의 主宰性과 같은 맥락에 놓고, '사람을 주재하는 것', '사
람의 理의 尊號'로 볼 경우, 心은 자연 理가 되어야 하며, 氣는 절로 心의
개념에서 제외될 수밖에 없다. 따라서 이 도설이 이미 사실상 心卽理를
분명히 주장하고 있는 것이다. 즉 한주는 초년부터 성리설 연구를 통하여
이미 主理論的 입장을 굳혔고, 그 이후로 자신의 견해를 더욱 정밀하게
다듬어서 확고한 見處를 내어 보인 것이 바로 「心卽理說」이었던 것이다.

---

20) 極者太極之體, 命者理之賦予, 性者命之稟受, 情者性之發見, 心者情性之總名.
    此圖不雜乎氣, 一下言理, 性卽子思所謂大本而情其達道也, 心卽孟子所謂良心.
    『전서』 1책 811쪽, 「문집」 부록 1권, 年譜.
21) 先生此圖後多改移, 今不載集中. 上同
22) 帝者天之主宰而天理之尊號也. … 神者天命之流行而理之妙用也. … 天君者人
    之主宰而人理之尊號也. 『전서』 1책 718쪽, 「문집」 34권.

한주는 「心卽理說」에서 心을 옥의 원석인 璞玉에 비유하여, 心의 氣를
돌, 心의 理를 옥으로 간주하였다. 박옥의 가치는 어디까지나 옥을 감싸고
있는 돌에 있는 것이 아니라 그 가치를 결정하는 내용인 옥에 있는 것인
만큼 心이 心이 되는 소이도 理에 있지 氣에 있지 않다는 것이다. 그리고
이어 공자, 맹자, 程伊川, 주자, 退溪의 설을 자신의 논거로 제시한다.

1) 공자의 '從心所欲不踰矩'에서의 心은 곧 理이다. 體는 곧 道이고, 用은 곧
   義이다. 만약 心이 氣라면 어찌 그것을 따름에 법도를 넘지 않을 수 있겠는
   가.[23]

2) 『孟子』 七篇에는 허다히 心 자를 말하였으나 한 마디도 心을 氣로 간주한
   곳은 없으며, 氣가 心을 보존하지 못할까 걱정하고 氣가 도리어 心을 동요
   시킬까 근심하였다.[24]

3) 程伊川은 心과 性을 동일한 理로 해석하였고, 또 "心은 性이고 性은 理이
   다." 하였다.[25]

4) 朱子는 (邵雍의) "心은 太極이다."라는 구절을 『啓蒙』 첫머리에 揭示하고는
   一動一靜·未發已發의 理를 이에 해당시켰으며, 또 "心은 진실로 主宰하는
   것이니, 이른바 주재란 바로 理이다." 하였고, 또 "元亨利貞은 천지가 만물
   을 낳는 마음인데 사람이 이를 얻어 마음을 삼았다. 따라서 心 이 未發할
   때에는 四德이 갖추어져 있고 已發할 때에는 四端이 드러난다." 하였으며,
   또 養心을 논하면서, 仁義의 良心이 存亡하는 것을 氣가 존망하는 것으로
   알아 養氣에 치중하는 것을 잘못이라 하였다.[26]

5) 退陶 李先生은 心을 논하여 "統性情·合理氣"라 하였다. 그러나 「心統性
   情圖」의 中圖에서는 理만 가리켜 心을 말하고 下圖에서는 氣를 겸하여 가

23) 孔子之從心所欲不踰矩, 心卽理也.(體卽道, 用卽義.) 苟其氣也, 安能從之而不踰
    矩乎? 『전서』 677쪽. 문집 32권 「心卽理說」.
24) 孟子七篇許多心字, 並未有一言作氣, 而憂氣之不能存心, 患氣之反動其心. 上同.
25) 程叔子以心性同一理釋之, 而又曰心則性也性則理也. 上同.
26) 心爲太極之語, 揭之於啓蒙之首, 而以一動一靜未發已發之理當之. 又曰 "心固是
    主宰底, 而所謂主宰者, 卽此理也." 又曰 "元亨利貞, 天地生物之心, 而人得之爲
    心. 未發而四德具, 已發而四端著." 又論良心以認之爲氣有存亡而欲其致養於氣
    爲非. 上同.

리켜 心을 말하였다. 여기서 이른바 合理氣는 곧 옥과 돌이 함께 있는 것을
말하고, 理만 가리켜 말한 것은 그 소용이 옥에 있음을 밝힌 것이고, 氣를
겸하여 가리켜 말한 것은 옥을 감싸고 있는 것은 실로 돌이라는 사실을 보
여준 것이다[27]

　　1·2)는 主理論과 主氣論이 나뉘는 분기점을 잘 보여주는 것이라 할 수
있다. 主理論을 주장하는 쪽에서는 心의 본체가 理이므로 心의 客用을
극복한 자리에서는 心의 본체가 드러나 心에서 일어나는 모든 생각이 법
도, 즉 理를 따르게 된다고 주장한다. 반면 主氣論을 주장하는 쪽에서는
心이 바로 理라면 더 이상 공부할 필요 없이 모든 사람이 다 '從心所慾不
踰矩'하게 되어야 할 터인데 현실은 결코 그렇지 못하다고 반박한다. 양쪽
의 心을 보는 시각의 차이에서 견해의 간격이 벌어진 것일 뿐이라고 단순
히 보아 넘길 수 있을 듯하지만, 그러나 이는 心의 개념을 어떻게 정의하
느냐 하는 문제로 이어져 心性論과 工夫論 모두를 결정하는 핵심 축으로
작용한다. 물론 양쪽의 주장에 모두 논리적 근거가 없는 것은 아니다. 그
러나 앞으로 詳論하겠지만 儒家의 經書에서 心은 體·用, 性·情을 포괄
하여 때로는 전체를, 때로는 어느 한 부분을 가리키는 것으로 그 개념이
활발하게 쓰이므로, 學人들의 입장에서는 心의 개념을 정의한 주요 命題
들을 어떻게 活看하느냐에 중점을 두고 문제를 주시해야 할 것이다. 그리
고 『孟子』에서 心과 氣를 나누어 말하였으나 心의 상태를 결정하는 것,
心의 본연을 회복하는 것은 사실상 氣의 역할이다. 그래서 주리론을 주장
하는 쪽에서는 본체를 가리켜 心을 理라고 하고, 주기론을 주장하는 쪽에
서는 실제의 공부에서는 氣의 작용을 결코 무시할 수 없다고 하여 본체를
싣고 움직이는 氣를 心의 개념 속에 넣어 중시하는 것이다. 한주의 심즉리

---

27) 退陶李先生論心曰統性情合理氣, 而中圖單指理, 下圖兼指氣. 夫所謂合理氣, 卽
　　此乃玉石之說, 而單指理者, 明其所用之在玉, 兼指氣者, 示其所包之實石也. 『전
　　서』 677쪽, 「문집」 32권 心卽理說.

는 어디까지나 心의 本體를 가리킨 것이다.

3·4·5)는 한주 心卽理說의 핵심 논거가 되는 明德說과 達道說의 논거
가 된다. 한주는 3)을 근거로

> 성현들도 心이 氣를 떠나 있는 것이 아니고 性이 心과는 조금 다르다는
> 것을 알지 못한 것이 아닌데도 心을 理로 말한 것은 역시 心의 본체를 위주
> 로 말한 것이다. 대저 心이란 性·情의 總名이니, 그 體는 性이다. 性 밖에
> 心이 없고, 心 밖에 性이 없으니, 性을 담고 있는 것으로써 心을 말한다면
> 이는 心의 집일 뿐이다. 이는 醫家에서 말하는 心이지 우리 학문에서 말하
> 는 心이 아니다.[28]

하여, 心은 性과 情을 통합한 것이므로 性·情 밖에 따로 心이 있는 것이
아니며, 性을 담고 운용하는 氣를 心이라 하는 心卽氣은 주인이 사는 집을
주인이라 오인한 것과 같다고 비판하였다.

한주 心卽理說의 主旨를 간략히 정리하면, 心의 본연의 體用은 理이고
心은 속성은 一身과 萬化를 主宰하는 데 있다는 것이라 할 수 있다. 이러
한 주장의 또 다른 근거는 "心은 극히 높아 상대가 없다.", "예전에 五峯의
설을 보았더니 心을 性에 상대시켜 하나의 情 자가 놓일 곳이 없게 되었
다."[29]고 한 주자의 설에 있다. 한주는 자신의 입론 근거로, 고증을 통하
여 주자의 晩年說을 제시하는데 이에 대해서는 5장 '先儒說 연구'에 가서
다시 상론할 것이다.

한주는 心이 心인 所以는 主宰性에 있다는 것을 밝힐 필요가 있다고
생각했는데, 그 의식의 저변에는 만물의 근본이 둘이 아니듯이 心·性·

---

28) 是聖賢者非不知心之不離於氣性之微別於心, 而猶且云然, 蓋亦主心體而爲言耳.
   夫心者性情之總名, 其體則性, 性外無心, 心外無性. 若心之以盛性言者, 心之舍
   也, 醫家之所謂心, 而非吾之所謂心也. 上同.
29) 朱子曰 "惟心無對." 方子錄 戊申以後舊看五峯說只將心對性, 一箇情字無下落.
   『전서』2책 101쪽, 「이학종요」7권.

情의 근본도 둘일 수는 없다는 성리학의 기본 思惟가 깔려 있었을 터이다. 그리고 心을 性과 情으로 구분하여 그 개념과 성격을 설명하는 것도 중요 하지만, 한주 자신이 처한 시대 상황에서는 性·情을 통합한 心의 기능, 즉 主宰性과 能動性을 밝히는 것이 더욱 필요하다고 생각했던 듯하다. 그리고 한주가 心卽理를 매우 강하게 주장하게 된 또 하나의 큰 이유는 主氣論의 만연에 대한 우려였다.

> 예로부터 성현 치고 義理를 위주로 心을 말하지 않은 이가 없었다. 그런 데 '心은 氣이다'라는 설이 퍼지자 성현의 心法이 일일이 다 空寂에 떨어지 고 학문에 두뇌가 없게 되어 世敎가 날로 혼란해져갔다.[30]

心은 性·情의 總名이요 一身의 主宰인데 心卽氣說이 횡행하게 되면 理學의 본령이 설 수가 없다는 것이다. 즉 맹자의 성선설이 사람은 누구나 성인이 될 수 있다는 근거를 밝혀 聖學의 길을 열었듯이 心의 근본을 밝히 지 않으면 心性 공부의 근거가 없어지고 말게 되므로 心卽理를 주장하지 않을 수 없다고 한 것이다. 心卽氣에서의 心은 그 性·情을 運用하는 힘이 전적으로 氣에 있게 되므로, 아무리 性卽理라는 명제가 학계에 공인된 진 리이어서 理의 존재는 늘 自若하다는 것이 보장된다 할지라도 本體에만 머물러 그 권능이 所以然에만 그치는 理는 결국 空寂하여 '無爲而無不爲' 가 아니라 말 그대로 無爲에 그치고 말며,[31] 이렇게 되면 결국 말만 理學이 지 실상은 氣學이 되고 만다는 것이 한주의 우려였던 것으로 생각된다.

---

30) 從古聖賢, 莫不主義理以言心, 而以心爲氣之說行, 則聖賢心法一一落空, 學無頭 腦, 世敎日就於昏亂矣. 『전서』 1책 679쪽, 문집 32권, 心卽理說.

31) 주자는 "理에는 能然이 있고 必然이 있고 當然이 있고 自然이 있으니, 이를 모 두 겸하여 보아야 리 자의 訓義가 완비된다.[理有能然, 有必然, 有當然, 在自然 處. 須皆兼之, 方於理字訓義爲備.]" 하였다(『朱子大全』 57권, 「答陳安卿」).

2) 「心卽理說」에서 「心說」로의 완화

고인이 心을 논한 것은 心卽理보다 좋은 것이 없고 心卽氣보다 좋지 못한 것이 없다. 心卽氣라는 설은 근세의 儒賢에게서 나온 것인데 세상의 우리 학문에 종사하는 이들이 많이들 그 설을 따른다. 이른바 心卽理란 미쳐서 제멋대로 날뛰는 陽明 같은 자들이 주장한 설로, 우리 학문을 하는 이들은 누구나 도를 어지럽힌다고 배척한다. 그런데 지금 내가 일체를 뒤집어 심즉리를 주장하는 것은 어째서인가?

대저 옥은 천하의 지극한 보배이나 세상에는 돌을 옥으로 아는 사람이 있다. 荊山의 옥은 돌 속에 감싸여 있었는데 오직 卞和만이 그것이 옥인 줄 알고 안고 가서 왕에게 바쳤다. 왕이 玉工을 불러서 보이니 "돌입니다." 하였으니, 이는 밖의 돌만 보고 안의 옥은 알지 못한 것이다. 조정에 있는 사람 중 옥과 돌을 조금 구별할 줄 아는 사람도 모두 돌이라 하였다. 그런데 앞에서 말한 세상의 돌을 옥으로 아는 사람만이 "이것은 옥입니다." 하였으니, 이 어찌 참으로 옥을 아는 자이겠는가. 그가 옥이라 한 것은 곧 돌이라 한 것과 실은 다를 바가 없다. 이러한 관점에 본다면 근세의 儒賢이 心을 氣라 한 것은 옥공이 돌이라 한 것과 같고, 세상의 학자들이 휩쓸리듯 이 말을 따르는 것은 조정에 있는 사람들이 모두 돌이라 한 것과 같으며, 禪家에서 心을 理라고 하는 것은 곧 돌을 옥으로 아는 사람이 옥이라 하는 것과 같다. 따라서 기실은 이러한 경우에는 心을 理라 하는 것과 心을 氣라 하는 것 모두 氣만 보고 理는 보지 못했다는 점에서 동일하다.[32]

이상은 한주「心卽理說」의 서두로, 心을 옥의 원석인 璞玉에 비유하였다. 즉 心이 박옥이라면 心의 理는 玉이고 心의 氣는 돌이다. 따라서 돌은

---

32) 論心, 莫善於心卽理, 莫不善於心卽氣. 夫心卽氣之說, 實出於近世儒賢, 而世之從事此學者多從之. 若所謂心卽理, 乃陽明輩猖狂自恣者之說, 爲吾學者莫不斥之爲亂道, 今乃一切反之, 何也. 夫玉天下之至寶, 而世有認石而爲玉者. 荊山之玉, 蘊於石中, 惟卞和知其爲玉, 抱而獻於王, 王召玉工示之, 曰 "石也." 此見其外之石而不知其中之玉者也. 在朝之人稍知玉石之別者亦皆以爲石, 而獨向之認石而爲玉者曰 "此玉也." 此豈眞知玉者哉? 其謂之玉者, 卽與謂之石者無以異也. 由是觀之, 儒賢之以心爲氣, 玉工之謂之石也, 而世學之靡然從之者, 卽在朝之人皆以爲石者也. 禪家之以心爲理, 卽認石爲玉者之謂之玉者也, 其實卽以心爲理與以心爲氣, 其爲見氣而不見理則一也.『전서』677쪽,「문집」32권 心卽理說.

옥을 감싸고 있는 것일 뿐 박옥의 가치는 어디까지나 옥에 있듯이 心이 心이 되는 소이도 心의 理를 담고 있는 氣에 있는 것이 아니라 그 가치가 되는 理에 있으므로, 心卽理가 가장 좋은 설이라는 주장이 성립된다는 것이다. 그리고 禪家와 王陽明이 心을 理로 본 것은 실상은 氣를 理로 오인한 것이므로 자신의 心卽理와는 근본적으로 다르다고 주장한다. 여기서 心의 본체를 중시하여 心의 理를 옥에, 氣를 돌에 비유한 것은 훗날 비판의 빌미를 제공하게 된다. 한주의 제자인 俛宇 郭鍾錫에게 수학한 深齋 曹兢燮(1873～1933)은 옥과 돌은 분리될 수 있지만 心을 이루고 있는 理와 氣는 분리될 수 없으므로, 박옥을 옥이라 할 수 없듯이 心을 理라고 할 수 없다고 하였다.[33] 이 밖에도 端溪 金麟燮(1827～1903), 한주의 사돈인 舫山 許薰(1836～1907), 可川 최정기(1846～1905) 등 영남학파의 많은 학자들이 한주의 心卽理說을 극력 비판하였는데, 이들의 주장은 모두 퇴계의 心合理氣說에 근거하여 心을 곧바로 理라고 정의하면 王陽明의 설과 같이 될 소지가 많다는 것이었다.[34] 즉 理와 氣를 함께 말해야 操存 涵養 공부의 단서를 찾을 수 있고, 理만 말하고 氣를 말하지 않으면 자기 心의 자연스런 작용이 모두 理에서 나온 것이라 믿고 마음대로 행동할 수 있게 된다는 것이었다. 이는 한주가 「心卽理說」이란 題下에 卽理, 合理氣, 卽氣의 三層으로 心을 나누어 말하면서, 卽理를 竪看에 의해 얻어진 최상의 진리라고 주장한 데서 초래된 비판이었다. 즉 박옥의 가치가 옥에 있듯이 心의 가치가 理에 있다는 것은 분명하나 心을 理라고만 하면

---

33) 按陽明之以氣爲理, 猶之認石而爲玉者, 則爲吾學者當曰 "心合理氣, 而其主則在理, 卽所謂玉石之以玉爲主也." 今卽夫氣之未去而槪稱卽理, 與彼之卽夫石之未破而謂之卽玉者, 何以異哉. 且凡人之知覺運動精神魂魄, 莫非氣之所爲, 而聖愚人物之分, 亦皆出於氣之不齊, 則果皆不善底物, 而必施其克治之方, 如夫玉之在石者哉. 『巖西先生文集』(漢籍) 16권 15판, 「讀心卽理說」

34) 山內弘一, 「李震相의 心卽理說과 嶺南學派」『碧史 李佑成停年紀念, 民族史의 展開와 그 文化』, 창작과 비평사, 1900년, 1058～1070쪽 참조.

마음속의 人欲을 제거하고 天理를 보존하는 공부가 논리적으로 성립될 수 없게 된다는 것이다. 물론 寒洲가 心卽氣와 心合理氣를 전혀 부정한 것이 아니므로 이러한 비판이 전적으로 옳다고 할 수는 없을지도 모른다. 그러나 心을 정의할 때 그 주안점을 어디에 두느냐 하는 문제는 그 학파의 학문의 모든 지침을 결정하는 가장 주요한 관건이 되므로, 결코 간단히 해결될 문제는 아니었다.

그럼에도 불고하고 한주가 영남학파의 확고부동한 宗旨였던 合理氣를 젖혀 두고 과감하게 心卽理를 전면에 내세운 것은 일신을 주재하는 心이 氣가 될 수는 없으며 心의 本然의 體用이 理라는 宗旨를 바로 세우지 않으면 학문하여 성인이 될 수 있다는 논리적 근거가 없어진다고 우려했기 때문이다. 즉 한주의 心卽理는 맹자의 性善, 程子의 性卽理와 근본적으로 같은 맥락에서 이해되어야 할 것이다.

퇴계의 「心統性情圖」의 中圖는 竪看에 의한 것이고 下圖는 橫看에 의한 것이라고 스스로 주장한 데서 알 수 있듯이, 한주도 횡간에 의한 工夫論을 결코 부정한 것은 아니다. 그러나 앞에서도 살펴보았듯이 초년에 이미 心의 本然의 體·用이 모두 理라고 결론을 내리고 있었던 그가, 그의 「心卽理說」에 이르는 인식의 과정과 그의 心說 전반에 걸친 이론이 학계에 두루 이해되기도 전에 異端을 공격하는 논조로 心卽氣를 매우 강하게 주장했기 때문에 여타 학자들과 허심탄회한 토론을 가져볼 여유도 없이 혹독한 비판부터 먼저 쏟아지고 말았던 것이다.

한주도 자신의 주장을 세상의 학자들이 선뜻 납득하지 못하리라는 것을 잘 알고 있었다.

'心卽理' 세 자는 그 자체만 놓고 본다면 병통이 있어 별안간 들으면 깜짝 놀라겠지만 그 사이에는 다소 곡절이 있다. 心을 質로써 말하면 밖은 둥글고 안에는 구멍이 뚫려 있으니 이는 혈육의 心이고, 氣로써 말하면 陽을 상승하고 陰은 하강하니 이는 精魄의 心이고, 理로써 말하면 太極의 전체이니 主宰의 心이다. 혈육의 心은 醫家에서 말하는 것으로, 우리 儒家에서는 "이는 心이 아니라 바로 心의 집이다." 한다. 精魄의 心은 釋氏가 말하는 것으로 우리 儒家에게 비판을 받는 것이다. 따라서 한 단계씩 心의 개념을 낮추면 마침내 心이 形而下者를 벗어나지 못하게 된다. 우리 유가에서 말하는 心으로 말하자면 心은 진실로 主宰하는 것이니, 주재하는 것은 바로 理이다. 우리 유가에서는 또 "心의 본체는 태극이다." 하였으니, 이는 모두 心의 眞體를 가지고 말한 것으로, 나의 설이 근본하는 바이다. 진실로 진체를 분명히 말하지 않고 범연히 心卽理라 한다면 心의 未發 상태에서 昏昧 紛雜하고 已發 상태에서 放辟 奢侈한 것이 어찌 理이겠는가. 退陶께서 진실로 兼理氣로 심을 말하였으나 이내 "心의 미발 상태는 오직 理일 뿐이다." 하였으니, 心의 大本이 도리어 理에 있지 않은가.[35)]

한주의 제자로 洲門八賢의 한 사람인 紫東 李正模가 한주를 배알한 뒤 心卽理說에 대해 의혹을 떨칠 수 없어 편지로 질문하였고 이에 答書로 보낸 것이다.[36)] 여기서 한주는 먼저 卽氣와 그보다 아래 단계로 오장의

---

35) 心卽理三字, 單行則帶病, 驟聞可駭, 而其間稍有曲折. 心以質言則圓外竅中, 血肉之心也. 以氣言則陽降陰升, 精魄之心也. 以理言則太極全體, 主宰之心也. 血肉之心, 醫家言之, 而吾儒則曰 "此非心, 乃心之舍也." 精魄之心, 釋氏言之, 而吾儒所譏. 遞低一級, 卒不離乎形而下者也. 若吾儒之所謂心, 則心固是主宰底, 主宰底, 卽此理也. 又曰 "心之本體是太極" 皆以心之眞體言之, 愚說之所本也. 苟不明說眞體而泛謂心卽理, 則心之未發而昏昧雜擾, 已發而放僻邪侈, 豈理也哉? 退陶固嘗以兼理氣言心, 而旋謂 "心之未發, 惟理而已." 則心之大本, 顧不在於理耶? 『전서』 1책 819쪽, 「문집」 부록 2권, 연보. 『전서』 1책 403쪽, 문집 18권 答李聖養에 전문이 실려 있는데, 연보에 실려 있는 것이 간략하게 요약되어 있어 연보의 것을 인용하였다.

36) 자동 이정모는 洲門八賢 중 后山 許愈와 俛宇 郭鍾錫에 이어 세 번째로 한주의 문하에 들어간 제자이다. 그는 평소 후산·허유 등과 친분이 두터워 함께 학문을 토론하던 벗이었는데, 이 두 사람의 권유로 한주를 배알하였으나 한주의 독특한 성리설을 선뜻 이해할 수 없었다. 그 후 면우 곽종석이 한주를 처음 배알하고 성리설 전반에 걸쳐 자신의 견해를 정리하여 질문하고 이에 한주가 답한 것을 기록한 『贊疑錄』을 보고서야 자신의 견해를 버리고 한주의 성리설을 받아들였다. 그만큼 한주의 성리설은 당시로서는 파격적인 것이어서 쉽게 학계에 받아들여질 수 없었던 것이다.
聖養於洲上之言, 未曾言下肯諾. 愈嘗以贊疑錄見寄, 始於冬間專書致謝, 節節欽

하나인 심장을 말하여 그와 상대되는 理로서의 心을 설명하였다. 여기서 한주는 三看에 의거해 여러 개념의 心이 있을 수 있음을 먼저 인정하였다. 그런데 그가 굳이 心卽理를 주장하는 것은 理學의 근본 취지에 따라 우주에 있어서의 天과 사람에 있어서의 心을 동일선상에 놓고 보면 자연 心의 가치를 主宰性에 두지 않을 수 없었기 때문이다. 그리고 性卽理라는 명제가 학파의 間隙을 초월하여 모든 학자에게 受用되고 있음에도 불구하고 한주가 心卽理를 특별히 강조할 수밖에 없었던 것은, 性은 心의 體이므로 主宰로 말할 수 없고 心은 사람의 太極의 體用을 아우른 전체이므로 주재로 말할 수 있기 때문이다.[37] 즉 본체인 性만 理이고 心 본연의 작용은 理가 아니라면, 그 理는 기실 본체에만 한정된 것이어서 명칭만 尊位를 차지하고 있을 뿐 모든 권능은 신하에게 넘어 가 있는 군주와 같이 된다고 보았던 것이다.

따라서 한주는 心 전체의 구성에서 理를 싣고 움직이는 역할로써 氣의 존재를 인정할 수는 있었으나 결코 主宰로 말할 수 없는 氣를 心의 개념의 중심에 둘 수는 없었던 것이다.

> 대저 心은 性·情의 總名이니, 性·情 밖에 心이 없다. 그러나 心은 반드시 머무는 집이 있으니, 그런 뒤에야 나의 것이 될 수 있다. 그러므로 心의 집을 또한 心이라 하는 것이니, 이 心은 血氣 중의 하나일 뿐이다. 다만 만물에 있어서 사람은 오행의 氣 중 가장 빼어난 것을 얻으며 사람의 一身에 있어서는 心의 집이 또 그 빼어난 氣 중에서 빼어난 것을 얻으니, 이것이 곧 이른바 精爽이란 것이다. 氣의 精爽이기 때문에 萬理가 그 속에 모두 모여 있어 心의 體用을 이루니, 體는 곧 性이고 用은 곧 情이며, 性은 未發의

服, 以爲良工心獨苦, 且自恨其弄過了二十年.『后山集』上同書, 3책 69~70쪽, 2권 與郭鳴遠」.

37) 心之主宰, 固是理, 心之理, 固是性, 而性不可以主宰言. 蓋性者, 五行各一之理, 而主宰者, 太極本體之妙也. 太極流行而妙性情之理, 人心寂感而妙性情之德, 心者人之太極也, 其體則性, 而性則無爲, 其用則情, 而情乃直遂. 若其主宰之妙, 則以仁愛, 以義惡 以禮讓, 以智知.『전서』2책, 86쪽,「이학종요」6권, 主宰說.

理로서 陰에 갖추어져 있고 情은 已發의 理로서 陽에서 행해진다. 따라서 이 陰陽이 없으면 理가 붙어 있을 곳이 없다.[38]

心의 氣는 心의 주인인 理가 머무는 집에 불과하므로, 주인을 분명히 밝히지 않은 채 집을 주인보다 중시할 수는 없다고 한 것이다. 한주는 三看의 관점에서 세 가지 心을 인정하고, 자신은 主宰의 心을 강조할 뿐이라고 자신의 입장을 해명하였으나 또 한편으로 그는 「心卽理說」에서 매우 강경한 어조로 心卽氣를 안목이 낮은 견해로 폄하하고[39] 心卽理를 가장 수승한 견해로 인정하고 있어, 사실상 心卽氣 또는 心合理氣는 心卽理에 이르는 과정에 있는 아직 未到한 견해가 되기도 한다. 따라서 다른 학파의 학자들로부터 혹독한 공격을 받을 수밖에 없었다.

한주 자신도 만년에는 자신의 주장이 과격했다는 점을 시인했던 듯하다.

선생이 세상에 계실 때 내가 조용히 청하기를 "「心卽理說」은 제목부터 쟁론의 단서를 일으킬 소지가 있으니, 「東·西銘」의 例에 따라 고치는 것이 좋을 듯합니다. 莫善(心卽理보다 좋은 것이 없고) 莫不善(心卽氣보다 좋지 못한 것이 없다)는 표현도 생각해 보아야 할 것입니다. 옥과 돌의 비유는 혹 너무 문장을 고려한 폐단이 없지나 않을런지요?" 하니, 선생이 "이는 내가 연소할 때 지은 것이다. 자네 생각에는 어떻게 하면 놓겠는가?" 하셨다. 이에 내가 "제목은 곧바로 「心說」이라 쓰고, 莫善·莫不善은 '或曰'로 고치

---

38) 夫心者, 性情之總名, 外性情則無心矣, 而心必有舍, 然後心爲吾有. 故心之舍, 亦謂之心, 是心亦血氣之一也. 但在萬物而人得五氣之秀, 在一身而心之舍又得其秀中之秀者焉, 卽所謂精爽也. 惟其氣之精爽也, 故萬理總會於其中, 而爲心之體用, 體卽性也, 用卽情也, 性卽未發之理而具於陰, 情卽已發之理而行乎陽, 無這陰陽, 則理無所掛搭. 『전서』 5책 308쪽, 「구지록」 23권, 退溪集箚疑.

39) 한주는 자신의 이러한 주장에 대해 주자의 설을 근거로 제시한다.
或曰 "心之本體, 固性也, 不可以氣言, 而若其當體, 則乃是形質之名, 指心言氣, 不亦可乎?" 此說固似矣. 然菖蒲茯苓可補之心, 惟醫家說之, 而從古聖賢只說那義理之良心. 故朱子論五臟之心而直謂之 "此非心, 乃心之神明乘降之舍." 則講究心學者, 顧不以良心爲心, 而硬把非心之心, 認作大本, 可乎? 『전서』 2책, 127쪽, 『理學宗要』 8권.

며, 玉石 운운한 것은 모두 없애는 것이 어떻겠습니까?" 하니, 선생이 수긍하셨다. 그런데 선생의 원고를 교정할 때 이러한 부분들을 미처 刪定하지 못한 상태에서 문집이 나오고 말았으니, 지금까지도 여한이 남는다.[40]

이 글은 한주 死後에 『寒洲集』이 陶山書院에 의해 불타는 등 한주학파가 수난을 당하고 있을 때 后山 許愈가 俛宇 郭鍾錫에게 보낸 편지에서 인용한 것이다. 이 글의 기록이 사실이라면 한주도 心卽理說이 가장 수승하고 心卽氣說이 가장 下劣하다고 주장하는 셈이 되는, '莫善'·'莫不善'과 같은 강경한 표현을 가급적 삼가고 「心說」이란 題下에 '三看에 의해 心을 보아야 심의 본체와 작용, 현상 등 전모를 알 수 있다'는 논조로 「心卽理說」을 고쳤으면 하는 생각을 가졌다고 볼 수 있다. 이 때의 한주는 학문이 원숙한 경지에 이르러, 主理가 聖賢의 宗旨라는 신념에는 변함이 없었지만, 젊은 시절 과감한 논조로 이단을 배척하던 때와는 달리 多岐한 性理說을 회통하는 쪽에 보다 주력하였을 듯하다. 그래서인지 『寒洲集』에는 초간본과 중간본 모두에 「心卽理說」이 실려 있으나 한주의 대표적인 저술로 일컬어지는 『理學宗要』에는 「主宰說」, 「明德說」, 「達道說」 등 기실 「心卽理說」과 내용이 같은 설들은 실려 있고 정작 「心卽理說」은 빠져 있다. 물론 애초에 수록하지 않았을 수도 있지만 책을 펴면 누구나 心卽理를 주장하는 것임을 알 수 있게 되어 있는 『理學宗要』에 「心卽理說」이 실리지 않았다는 것은 쉽게 납득이 가지 않는다. 한편 또 다른 사실을 근거로 생각해 보면, 『이학종요』에서 「심즉리설」을 싣지 않은 것은 후산, 면우 등 한주의 제자들이 결정했다고 볼 수도 있다. 『寒洲集』 초간본이

---

40) 先生在世時, 愈嘗從容請曰 "心卽理說, 題目恐起爭端, 依東西銘例, 改之似好. 莫善莫不善, 亦當商量, 玉石之喩, 倘無役於文之弊否?" 先生以爲"此吾年少時所作,於君意如何則爲好?" 愈對以"題目則直書心說, 莫善莫不善, 改以或曰, 玉石云云, 一切掃去, 如何?" 先生首肯之, 校正時, 未及刪定, 而文集出. 至今爲餘恨. 『后山集』 上同書, 3책 86쪽, 2권 與郭鳴遠.

간행된 것은 乙未年(1895년) 12월이었고, 한주의 대표적인 저술인『이학
종요』가 간행된 것은 丁酉年(1897년)이었다. 위 인용문의 바로 뒤에『이
학종요』의 간행을 뜻하는 언급[41]이 있는 것으로 보아 이 편지는 1896∼
1897년 사이에 쓰여진 것임을 알 수 있다.『理學宗要』는 한주 자신이 작
고하던 해까지도 수정 보완하였던 絶筆의 遺作일 뿐 아니라 제자들이 여
러 차례에 걸쳐 교정을 보았던 저술이고 보면, 분란의 단서가 되는 설은
가급적 싣지 않는 것이 좋겠다고 생각하여 제자들이 간행할 때 산삭했을
가능성도 있는 것이다.

　그 이유가 무엇이든,『理學宗要』의 心性情論은 시종 心卽理에 초점이
맞추어져 있어, 한주가 三看을 인식의 잣대로 삼아 여러 학파의 心說을
회통하려는 의도를 가졌음에도 불구하고 聖賢의 宗旨는 心卽理이라는 생
각에는 변함이 없었던 것은 분명하다. 즉「心卽理說」에서「心說」로 題名
을 바꾸려는 생각이 있었고 그것이 당시 학계의 多岐한 心說을 원만히
회통하려는 의도에서 비롯된 것이었다 할지라도, 그「心說」이란 제명은
「心卽理說」의 논조를 다소 완화한 것일 뿐 본질적으로 한주의 견해가 바
뀐 것은 없었다고 할 수 있다.

3) 여타 영남학파 학자와의 견해 차이

　한주 당시 영남학파가「心卽理說」에서 가장 문제로 삼아 공격했던 것
은 七情理發說이었다. 퇴계의 후손으로 당시 陶山書院을 대표하는 학자라
할 수 있었던 愼菴 李晚殼은 七情理發說을 邪說로 간주하여 "주자가 이러
한 설을 주장하였다면 주자도 실성한 사람일 것이며 공자가 이러한 주장
을 하였다면 공자도 혼미한 사람일 것이다." 하여 극력 배척하였다.[42] 여

---

41) 綜要跋文, 依剛兄意, 改定以付, 兄須斤正, 討便送之, 如何? 上同書 86쪽.

기서는 주로 당시 영남학파를 대표하는 학자였던 西山 金興洛·定齋 柳致明과 한주의 논변을 통하여 영남학파와 한주의 견해 차이를 확인해 보고자 한다.

「年譜」에 의하면 한주는 35세 되는 해 겨울에 安東 大坪으로 가서 당시 영남학파를 대표하는 丈席이었던 定齋 柳致明을 처음 배알하였다. 당시에 한주와 정재 사이에 어떤 문답이 오고 갔는지는 기록이 없어 알 수 없으나 36세 때에 정재에게 보낸 편지와 이에 대한 정재의 답서를 보면 明德·中和와 같은 心說의 핵심 논거에서 서로의 견해가 크게 어긋났다는 것을 알 수 있다.[43] 그리고 한주는 40세 되던 해 겨울에 다시 안동에 가서 먼저 金溪의 西山 金興洛을 방문한 다음 정재를 배알하고 성리설의 주요 쟁점들에 대해 토론하였다. 이 때의 문답은 『寒洲集』 초간본 40권에 「花峽法語」라는 제목으로 상세히 실려 있는데 역시 주요 쟁점들에 있어 견해의 차이를 다시 확인하는 데 그칠 수밖에 없었다.[44]

정재와의 토론에 앞서 벌어진 西山과의 문답을 먼저 살펴볼 필요가 있다. 서산과의 문답은 짧게 끝났고 깊이 있는 토론으로 이어지지는 않았지

---

42) 嘗見李愼菴書, 以七情理發之說謂之邪說. 又曰 "朱子有此說, 朱子喪性, 孔子有此說, 孔子謬迷." 陶山近日擧措, 自有所從來, 何足怪哉? 『后山集』上同書, 1책 432쪽, 4권 與崔聖可.

43) 이형성은 『한주 이진상의 성리학 연구』(성균관대학교 박사학위논문, 2001)에서 "이진상은 34세 때 당시 퇴계학파의 정맥인 유치명을 예방하여 心과 明德을 질의한 적이 있다. 이에 대해 유치명은 심과 명덕이 모두 리와 기가 합한 것이라 하면서도, 본체적인 관점에서 리를 주로 하여 규정하였는바, 이진상은 유치명의 이러한 관점에서 많은 영향을 받은 것으로 보인다." 하였는데, 이는 사실과 매우 다르다. 이에 대해서는 4장의 明德說과 達道說에서 상론하겠다.

44) 이 「화협법어」와 41권의 「讀葛菴集」, 「讀密庵集」 등의 잡저는 그 후 重刊本에서는 빠졌는데 이는 기존 영남학파의 학설을 비판하는 경향이 강하기 때문이었던 것으로 추측된다. 따라서 기존 사상사들에서 한주가 정재의 영향을 받았다고 한 것이 수정되어야 옳을 듯하다. 또한 한주가 정재를 예방한 시기는 年譜에 의하면 40세 겨울이다.

만 역시 주요 쟁점에서 극명한 견해의 차이를 발견할 수 있다.

> ◦ 한주 : 不遷怒章 註에 "情이 熾盛하여 放蕩해지면 그 性이 손상된다." 하였
> 으니, 情이 치성하여 방탕한데 性이 어찌하여 당장에 손상됩니까?
> ◦ 서산 : 情이 방탕한 곳이 곧 性이 손상된 것이니, 둘이 있는 것이 아닙니다.
> ◦ 한주 : 情이 치성 방탕하여 客用이 마구 날뛰게 되면 마음속에 혼란하고 번
> 잡하여 대본이 서지 못하는 것이지, 性과 情이 對立하여 서로 해치는 것은
> 아닙니다.[45]

서산이 '情이 방탕한 곳이 곧 性이 손상된 것'이라 한 것은 性·情의
통합이며 性·情을 통괄하는 心의 本色이 合理氣라는 渾淪看에서 나온
것이다. 즉 氣로 정의되는 情이 치성 방탕하면 그 氣가 싣고 있는 理가
구속 엄폐되므로 性이 손상된다고 본 것이다. 이러한 서산의 견해의 저변
에는 心의 개념을 理와 氣로 나누어 정의할 수 없다는 생각이 깔려 있다.
즉 心의 개념이 合理氣이고 보면 性·情에 관한 설도 기본적으로 合理氣
의 바탕 위에서 전개되어야 하므로, 氣에 의해 손상된 곳이 결과적으로는
그 氣가 싣고 있는 理가 손상된 곳이 될 수 있다는 것이다.

한주는 客用이란 용어를 써서 情의 치성 방탕은 情의 본연의 모습이
아니라는 점을 강조했다. '性이 손상된다.'는 것은 性의 理가 外物에 감응
하여 情으로 發하면서 氣의 用事로 情의 본체인 性이 구속 엄폐되어 大本
으로서의 체면을 잃은 상태일 뿐 性의 본연의 理는 결코 가감되거나 손상
된 곳이 없다는 것이다. 즉 情이 아무리 치성 방탕하여도 性·情의 본연
의 理는 氣에 의해 결정되는 것이 아니므로 늘 自若하다는 견해에 이르고,
이 견해는 또 本色에 근거하여 볼 때에는 理·氣를 나눌 수 없지만 本指

---

45) 問不遷怒註曰 "情其熾而益蕩, 其性鑿矣. 情之熾蕩, 性何以當下鑿." 繼孟曰
"情之蕩處, 便是性之鑿, 非有二也." 余曰 "情之熾蕩, 客用方鶩, 則膠膠擾擾,
大本不立, 非謂性情對立交相爲瘵也."『寒洲集』초간본, 漢籍, 40권 2판 花峽
法語.

에 근거하여 볼 때에는 理·氣를 나누어 理가 주인이고 氣가 資具이므로 주인만을 가리켜 개념을 정의할 수도 있다는 논리를 이룬다. 心卽理의 논리적 근거가 여기서 마련되는 것이다.

> ▫ 한주 : 먼저 五性을 말하고 이어 七情을 말한 다음 곧바로 "그 中이 움직여 칠정이 나온다." 하였으니, 이러한 곳도 氣가 발한 것이라 할 수 있겠습니까?
> ▫ 서산 : 이는 바로 渾淪하여 말한 곳이니, 四端과 상대시켜 分開하여 말한 경우와는 다릅니다.
> ▫ 한주 : 五性이 움직이는 곳으로부터 말하면 칠정도 理發이라 할 수 있습니다.46)

程伊川의 「好學論」을 인용하여 문답한 것이다. '性發爲情'의 情은 당연히 理가 되어야 한다는 것이 한주의 생각인데, 이는 역시 竪看에서 나온 견해이다. 그러나 서산은 「호학론」의 견해를 어디까지나 理·氣의 不相離의 관점, 즉 渾淪看에서 나온 것으로 파악하였는데, 이는 퇴계의 설을 따른 것이다.47)여기서 '五性이 움직이는 곳으로부터 말하면 칠정도 理發'이라 한 한주의 말은 바로 두 사람의 견해 차이가 벌어지는 분기점을 摘示해 준다. 性卽理는 학파의 간극을 초월하여 공인되고 있는 명제이다. 따라서 性이 움직여 情이 된다는 측면에서 본다면 비록 理·氣가 渾淪한 상태일지라도 主가 되는 것은 어디까지나 理이며, 이 때의 氣는 작위하지 않고 순순히 理를 도울 뿐이므로 氣의 존재를 개념 속에 넣어서는 안 되므로, 본연의 情은 理發이 될 수밖에 없다고 주장한 것이다.

---

46) 又問 "先言五性而繼以七情, 直曰其中動而七情出焉. 此等處, 亦可曰氣之發乎?" 繼孟曰 "此乃渾淪說處, 非若對四端分開之論也." 余曰 "自五性動處而言, 則七情亦可謂理發." 上同.

47) 子思之論中和, 言喜怒哀樂而不及於四端, 程子之論好學, 言喜怒哀懼愛惡欲而亦不言四端, 是則就理氣相須之中而渾淪言之也. 『退溪集』 16권 答奇明彦. 이에 대해서는 4장 2절, 5장 2절 등에서 상론할 것이다.

반면 서산의 견해는, 「好學論」의 情은 어디까지나 理·氣가 相須的인 관계로 혼륜한 상태를 말하므로 七情 자체를 理發이란 할 수는 없고, 情을 分開하여 理·氣가 혼합한 중에서 理가 主가 되느냐 氣가 主가 되느냐에 따라 명칭을 구분, 四端·七情이라 할 경우에만 四端을 理發이라 할 수 있다는 것이다. 七情은 현상적으로는 善·惡, 어느 쪽으로든 진행될 수 있으므로 氣를 빼고 그 개념을 정의할 수 없었던 것이다. 역시 竪看의 本指와 渾淪看의 本色의 차이에서 기인한 견해 차이임을 알 수 있다.

서산과 토론한 지 5일 뒤에 한주는 정재를 만나 성리설 전반에 걸친 토론을 벌인다.[48] 여기서는 心卽理說과 관련된 부분만 보기로 한다.

- 한주 : 心은 일신의 主宰가 되니, 주재 두 글자는 理를 가리킨 것입니까? 氣를 겸하여 가리킨 것입니까?
- 정재 : 理와 氣를 겸하여 말하는 것이 무방하다.
- 한주 : 理는 주재의 實이 되는 바이고 氣는 주재의 資具가 되는 것입니다. 心은 진실로 理와 氣를 겸하나 일신의 주재를 말할 경우에는 理를 가리키는 듯합니다.
- 정재 : 心이 주재하는 것은 性·情을 妙하기 때문인데 理로써 理를 妙하는 것이 가능하겠는가?
- 한주 : 이것이 바로 제가 깊이 의심한 바입니다. 주자는 "運用이란 글자에 병통이 있기 때문에 단지 妙 자만 썼다." 하였으니, 운용이 병통이 된다는 것은 진실로 氣가 주재가 되는 데 있지 않겠습니까? 삼가 생각건대 心이 妙하는 것은 단지 理의 一이요 그 妙하는 대상은 分의 殊입니다. 程子가 말한 "心으로써 心을 부린다."는 것이 바로 이를 가리킨 것이니, 애초에 두 모양의 理가 있는 것이 아니라 心이 발하는 곳을 心의 본체가 저울질하여 헤아리는 것입니다. 心의 未發 상태에서 炯然히 어둡지 않은 것은 知이고 肅然히 主宰를 지니고 있는 것은 敬이니, 이것이 과연 妙하는 것이 아니겠습니까.
- 정재 : 氣를 떠나 理를 말하면 理가 공허한 것이 되니, 어떻게 주재할 수

---

48) 이 때의 문답은 매우 길어 심즉리설에 관한 부분만 해도 한 자리에 다 인용하여 논급하기 어려우므로, 한주의 아들 大溪 李承熙가 연보에 정리해 둔 것을 주로 인용하고, 필요한 부분만 「花峽法語」의 기록으로 보충하겠다.

있겠는가.

　▫ 한주 : 제가 말한 것은 마음 중에 나아가 주재의 實을 지적해 낸 것이지
　　理가 氣에 資賴하지 않는다는 것은 아닙니다.[49]

　한주는 心의 本色은 물론 合理氣이지만 心의 주재의 주체는 理이므로
주재를 놓고 말할 경우에는 主指에 따라 心卽理라고 하는 것이 가능하다
고 주장하고, 정재는 시종 心合理氣의 관점에서 이를 수긍하지 않는다.
여기서 문제의 핵심은 氣의 작용 없이 理만으로 性·情을 妙할 수 있는가
하는 것이다. 여기서 '妙' 자의 뜻은 『周易』「說卦傳」 6장의 "神이란 만물
을 妙하는 것을 두고 말한 것이다.[神也者, 妙萬物而爲言者也.]"에서 온
것으로, 天의 理가 만물을 주재함을 달리 표현한 것이다.[50] 즉 天의 理가
우주를 주재하여 만물을 생성 소멸하는 것이 마치 만물을 운용하는 듯하
지만 실제로 운용하는 자취가 없으므로, 形迹 上에 쓰이는 말인 '運用'
자를 쓸 수 없어 '妙' 자만 썼다는 것이다. 따라서 '妙性情'의 妙 자도
理의 無爲而無不爲한 작용을 표현하기 위해 어쩔 수 없이 선택된 것일

---

49) 問 "心爲一身之主宰, 主宰二字, 但指理歟? 兼指氣歟?" 答曰 "兼理氣說, 無妨."
　曰 "理也者, 所以爲主宰之實也, 氣也者, 所資以爲主宰之具也. 心固兼理氣, 而
　語一身之主宰, 則似指是理." 答曰 "心之所以主宰者, 以其妙性情也. 以理妙理,
　可乎?" 曰 "此政小子所深疑者. 朱子曰 '運用字有病, 只下得妙字.' 運用之爲病,
　顧不在於氣爲主宰乎? 竊意心之所以妙之者, 只是理之一者也, 爲其所妙者, 分
　之殊者也. 程子所謂以心使心, 政指此處, 初非有兩樣理也. 心之發處, 以心之本
　體權度之, 心之未發, 炯然不昧者知也, 肅然存主者敬也. 此果非妙之者乎?" 答
　曰 "離氣言理, 理爲懸空, 烏得以主宰乎?" 曰 "下生所言, 就心中, 指出主宰之
　實, 非謂此理之不資乎氣也." 『전서』 1책, 815쪽, 문집 부록 1권, 年譜. 『寒洲
　集』 초간본, 40권, 花峽法語, 3-6판 참조.
50) 程子는 이 구절에 대해 "神은 극히 묘하다는 말이다.[神是極妙之語.]" 하고,
　"天이란 理이고, 신이란 만물을 妙하는 것을 말한 것이다.[天者, 理也. 神者,
　妙萬物而爲言者也.]" 하고, "帝란 주재하는 일로써 命名한 것이다.[帝者, 以主
　宰事而名.]"이라 하여, 天·神·帝가 가리키는 바에 따라 명칭만 다른 것이
　고 실상은 같은 것임을 말하였다. 『周易傳義大全』「說卦傳」 6장, 小註.

뿐 실제로 形迹上에서 볼 수 있는 운용은 없다는 것이다. 그리고 한주는 자신의 논거로 程子의 '以心使心說'을 제시하고, '理一分殊'로써 설명한다. 한주는 心을 '總會無外', 즉 性・情을 총괄한 전체로 보고 仁義禮智의 性을 전체가 가지는 다양한 속성으로 보아, 心을 理一에, 性을 分殊에 각각 분속시켰다. 여기서 心은, 心의 전체인 太極으로서 性의 속성인 分殊에 의해 발하는 情을 주재하는데, 그 역할을 하는 것은 智의 用인 知와 禮의 用인 敬일 뿐이라는 것이다.

정재는 한주의 주장에 수긍하지 않고 '氣를 떠나서 理를 말하면 理가 공허한 것이 된다.' 하여 心은 合理氣로 정의할 수밖에 없다는 입장을 고수한다. 이는 어디까지나 心의 본색을 중시한 견해로, 渾淪看이건 分開看이건 기본적으로 心을 合理氣로 보는 것이다. 반면 한주는 心의 理는 氣를 資具로 삼지만 실질적으로 주인이 되어 주재하는 것은 理이므로, 주재의 측면에서 說을 세울 경우에는 理와 氣가 渾淪한 곳에 나아가 理를 가리켜 心의 개념을 정의할 수 있다고 보았던 것이다. 역시 혼륜간에 의거한 정재와 수간에 의거한 한주의 견해 차이는 좀처럼 좁혀질 수 없는 것이었음을 확인할 수 있다.

4) 王陽明 心卽理說과의 차이

통상 한 학자의 대표적인 학설은 그 학자의 학문의 성향을 파악하는 데 중요한 관건이 된다. 理氣・心性論이 학문 전반을 통치하는 두뇌로 작용하는 성리학에서는, 역시 理氣・心性에 대한 관점이 어떤 것이었느냐에 따라 本體論, 認識論, 공부 방법 등 학문의 전반에 걸쳐 모든 방침들이 결정된다고 해도 과언이 아니다.

한주는 그의 대표적인 학설인 心卽理說이 퇴계 이후 이단으로 배척 받

아온 王陽明의 학설과 같은 명칭을 사용한 것이었기 때문에 당시 학계로
부터 혹독한 비난을 받을 수밖에 없었다. 祖雲憲陶齋라는 편액을 걸어
주자와 퇴계를 私淑한다는 뜻을 분명히 표방하였던 한주이고 보면, 그가
적어도 왕양명의 학설을 의식적으로 祖述하였을 리는 없을 것이다. 따라
서 자신의 학설이 받을 수 있는 혐의를 풀기 위해서라도 그는 다른 학자들
보다 왕양명의 학설을 더욱 논리적으로 辨駁해야만 했다.

　　저 禪家의 說과 같은 경우는 氣를 理로 알고서 心卽理라 하였으니, 저들
이 말하는 理란 것은 우리가 말하는 氣이다. 象山이 陰陽을 道로, 정신을 心
으로 간주하자 朱子가 비판하기를 "상산의 학문은 氣稟이 心 속에 섞여 있
다는 사실을 모른 채 허다한 거칠고 나쁜 氣를 가지고서 몽땅 心의 理로 간
주하여 마음대로 함부로 행동하면서 '이 모두가 지극한 理 아님이 없다.' 한
다." 하였고, 또 "釋氏는 道心을 버리고 도리어 위태로운 人心을 취하여 이
를 作用으로 삼는다." 하였으니, 그렇다면 상산의 이른바 心이란 것은 氣일
따름이며 이른바 理라는 것은 참된 理가 아니다.
　　陽明의 학문은 상산에서 근원하였는데, 그는 말하기를 "나의 心의 良知가
곧 내가 말하는 天理이니, 모든 사물에 나의 心의 良知를 지극히 하면 모두
그 理를 얻을 것이다." 하고, 또 "양지는 하나인데 그 妙用을 가지고 神이라
하고 그 流行을 가지고 氣라 하고 그 凝聚를 가지고 精이라 하는 것이니, 어
찌 형상이나 方所를 가지고 찾을 수 있겠는가. 眞陰의 精이 곧 眞陽의 氣의
어미이고 眞陽의 氣가 바로 眞陰의 精의 아비이다. 陰은 陽에 뿌리를 두고
陽은 陰에 뿌리를 두니 둘이 있는 게 아니다." 하고 또 "心은 理이니, 천하에
어찌 心 밖의 사물이 있으리오." 하였다.
　　대저 나의 心의 天理가 곧 태극의 전체인데 지금 眞陰·眞陽·流行·凝
聚를 이에 해당시켰은즉 태극은 빠뜨리고 도리어 음양을 본체로 삼은 것이
다. 천하의 사물은 자연의 理가 없는 것이 없는데 이를 일체 쓸어 없애고
단지 나의 心 위에서 認取하려 하였은즉 양명이 말하는 理는 역시 매우 猥
雜하여 그 정결한 본체가 아니다.[51]

―――――――――――――――

51) 若夫禪家之說, 則認氣爲理而謂心卽理. 彼所謂理者, 則吾所謂氣也. 象山以陰陽
　　爲道, 以精神爲心, 朱子譏之曰 "象山之學, 只在不知有氣稟之雜, 把許多矔惡底
　　氣, 都做心之妙理, 率意妄行, 便謂無非至理." 又曰 "釋氏棄了道心, 却取人心之
　　危者而作用之." 然則象山之所謂心者, 氣而已, 而所謂理者, 非眞理也. 陽明之

한주의 「心卽理說」에서 인용한 것이다. 여기서 한주는 두 가지 측면에 왕양명의 心卽理說을 비판하였다. 첫째는 왕양명이 말하는 理는 실상은 氣라는 것이며, 둘째는 사물의 理를 沒却한 채 內觀에 치중한다는 것이다.

한주는 왕양명의 학문 계보를 陸象山에 이어 놓고 주자가 육상산을 비판했던 논리를 그대로 가져다 왕양명을 공격한다. 주자가 육상산을 異端으로 간주하여 공격했던 까닭은 육상산의 학문이 禪學에서 왔다는 것이었다. 주자가 이렇게 주장하는 근거는, 육상산은 理와 氣를 분명히 구별하지 못한 채 정신의 자연스런 작용이 모두 지극한 理라고 생각하는데, 이렇게 되면 形氣에서 생기는 人欲까지도 天理로 인식하여 자연스런 마음의 작용에 모든 것을 맡기는 것이 가장 좋은 공부라는 주장이 가능하게 된다는 것이다. 결국 주자의 견해에 따르면, 육상산의 학문은 心中의 理를 투철히 보지 못한 것으로 그 근본은 결국 불교의 心學과 같다는 비판이 가능해지는 것이다.

한주는 주자의 육상산 비판의 논리를 그대로 옮겨 왕양명 비판에 적용한다. 한주는 위 인용문 왕양명의 말에서 마음의 良知를 天理로 본 것은 별 문제가 없으나,

> 양지는 하나이나 그 妙用의 측면을 가지고 神이라 하고 그 流行의 측면을 가지고 氣라 하고 그 凝聚하는 측면을 가지고 精이라 하니, 어찌 형상과 方所로 찾을 수 있겠는가. 眞陰의 精이 곧 眞陽의 氣의 어미이고 眞陽의 氣

學, 原於象山,而其言曰 "吾心之良知, 卽吾所謂天理, 致吾心良知於事事物物, 則皆得其理矣." 又曰 "良知, 一也, 以其妙用而謂之神, 以其流行而謂之氣, 以其凝聚而謂之精, 安可以形象方所求哉? 眞陰之精, 卽眞陽之氣之母, 眞陽之精, 卽眞陰之氣之母, 陰根陽, 陽根陰, 非有二也." 又曰 "心者, 理也. 天下豈有心外之事心外之理乎?" 夫吾心之天理, 卽太極之全體, 而今以眞陰眞陽流行凝聚者當之, 則遣了太極, 而反以陰陽爲本體矣. 天下事物, 莫不有自然之理, 而一切掃除, 只欲於吾心上認取, 則所謂理者, 亦甚猥雜而非其淨潔之全體矣. 『전서』 1책 678쪽, 「문집」 32권, 心卽理說.

가 바로 眞陰의 精의 아비이다. 陰은 陽에 뿌리를 두고 陽은 陰에 뿌리를
두니 둘이 있는 게 아니다.

한 것은 氣를 理로 본 잘못이 있으니, 陽明의 心卽理는 실상은 心卽氣인
것이라고 비판한다. 良知·神·氣를 본질적으로는 동일한 것이라 보았고,
陰陽의 근본을 氣로 보았으므로, 왕양명이 말하는 理는 명칭만 달리한 것
일 뿐 사실상 氣 자체, 또는 기껏해야 氣의 속성에 불과하다고 본 것이다.

> 陽明이 양지를 가리켜 天理라 한 것은 진실로 천리가 발현하는 곳에 見
> 處가 있지만 그가 천리라 한 것을 精神·氣魄·眞陰·眞陽으로 해당시켰
> 으니, 이는 그야말로 氣를 理라 한 것으로 理와 氣가 섞여 구별이 없다. 따
> 라서 그의 心卽理說이라는 것도 氣를 理로 인식한 견해에서 나온 것이다.
> 후대의 학자들은 양명이 禪學에 빠진 것을 경계하느라 도리어 心卽氣說이
> 세상에 나오고 이에 主理로 心을 말하는 것이 드디어 큰 禁忌가 되어 마침
> 내 그 原委를 명확히 보아 통렬히 辨析하는 사람이 없게 되었다.[52]

眞陰·眞陽의 精이란 太虛의 元氣, 張橫渠의 '淸虛一大'와 같은 것으로
理學에서는, 이를 우주의 근원으로 보는 견해는 理를 분명히 알지 못하여
지극히 맑은 氣를 理로 오인한 것이라 비판한다. 한주는 이어서 양명의
영향으로 心의 本體가 理라는 것을 분명히 말할 수 없게 되었다고 개탄하
였다.

다음은 위 인용문에서 한주가 왕양명의 공부 방법의 잘못을 지적한 부
분이다.

---

52) (良知)陽明之指作天理者, 固有見於天理發見之處, 而但其所謂天理者, 乃以精神
氣魄眞陰眞陽當之, 此乃認氣而爲理也. 理氣雜而無別, 則其爲心卽理之說者, 亦
出於認其認氣爲理之見也. 後之學者懲於陽明之陷禪, 而心是氣之說行焉, 主理
言心, 遂爲大譁, 終未有的見其原委而痛辨之者. 『전서』 2책 91~92쪽. 「理學
宗要」 6권.

천하의 사물은 자연의 理가 없는 것이 없는데 이를 일체 쓸어 없애고 단지 나의 心上에서 認取하려 하였은즉 양명이 말한 理는 역시 매우 猥雜하여 그 정결한 본체가 아니다.

이는 위 인용문의 '心은 理이니, 천하에 어찌 心 밖의 사물이 있으리오.' 한 왕양명의 말을 비판한 것이다. 맹자도 "만물이 모두 나에게 갖추어져 있다."[53] 하였고 程伊川은 "沖漠하여 아무런 조짐이 없는 가운데 만상이 이미 빼곡히 갖추어져 있다."[54]라 하였으며, 이 밖에도 많은 先儒들이 만물의 理가 곧 一心에 갖추어져 있다는 뜻을 말하였다. 그런데 한주가 유독 왕양명의 이 말을 비판한 것은 무슨 까닭인가? 그 해답에 앞서 먼저 주자와 왕양명의 견해 차이를 먼저 살펴볼 필요가 있다.

주자는 만물의 理가 곧 一心의 理이므로, 만물의 理에 밝지 못한 곳이 있으면 그 곳이 바로 나의 心의 明德이 기질과 물욕에 구속되고 엄폐되어 昏昧한 곳이므로 사물의 理를 밝힘으로써 나의 心의 理를 밝혀야 한다고 주장하여, 格物致知 공부의 초점을 외면의 사물에 두었다. 반면 왕양명은 理는 외면의 사물에 있는 것이 아니라 나의 心 속에 있으므로 문제의 해결을 밖에서 찾아서는 안 된다고 생각했다. 이 차이가 바로 주자학과 양명학이 나뉘는 분기점이다. 즉 공부의 방향이, 주자의 격물은 나의 마음에서 사물로, 즉 내면에 외면으로 진행되고, 왕양명의 격물은 외면에서 내면으로 수렴되는 것이다. 兩者 모두 성인이 되는 길을 지향하여 공부하였음에도 공부의 방향이 이렇게 서로 背馳는 것은 무슨 까닭인가?

주자 당시 北宋에는 唐代부터 성행한 禪學이 여전히 세상에 만연하여 儒家의 학자들도 실제 공부에 있어 정좌 수행을 중시하였으며, 심지어는 看話禪을 實修하는 등 儒·佛의 경계가 모호해져 있었다. 주자는 禪客들이 일상생활에 나타나는 心의 작용을 性의 발현으로 보아 操行을 구속으

---

53) 萬物皆備於我. 『孟子』「盡心 上」.
54) 沖漠無朕, 萬象森然已具. 『近思錄』 1권.

로 여기고 자유분방한 행동을 하는 모습을 몹시 싫어하고 지식인 사회에 그러한 기풍이 조성되는 것을 매우 경계하였다. 그리고 선객들이 繩檢을 싫어하고 방종을 좋아하는 것은 心의 근본인 理를 투철히 보지 못한 채 心의 氣가 맑고 고요해져 자유롭고 쾌활한 경계가 느껴지는 것을 本心을 본 것으로 착각하기 때문이며, 이러한 결과가 생긴 것은 看話禪과 같이 內觀에만 치중하는 공부 방법에 그 원인이 있다고 생각했다. 즉 내관에만 치중했을 경우 다양한 사물의 理를 무시한 채 내면으로만 몰입하여 內面의 心과 外境의 사물의 거리가 점차 멀어져 心과 사물의 연계가 느슨해진 상태에서 어느 순간 스스로 정신의 자유를 획득했다고 착각할 수 있다고 생각했던 것이다.

주자는 어떠한 깨달음의 경지일지라도 눈앞의 사물의 이치를 바로 알고 현실을 올바로 영위할 수 없다면 그것은 관념의 세계에서의 자유일 뿐이라 생각했다. 程伊川이 "천하에 한 사물도 줄여서 없앨 수 있는 것은 없으니, 사물을 싫어해서는 안 된다."[55] 한 것도 이와 같은 맥락에서 이해된다. 주자의 格物致知說은 이러한 인식의 바탕에서 나온 것으로, 禪과 대치하는 자리에 서 있다. 즉 일상생활 속에서 늘 만나는 사물의 이치를 바로 보는 것에서 공부를 시작하면 생각이 내면으로만 쏠려 자아와 세계의 균형을 잃을 위험이 없을 것이라 생각했던 것이다.

반면 왕양명은 理는 사물에 있는 것이 아니라 나의 心에 있으므로, 외부에 있는 사물의 理를 일일이 궁구하는 식으로 공부하여서는 영영 공부를 마쳐 성인의 경지에 도달할 기약이 없다고 생각했다. 그는 성인의 경지를 想定하여 두고, 온 몸으로 나아가 그 경지에 이르고자 노력했다. 그러한 과정에는 그는 한없이 봉착하는 사물의 이치를 일일이 다 궁구할 것 없이 사물을 酬應하는 주인인 내면의 一心에서 생기는 문제만 해결하면

---

55) 天下無一物是合少得者, 不可惡也. 『近思錄』 4권.

외면의 사물에서 생기는 문제는 절로 해결된다고 믿었다. 그가 『대학』
八條目에서 誠意를 근본으로 삼고, 格物의 '格'을 바로잡을 '正' 자의 뜻
으로, '物'을 心中에서 생각하는 일[事]로 해석하여 격물을 성의의 공부로
규정한 것은 확실히 공부의 초점을 외부의 사물에서 내면의 心으로 옮겨
온 것이다. 이렇게 함으로써 '誠意의 주도 아래 격물하는 것이 되어 격물
의 범주와 해석을 心學의 체계 안에 포함시키기 편리하게 되었다.'56) 주
자가 內觀에 치중하는 것을 경계하여 공부의 초점을 사물로 옮겨 놓았던
것을 왕양명이 다시 一心 속으로 돌려놓은 것이다. 바로 이것이 퇴계를
비롯한 주자학자들이 왕양명의 학문을 禪學이라고 극력 배격한 까닭이다.

왕양명은 공부가 사물에서 理를 찾는 식이 되어서는 心과 사물이 둘이
될 수밖에 없고, 心과 사물이 하나가 되지 않은 상태에서는 아무리 사물의
理를 깊이 궁구하여 안다 할지라도 주체와 객체가 二元化된 상대적인 세
계에서 心과 사물은 계속하여 모순과 불안을 일으킬 수밖에 없다고 생각
했던 것인데, 이러한 생각은 분명 禪과 일맥상통한다고 볼 수 있다. 반면
에 주자는 『孟子』의 "禹 임금이 물을 흘러가게 한 것은 그 無事한 바를
행한 것이다."57)와 같이 作爲하는 의식 없이 사물의 이치를 그대로 순응
하는 것 자체를 나와 사물이 합일된 완전한 경지, 즉 無我로 보고, 이
밖에서 따로 완전한 경지를 想定하여 두고 內觀을 통하여 의식적으로 추
구하는 것은 현실의 差別相, 만물의 제각각 다른 이치를 沒却한 채 無我라
는 큰 影像을 잡고서 놓지 않는 것이라고 생각했다. 주자는 사물을 떠나서
心의 절대성을 찾는 것 자체를 心과 사물을 二元化하는 것으로 보았다.
즉, 먼저 分殊의 理를 분명히 알지 못한 채 心中에서 理一을 추구하게

56) 陳來, 전병욱 옮김, 『양명철학』(原題 : 有無之境), 예문서원, 2003년 5월. 진래
는 이 주장의 논거로 왕양명의 『大學古本旁釋』의 "惟誠意爲主, 而用格物之
功, 故不須添一敬字." 및 왕양명의 年譜, 「大學古本序」에서 찾았는데, 그 취
지는 모두 동일하다.
57) 禹之行水也, 行其所無事也. 『孟子』「離婁 下」.

되면 관념 속의 자아가 오히려 점점 거대해져 대상 경계를 덮어 가림으로 해서 무아인 것처럼 느껴질 뿐 오히려 사물과 합일을 이룬 진정한 무아와는 더욱 거리가 멀어질 수밖에 없다고 생각한 것이다. 이러한 취지에서 주자는 理一과 分殊 중 늘 분수에 공부의 초점을 두어야 한다고 주장했던 것이다.

동양철학의 思惟 구조를 一과 多, 전체와 개체의 관계 위에서 파악할 때 적어도 방법론에 있어서는 분명 주자는 多와 개체 쪽을, 왕양명은 一과 전체 쪽을 중시했다고 볼 수 있다. 多와 개체를 중시하는 쪽은, 현실을 떠난 학문은 관념의 세계 일 뿐이라 생각하여 內觀에만 치중하는 禪과 같은 공부를 위험한 것으로 경계하고 학문하는 방법에 있어서도 번쇄한 이론을 싫어하지 않는 경향이 있다. 반면 일과 전체를 중시하는 쪽은 상대적인 세계를 벗어난 절대적이고 완전한 경지를 추구하며, 학문하는 방법에 있어서도 분석보다 合一을 좋아하고 번쇄한 이론을 지양하며, 공부를 一心 속에 수렴하여 모든 모순과 문제를 일거에 해결하려는 경향을 뚜렷이 보인다.

위 인용문에서 한주가 왕양명을 비판한 것도 주자의 관점에 입각한 것이라 할 수 있다. 즉, 心眼이 사물을 등지고 내면으로만 쏠려 있음을 경계한 것이라 할 수 있다. 따라서 같은 제목으로 心卽理說을 주장하였으나 왕양명이 心의 자연스런 발현을 중시했다면 한주는 心의 본연의 理를 밝히는 '明理'의 공부를 중시했다고 할 수 있다.

이러한 한주와 왕양명의 학문 성향의 차이는 실제 학문 행위에서 더욱 잘 확인할 수 있다. 한주는 주자의 格物致知說에 따라 사물의 理를 파악하는 데 공부의 중점을 두었다. 왕양명이 心中의 意念을 바로잡음으로써 모든 문제를 해결하려 했던 것과는 공부의 방향이 배치되는 것이다. 한주는 靜坐하여서도 居敬을 통한 存心·養性보다는 사색에 몰두했으며, 번쇄한 학설들을 세밀히 분석하는 것을 싫어하지 않았다. 이러한 점에서는 한주는 다른 어떠한 성리학자보다 왕양명과 상반되는 학문 성향을 보인다고 할 수 있다.

왕양명은 주자가 만년에는 講學·論辨보다는 存心·養性과 같은 내면으로 정신을 수렴하는 공부를 중시하였으므로 자신과 학문의 성향이 다르지 않다고 하여, 소위「朱子晚年定論」을 주장하였다. 그러나 주자가 임종하기 사흘 전에 格物致知 補亡章을 수정했다고 하는데 그 보망장의 공부 방법 역시 왕양명과는 배치되고 있어, 왕양명의 주장은 설득력을 얻기 어렵다. 그러나 한주가 畿湖學派의 학설을 극력 배척하여 왕양명과 같은 이단으로 흐를 수 있다고 경계한 것은 지나친 염려인 듯하다.

퇴계 이전에는 아직『朱子大全』등 性理群書들이 학자들 사이에 널히 유포되지 않았기 때문에 朱子學의 이론이 일반 학자들 사이에 두루 이해 受用되지 못하였고 麗末에 크게 유행하였던 禪學이 아직 그 勢를 완전히 잃지는 않고 있던 때이어서 朱子學을 전공한다는 학자들도 禪學과 같은 공부에 미련을 완전히 버리지 못한 이들이 많았다. 퇴계보다 다소 앞선 시대에 大儒로 일컬어지던 一蠹 鄭汝昌이 술과 葷菜를 먹지 않고 밖으로는 건성 대화해도 안으로는 惺惺한 듯하였고 젊을 때 學館에서 잠자는 채하고 몰래 참선을 하였으며 지리산에서 3년 동안 五經을 공부한 끝에 儒·佛이 자취만 다르고 도는 같음을 알았다고 한 것이라든가,[58] 寒暄堂 金宏弼이 벗들과 함께 이른 새벽에 일어나 앉아 불교 觀法의 일종과도 같은 數息을 통해 定力을 시험해 보았다든가 하는 것에서 당시 學界의 정황을 다소 짐작해볼 수 있을 것이다.[59] 그러나 퇴계 이후로 한국의 성리학자들은 학파를 막론하고 모두 공부 방법론에 있어 주자의 格物致知 說에 기본적으로 異見이 없었으며, 간화선이나 氣 수련을 위한 靜坐공부

---

58) 張志淵『朝鮮儒敎淵源』상권.

59) 졸고,「東岡 金宇顒의 出處와 학문」『南冥學硏究』제11집, 경상대학교 남명학연구소, 2001년, 290쪽, 참조.

를 대체로 受用하지 않았다. 따라서 한국 성리학에 있어 主氣說은 陽明學과 같은 內觀을 중시하는 心學으로 변화되어 갈 가능성이 매우 적다고 할 수 있다.

제3장

理氣・心性情論의 經學的 입론 근거

한주는 처음 성리설을 연구할 때 이미 『性理大全』에 실려 있는 諸儒들의 설을 비교 분석하여 정설을 추출하는 것에서부터 공부를 시작하였거니와 그 이후로도 韓・中 諸儒들의 문집들을 꼼꼼히 검토 분석한 다음 그렇게 해서 얻어진 견해를 다시 주자와 퇴계의 설에 절충하고, 다시 『四書集註』의 章句와 或問의 설에 절충하고, 다시 경전의 원문에 절충하여 최종의 결론을 내렸다. 이것이 한주의 학문 전체를 관통하는 연구 방법이며 특히 그의 대표적인 저술인 『理學宗要』와 『求志錄』은 전적으로 이러한 연구 방법에 의해 이루어진 것이다. 따라서 經學의 관점에서 말하면 한주의 학문은 義理學의 전형을 잘 보여주는 것이라 할만하다.

1. 主理論의 근거

한주는 理와 氣를 對待하여 말한 곳은 六經에는 보이지 않고 단지 『주역』「繫辭 上傳」 4장의 "精과 氣가 物이 된다.[精氣爲物]" 한 마디와 『중

용』31장의 "무릇 혈기를 가진 자는 모두 존경하고 친애한다.[血氣者莫不
尊親]" 한 구절뿐인데 그나마 그 의미가 거칠고, 맹자에 와서야 氣 자를
상세히 말하였으며 程朱가 맹자의 뜻을 발휘하여 理와 氣를 對待하여 말
하였다[1]고 여겼다. 그리고 程朱가 자주 理·氣를 자세히 나누어 말한 것
은 불교와의 차이를 밝히기 위한 것이었을 뿐 子思 이전 성현의 說은 어디
까지나 理에 주안점을 두었지 氣를 강조하지 않았다고 한다. 主理를 先秦
古經의 本指로 본 것이다.

1) 本原界에서의 理와 氣 : 理先氣後

한주는 現象界에서 보면 理氣의 先後가 없지만 本原界에서 보면 '理先
氣後'요 '理生氣'라 했다. 이는 성리학 일반에 두루 通行하던 기존의 학설
이고 한주가 창안한 것은 아니지만, 그가 이 命題를 재차 천명함으로써
끊임없이 만물을 生生하고 주재하는 理의 根源者로서의 권능을 강조한
것이다. 이는 竪看에 의거한 견해이며, 또한 수간의 이론적 기반이 된다고
할 수 있다.

『周易』의 해석에서 이러한 그의 理氣觀을 볼 수 있다. 먼저 한주는 「繫
辭 上傳」 11장의 "易에 太極이 있으니, 이것이 兩儀(陰陽)를 낳는다."[2]를
해석하면서,

> 陰陽이 생기기 전에 태극이 이미 갖추어져 있으니, 이는 단지 음양이 變
> 易하는 중에서 實理를 拈出한 것일 뿐이다. 理는 無形하여 볼 수 없으므로
> 부득불 氣에 근거해 추구한 것이고 기실은 애초에 理가 氣로 말미암아 있는

---

1) 理氣字對待說去, 不見於六經. 易只有精氣爲物之一言, 庸只有血氣尊親之一言,
   而說得皆粗淺了. 至孟子而後, 言氣字始詳, 程朱由是而發揮對說, 則子思之作中
   庸, 始終言一理而已, 元未說到氣上. 『전서』 1책 111쪽, 「문집」 5권.
2) 易有太極, 是生兩儀.

것은 아니다. 그러므로 이어서 '이것이 양의를 낳는다.' 하였으니, 양의와 易이 둘이 아니다.[3]

하여, '理先氣後', '理生氣'라는 명제의 입론 근거를 제시한다. 음양의 변역 속에 태극이 있다고 한 것은 氣가 理보다 先在하거나 또는 氣 속에 理가 구비되어 있다는 뜻으로 해석되기 쉽다. 즉 理·氣는 서로 선후가 없다는 주장의 근거로 활용되기 쉬운 것이다. 그러나 한주는 '이것(太極)이 兩儀를 낳는다.'고 한 구절에 주목하여, 여기서 陰陽의 변역이 곧 易이고 음양이 곧 兩儀이므로 분명 理가 氣를 낳는다고 주장한다. 즉 현상계에서 보면 理와 氣는 불가분의 관계에 있어 양자를 나눌 수 없지만 本原界에서 보면 분명 理가 氣보다 먼저 존재하는데, 理는 시각이나 청각으로 감지할 수 없어 그 자체만을 놓고는 무어라 형용할 길이 때문에 현상계를 이루고 있는 氣를 통하여 찾아들어갈 수밖에 없다는 것이다. 倒看, 橫看을 거쳐 竪看으로 가는 인식의 과정이 여기에 적용되어 있다.

그리고 한주는 「繫辭 上傳」12장의 "形而上者를 道라 하고 形而下者를 器라 한다."[4]를 해석하면서,

> 근세의 학문은 비록 理·氣가 一物이라고 감히 분명히 말하지는 못한다. 그러나 매양 不相離를 핵심 논거로 삼아 '일물이 아니라고 했고 보면 또한 二物도 아니다.'라 하지만 不相離라 했고 보면 일물도 아닌 것이다. 게다가 一元의 氣를 不死하는 것으로 여겨 '태극의 동정은 곧 氣이다.'라고 하니, 이는 劉叔文이 말한 '반드시 氣가 있어야 二五가 妙合한다'는 설과 같은 것이다. 세상에 어찌 理가 스스로 있고 氣가 또 氣를 낳는 이치가 있겠는가.[5]

---

3) 按陰陽未生之前, 太極已具, 而此特於陰陽變易之中, 拈出實理. 蓋理之無形者, 不可見, 不得不据氣上推究, 而其實則初非因氣而有, 故繫之曰 "是生兩儀." 兩儀與易, 非有二也. 『전서』 2책 6쪽. 「理學宗要」 1권.
4) 形而上者謂之道, 形而下者謂之器.
5) 近世之學, 雖不敢明說一物, 而每以不相離爲欛柄, 謂之非一物亦非二物. 然纔說不離, 便非一物, 且以一元之氣爲不死之物, 因謂太極之動靜便是氣. 此則劉叔文

하여, 栗谷의 학설을 계승한 畿湖學派의 理氣觀은 不相離 쪽에 치우친 것이라 비판한다.

즉 기호학파에서는 理·氣가 一物이 아니라 한 주자의 설을 근거로 삼아 '理·氣가 二物도 될 수 없다' 하여 理·氣의 不相離를 주장하지만, 그 논리를 뒤집어서 보면 理·氣가 不相離라 한 것은 이미 一物이 아님을 전제한 것이 될 수 있다는 것이다. 원래 一物이기만 한 것이라면 不相離란 말을 쓸 필요가 없을 터이기 때문이다. 한주의 생각에 의하면, 理와 氣는 一이면서 二이고 二이면서 一인 관계 속에서 합하여 하나로 볼 수도 있고 나누어 둘로 볼 수도 있으므로, 理와 氣 兩者를 보는 시각의 균형을 조금이라도 잃으면 理·氣의 개념이 모호해지게 된다. 이는 反面에서 보면 理·氣의 不相雜을 특히 강조한 영남학파의 理氣觀도 받아야 할 지적이 될 터이지만, 위 인용문의 주장은 기호학파의 이기관에 대한 비판이다. 즉 理·氣의 不相離만을 강조하게 되면 결국 理는 氣의 운동 법칙, 또는 속성으로 전락하고 말아 萬化의 樞紐가 될 수 없고 理의 모든 권능을 결정하는 것은 결과적으로 氣가 되고 만다는 점을 염려한 것이다. 그리고 宋代의 학자인 劉叔文[6]의 주장처럼 一元의 淸虛한 氣가 理와 五行보다 먼저 있어 不死하는 것이라 하면 氣가 오히려 根原者의 자리를 차지하게 되어 理生氣라는 주자학의 기본 명제에 근본적으로 어긋나게 된다고 보았다.

그리고 「繫辭 上傳」 5장의 "한 번 陰이 되고 한 번 陽이 되는 것이 道이다."[7]를 해석하면서 한주는,

세상의 이 단락을 해석하는 이들은 陰이 되게 하고 陽이 되게 하는 것을

所謂必有其氣可與二五妙合之說也. 世其有理自有氣又能生氣之理乎? 『전서』 2 책 24쪽, 「이학종요」 1권.
6) 주자가 그에게 답한 편지가 『주자대전』 46권에 실려 있는데, 이 편지는 分開 看의 결정적 근거로 사용된다. 註 24) 참조.
7) 一陰一陽之謂道.

제3장 理氣·心性情論의 經學的 입론 근거 71

도라 한다. 그리고 이어 움직이게 하고 고요하게 하는 것을 태극이라 하고 사람의 性情을 논할 때에도 발하게 하는 것을 理라고 하니, 이는 主氣의 잘못된 견해로, 理를 作用·機巧에 빠뜨리는 것이다. 대개 一陰一陽 一動一靜은 모두 태극의 도이며, 繼之 成之 動之 靜之 貯之 發之하는 것은 모두 음양의 機이니, '之' 자가 작용하는 곳이다.[8]

하여, 그의 理氣論의 중요한 한 축이 되는 '發者理, 發之者氣.', 즉 '발하는 주체는 理이고 理의 資具가 되어 理를 발하게 하는 것은 氣이다.'라는 명제의 이론적 근거를 제시한다. 즉 기호학파의 주장처럼 '발하게 하는 것이 리[發之者理]'가 되면 발하는 주체는 氣가 되고 그 氣를 발하게 하는 것이 理가 되어서, 결과적으로 理가 作爲하는 것이 된다는 것이다. 한주는 세상의 모든 사물은 현상계에서 볼 때에는 氣이지만 본원계에서 볼 때에는 모두가 理의 자연스러운 顯現이며, 이 理를 현현하게 하는 작용을 하는 것이 氣이라고 생각한다.

비유하자면 사람이 말을 타고 갈 때 말이 가는 목적지와 방향을 결정하는 것은 사람이고 말은 그저 사람을 싣고 사람의 명령에 따라 가는 것일 뿐이므로, 가는 것은 사람이고 사람을 가도록 작용하는 것은 말이 되는 것이다. 따라서 그의 견해에 의하면, 理는 단순히 陰陽을 변역하게 하는 所以가 아니라 변역의 주체이고, 변역하게 돕는 역할을 하는 것이 氣가 된다. 즉 발하는 것은 理이고 그 理를 발하게 하는 것은 氣이므로 理는 발하는 주체이고 氣는 理의 資具가 되는 것이다.

---

8) 世之釋此段者, 以陰之陽之者爲道, 因以動之靜之爲太極, 而論人性情, 亦以發之者爲理, 此乃主氣之謬見, 而陷理於作用機巧者也. 蓋一陰一陽一動一靜, 皆太極之道, 而繼之成之動之靜之貯之發之, 皆陰陽之機也. 之字是作用處. —朱子註 근거— 『전서』 2책, 25-26쪽, 「이학종요」 2권.

2) 現象界에서의 理와 氣 : 卽理言氣

한주는 현상계에서는 理와 氣가 先後, 間隙이 없이 하나로 이루어져 나눌 수 없으나 聖賢이 立言한 목적은 氣 자체를 말하는 데 있는 것이 아니라 氣에 나아가 理를 말하는 데 있다고 보았다. 理는 潔潔淨淨하여 형상과 方所가 없으므로 氣의 세계, 즉 현상계의 사물을 빌리지 않고는 理를 설명할 길이 없으며, 또한 實在하는 세계를 떠나서 理를 말하면 理가 공허한 것이 되어 實理가 될 수 없기 때문에 氣를 통하여 理를 밝힐 뿐이라는 것이다. 한주는 주자학이 理學이라 불리는 만큼 적어도 理學 안에서 聖賢의 언설은 모두 理를 밝혀서 인간이 그 理에 따라 살아가게 하는 데 그 목적이 있으므로, 氣를 말하는 것 역시 理를 설명하기 위한 수단, 또는 과정일 뿐이라 생각했던 것이다.

한주는 『中庸』 12장의 "『詩經』에 '솔개는 날아 하늘에 이르는데 물고기는 못에서 뛴다.' 하였으니, 이는 上下에 理가 환히 드러남을 말한다.")9)를 해석하면서 "氣 중에 나아가 理를 가리킨 것이지, 먼저 氣를 말한 것이 아니다.10)" 한 退溪의 설과 "子思가 솔개와 물고기를 인용한 것은 그 의도가 도리어 氣의 측면에 있지 않다. 단지 道體가 流行하여 어디고 없는 곳이 없는 妙함을 밝히고자 한 것이니, 그 뜻이 공자께서 川上에서 하신 탄식과 같은 맥락이다.11)" 한 大山 李象靖의 설을 자신의 論據로 내세우고,

근세 학자들이 솔개가 날고 물고기가 뛰는 것을 氣라고 보고 날고 뛰는

---

9) 鳶飛戾天, 魚躍于淵, 言其上下察也.

10) 就氣中指出理, 非先言氣也. 『퇴계집』 32권 答禹景善問目.

11) 子思之引鳶魚, 却不在氣上, 特以明夫道體流行無所不在之妙, 其意與夫子川上之歎一串貫來. 『전서』 2책, 27쪽, 『理學宗要』 2권.

> 그 上面에 타고 있는 것을 理라고 본다. 이렇게 되면 '氣費理隱'이 되어 體
> 와 用이 서로 두절되니, 매우 개탄할 노릇이다.[12]

하였다. 여기서 '氣費理隱'이란 『중용』 12장의 "君子之道 費而隱"의 費와
隱의 개념을 사용한 것이다. 章句에서는 費는 작용의 광대함이고, 隱은
본체의 은미함이라 하였으며, 小註의 朱子 說에는 "費는 道의 用이고 隱
은 도의 所以然으로서 보이지 않는 것이다." 하였다. 그렇다면 隱은 理의
體가 되고 費는 理의 用이 되어야 한다. 따라서 솔개가 날고 물고기가
뛰는 것 자체를 理의 顯現으로 보아야 하는 것이다. 바로 이 지점에서
한주와 다른 영남 학자들과의 견해 차이가 벌어진다.

한주는 定齋 柳致明과 토론에서

> 솔개가 날고 물고기가 뛰는 것은 氣이고 理가 發現하여 환히 드러나는
> 것은 費이고 그 所以然은 隱이다.[13]

한 정재의 견해에 대해,

> 『중용』에서는 곧바로 솔개와 물고기가 날고 뛰는 것으로 天理가 流行하
> 는 妙를 형용하였다. 그러므로 주자가 '솔개가 날고 물고기가 뛰는 것은 費
> 이다.' 하였으니, 本意가 만약 이와 같지 않다면 주자는 氣를 理로 오인한
> 것이 된다. 이제 날고 뛰는 것을 氣라 하고 아직 말하지 않은 곳을 따로 찾
> 아서 理라고 하니, 이렇게 되면 費라고 한 것이 도리어 隱의 개념 속에 들어
> 가 理가 아무 것도 없는 空에 귀착되고 말 것이다.[14]

---

12) 近世學者, 有以鳶飛魚躍爲氣, 而飛躍上面載乘者爲理, 氣費理隱, 體用阻截, 噫!
   甚矣. 上同.
13) 答曰 "鳶費魚躍, 氣也. 理之發見昭著者, 費也. 其所以然者, 隱也. 『全書』 1책
   111쪽, 문집 5권, 上柳定齋先生, 附書答帖後.
14) 中庸直以鳶魚之飛躍形容天理流行之妙, 故朱子曰 "鳶飛魚躍, 費也." 本意不如
   此, 則朱子認氣而爲理. 今以飛躍爲氣, 而別討所未說處言理, 則謂之費者, 反涉
   隱, 理歸於空無一法矣. 上同.

하여 반박하였다. 솔개가 날고 물고기가 뛰는 것 자체의 현상만 본다면
물론 氣의 작용이지만 『중용』에서는 눈에 보이는 氣의 작용을 통하여 理
의 流行을 나타내어 보였다. 따라서 솔개가 날고 물고기가 뛰는 현상에서
理를 따로 찾는다면 그 理는 所以然일 수밖에 없다. 이렇게 되면 理의
用(費)이 되어야 할 곳이 理의 體(隱 = 所以然)가 되어 사실상 費는 유명
무실해지며, 결과적으로 理는 體만 있을 뿐 用이 없는 空寂한 것이 되고
만다. 다시 말하면, 理는 體로서의 자리만 지킬 뿐 그 자체 用으로 發現할
수 없으므로, 사실상 理는 아무런 권능이 없는 것이 되고, 理와 氣가 각각
體와 用 한 쪽으로 分屬되어 하나의 사물에서 理와 氣가 判然히 나뉠 수밖
에 없는 것이다.

이에 한주는 주자의 설을 들어 '理體氣用'을 부정하고 理 자체에 體用
이 갖추어져 있다고 주장한다.

> 주자가 呂子約에게 답한 편지에서 理氣의 體用 관계를 논하여 "形而上者
> 로써 말하면 沖漠無朕한 것은 體이고 사물에 발현하는 것은 用이며, 形而下者
> 로 말하면 사물이 體이고 그 사물의 理가 발현하는 것이 用이다." 하였다.[15]

形而上者이든 形而下者이든 우주에 遍在하는 理로부터 개체에 內在한
理로 중심축이 옮겨갈 뿐 理 자체에 體·用이 모두 갖추어져 있다는 것이
다. 한편 退溪는

> 그 날고 뛰는 것은 진실로 氣이고 그 날고 뛰는 所以가 바로 理이다. 그
> 러나 子思가 이 시를 인용한 뜻은 본래 氣에 있지 않고 단지 솔개와 물고기
> 에 나아가 理의 본체가 露呈되고 妙用이 顯行하는 妙가 活潑潑함을 보고자
> 했을 따름이다. 그러므로 章句에서 단지 '이 理의 用이 아님이 없다.' 하였

---

15) 朱子答呂子約書論理氣體用曰 "以形而上者言之, 則沖漠者爲體, 而發見於事物
之間者爲之用. 形而下者言之, 則事物爲體, 而其理之發見者爲之用. 『전서』 1책,
372쪽, 答李器汝.

으니, 여기에 氣가 함께 있느냐 없느냐가 어찌 문제 되겠는가.[16)]

하였다. 여기서 퇴계는 실상은 氣이지만 氣에 나아가 理를 보는 것이 子思
의 뜻이었다고 하였는데, '그 날고 뛰는 것은 진실로 氣'라고 한 퇴계의
언급까지를 定齋를 비롯한 영남학파의 학자들은 그들의 입론 속에 넣었
고 한주는 이 구절은 뒤 구절을 말하기 위한 전제로 보았던 것이다. '氣가
함께 있느냐 없느냐가 어찌 문제 되겠는가' 했듯이 여기서 주안점은 어디
까지나 理에 있으므로, 솔개가 날고 물고기가 뛰는 것 자체를 그대로 理의
現發로 보아야 한다는 것이 한주의 견해이고, 정재는 솔개가 날고 물고기
가 뛰는 것 자체가 氣라는 사실도 논의에서 빼놓을 수 없었던 것이다.
한주는 경전에 실린 성현의 說을 볼 때에는 먼저 그 주안점, 즉 本指가
어디에 있는지를 파악하는 것이 무엇보다 중요하며, 그렇지 않으면 논지
의 핵심을 벗어나 공허한 이론을 전개할 수밖에 없다고 생각했던 것이다.
오늘날의 관점에서 말한다면 학문의 방법에 있어 관점의 중요성을 인식
한 것이라 할 수 있다.

　또한 한주는 주자가 理와 氣의 관계를 설명한 것으로 가장 널리 활용되
는 사람과 말의 비유도 오히려 거친 표현이라고 하였다. 理와 氣는 둘이면
서 하나이어서 사람과 말이 분명히 둘인 것과는 다르다는 것이다. 그의
생각에 의하면, 이 현상계는 모두 理가 顯現한 것인데 理는 형상과 方所가
없고 氣를 통하여 그 妙用을 드러낸다는 것이다. 다시 말하면, 보이는 현
상은 氣이지만 그 내용은 理라고 할 수 있다는 것이다.

　그리고 한주는 『中庸』16장을 해석하면서 주자설의 연대 고증을 통하
여 "鬼神之爲德"의 '德'이 理라는 것을 밝힌 다음,

---

16) 其飛其躍, 固是氣也, 而所以飛, 所以躍者, 乃是理也. 然子思因此詩之意, 本不
　　在氣上, 只爲就二物而觀此理之本體呈露妙用顯行之妙活潑潑地耳. 故章句只曰
　　"莫非此理之用." 何可間氣之與不與耶? 『退溪集』40권 答姪問目.

氣는 理 없는 氣가 없으나 단지 理의 발현일 뿐이다. 그러므로 子思가 氣에 나아가 理를 징험한 것이다. 귀신의 屈伸은 단지 氣일 뿐인데 곧바로 '鬼神之爲德'이라 하였으니, 이는 귀신을 理라고 한 것이다. 周子, 程子 때에 와서야 理와 氣를 분변하기 시작하였으며, 佛家와 道家에서 한결같이 氣를 理로 인식하기 때문에 朱子가 『中庸章句』를 지을 때 氣의 측면에서 많이 설명하였고, 鬼神章에서는 특히 一氣·理氣의 개념 설명에 더욱 주력, 귀신을 氣의 靈이라고만 하고 理 자는 노출시키지 않았던 것이다. 그러나 『中庸』의 本指는 理에 있기 때문에 門人과의 문답에서는 매양 誠·德과 귀신을 통틀어 實理로 간주하였으며 장구의 취지를 해명할 때에는 '지금 우선 形而下의 측면에 나아가 말할 뿐이다.' 하였으니, 그 은미한 뜻을 알 수 있다. 근세의 학문이 도리어 章句의 說로 인하여 德과 誠을 모두 氣로 간주, 마침내 자사의 本指를 잃고 理를 氣로 오인하게 되었으니, 그 폐단이 도리어 옛날보다 심하다.[17]

하여, 子思가 귀신을 말한 목적은 어디까지나 理의 발현을 설명하기 위한 것이었는데 후대의 학자들이 그 本指를 모른 채 귀신의 굴신을 氣의 작용으로 인식한 나머지 당연히 理의 개념에 포함되어야 할 德과 誠마저 氣로 간주한다고 개탄했다. 귀신의 현상 그 자체는 분명 氣이지만 그 내용은 理이므로, 主가 되는 理를 버려 두고 資가 되는 氣만 말한다면 本指를 잃게 된다는 것이다. 한주는 이러한 자신의 입론을 뒷받침할 근거로 퇴계의 설을 제시한다.

退陶夫子는 곧 다시 세상에 태어난 朱子이다. 退陶가 李栗谷에게 답한 편지에 "주자는 단지 形而下의 鬼神, 性情의 功效와 같이 실제로 현실에 나타

---

17) 氣未有無理之氣, 而亦只是理之發見, 故子思卽氣而驗理, 鬼神之屈伸, 只是氣, 而便直曰 "鬼神之爲德." 是以鬼神謂之理也. 周程以來, 始有理氣之辨, 而佛老之學, 一例是認氣爲理. 故朱子作中庸章句, 多於氣上發明, 鬼神章尤致意一氣二氣之間, 以鬼神爲氣之靈, 而不露出理字. 然中庸之本指在理, 故其與門人問答, 每以誠德與鬼神通作實理, 而爲章句分疏則曰 "今且只就形而下處說來." 其微意可知也. 近世之學 反因章句而攙將德與誠皆作氣, 遂失子思之本指, 而認理爲氣, 其弊反有甚於昔時.『전서』2책 28쪽,「이학종요」2권.

난 것, 이것을 德이라 하였으니, 이는 곧 理이다." 하였으니, 이 한 말씀은
참으로 氣를 인하여 理를 잡아낸 것이다.[18]

이러한 見地에서 한주는 『중용』의 鳶魚章과 鬼神章은 입론의 관점을
달리한 것이라 한다.

> 鳶魚는 본래 드러났으니 드러난즉 보기 쉬우므로 章句에서 理를 위주하
> 여 말하였으며, 귀신은 본래 隱微하니 은미한즉 밝히기 어려우므로 장구에
> 서 氣를 빌어서 밝힌 것이다. 그러나 鳶魚와 鬼神을 本色으로써 말하면 모
> 두 氣이고 本指로써 말하면 단지 理이다.[19]

솔개가 날고 물고기가 뛰는 것은 누구나 볼 수 있는 현상이며 현상은
표면적으로는 氣의 작용임이 분명하므로 여기서는 氣를 말할 필요가 없
다. 반면 鬼神은 현상의 이면에 숨겨져 있는 것이므로 여기서 곧바로 理만
말하면 무어라 형용할 길이 없게 되는 것이다. 그래서 귀신을 말할 때에는
氣를 먼저 말하여 설명의 단서를 마련할 수밖에 없다는 것이다. 즉 鳶魚章
이나 鬼神章이나 그 本指는 어디까지나 理를 형용하고 설명하는 데 있다
는 것이 한주의 생각이다.

위 인용문에서, 우리는 '本色'과 '本指'란 용어에 주목할 필요가 있
다.[20] 위 퇴계의 설은 본색과 본지를 함께 거론한 다음 본지를 보다 중시

---

18) 退陶夫子, 卽復起之朱子也. 其答李栗谷書曰 "朱子只指形而下之鬼神性情功效
之實然處, 以是爲德, 卽其理也." 此一訓, 儘是因氣拈出理者也. 『전서』 1책
239쪽, 「문집」10권, 答李稚肅.

19) 鳶魚本著, 著則易見, 故章句主理言之. 鬼神本隱, 隱則難明, 故章句借氣而明之.
然鳶魚鬼神, 以本色言, 則俱是氣(飛躍屈伸), 以本指言則只是理. 『전서』 1책
234쪽, 「문집」 10권, 答李稚肅.

20) 한주의 학설에는 본색, 본지 외에 當處란 말이 보이는데, 이러한 용어들은 삼
간의 대상, 또는 삼간에 의해 파악된 見處이다. 본지는 수간에, 본색은 횡간
에, 당처는 도간에 의한 견처로 볼 수 있는데 본지는 그 설의 주안점, 내지는
사물의 이치에 해당하고 본색은 사물의 내용, 구성 요소에 해당하고, 당처는

한 것이라 할 수 있다. 정재와 한주의 논쟁에서 벌어지는 양자의 견해의
차이는 정재는 본색을 강조하고 한주는 본지를 강조한 데에서 온 것이라
할 수 있을 것이며, 한주의 모든 학설은 이 본지를 중시하는 관점 위에
서 있다고 할 수 있다. 퇴계는 통상 本色을 말한 다음 본지를 강조하는
식으로 학설을 전개한다. 그런데 한주가 본지를 특히 강조한 것은 그의
시대에 와서는 학자들이 본색과 본지를 혼동한 나머지 심지어 理·氣의
본말과 주객 관계를 전도시키고 있으므로 본지를 분명히 밝힐 필요가 있
다고 인식했기 때문이다.

2. 心性情論의 근거

1) 心性情 총론의 근거

한주의 心性情論의 대체를 파악하기 위해서는 먼저 그가 心·性·情의
상호 관계를 어떻게 파악하고 있는지 알아 둘 필요가 있다. 한주는 張橫渠
가 제시한 '心統性情'이란 명제를 해석하면서, "'統' 자에는 兼包와 管攝
두 가지 뜻이 있는데 실은 서로 상통한다." 하였다. 여기서 겸포는 性을
心의 體로, 情을 心의 用으로 보아 心 밖에 달리 性·情이 없음을 뜻하는
것이고, 관섭은 主宰와 같은 뜻을 지니는 것으로 性의 智의 妙用인 知와
禮의 묘용인 敬이 그 자체로 性·情을 통괄하고 검속함을 뜻하는 것이
다.[21] 이러한 입론의 근거로 한주는 朱子說을 제시한다.

겉으로 보이는 사물의 실체, 또는 모습에 해당한다.
21) 統有兼包義, 有管攝意, 而其實則相通, 非有初晚之別. 蓋以體用言, 則心之本體,
即性也, 心之妙用則情也, 性情之外, 更別無心. 此所以訓統爲兼也. 以主宰言,
則心之所以主宰者, 以其有知也. 知能妙性情之德, 以仁愛, 以禮讓, 以義宜, 以
智別. 心之所以有主宰者, 敬也,敬貫動靜, 又能存性而檢情, 此所以訓統爲主也.

1) 性은 움직이지 않은 상태이고 情은 이미 움직인 상태이며 心은 움직이지 않은 상태와 이미 움직인 상태를 아우른 것이다. 대개 心이 움직이지 않으면 性이고 이미 움직이면 情이니, 예컨대 心이 물이라면 性은 물의 고요한 상태이고 情은 물이 흘러가는 상태이다.--銖錄 丙辰(1196년 주자 67세)[22]

2) 心은 性·情을 포괄하니, 性은 體이고 情은 用이며, 心 자는 단지 字母일 뿐이다. 그러므로 性·情 자가 모두 心을 부수로 삼는 것이다.--僴錄 戊午 (1198년 주자 69세)[23]

3) '統'은 兼과 같다.--升卿錄 辛亥(1191년 주자 62세)[24]

4) 주자는 "'統'은 主宰이니, '백만의 군사를 통솔한다.' 할 때와 뜻이 같다. 心은 渾然한 것이고, 性은 갖추고 있는 理이고, 情은 움직이는 곳이다." 하고, 또 "사람이 天地의 中을 얻어서 태어남에 단지 心이 있을 뿐이다. 性은 그 理이고, 情은 그 用으로, 性과 情이 모두 心에 의해 主宰된다. 그러므로 이렇게 性과 情을 통틀어 말하는 것이다." 하였다.--賀孫錄 辛亥(1191년 주자 62세)[25]

위에서 특히 1)과 2)는 주자설 중에서도 가장 만년의 것으로, 한주의 心性情論의 취지에 잘 부합한다. 이 밖에도 한주는 자신의 입론의 근거로 주자의 晩年說 10여 조목을 더 열거해 두었다. 한주가 이렇게 소위 주자의 晩年定說을 추출하는 데 주력한 것은 주자의 정설로 공인된 『四書集註』의 章句는 매우 간결하여 보는 이에 따라 해석을 달리할 여지가 있기 때문이다.

心·性·情의 통합적 기능과 그 각각의 유기적 관계를 이해하는 데 가장

『전서』 2책 101쪽, 「이학종요」 7권.

22) 性是未動, 情是已動, 心包得未動已動, 蓋心之未動則爲性, 已動則爲情, 所謂心統性情也. 心如水, 性猶水之靜, 情則水之流. (銖錄 丙辰後)『전서』 2책 100쪽, 「이학종요」 7권.

23) 心包得那性情, 性是體, 情是用, 心字只是其字母, 故性情字皆從心. (僴錄 戊午後)『전서』 2책 100쪽, 「이학종요」 7권.

24) 統猶兼也. (升卿錄 辛亥後)『전서』 2책 100쪽, 「이학종요」 7권.

25) "統是主宰, 如統百萬軍, 心是渾然底物, 性是有此理, 情是動處." 又曰 "人受天地之中, 只有箇心. 性是理, 情是用, 性情皆主於心, 故恁地通說." (賀孫錄 辛亥後)『전서』 2권 100쪽, 「이학종요」 7권.

유력한 경학적 논거가 될 수 있는 것은 『대학』의 明德과 『중용』의 中和일
것이다. 한주의 문집 雜著에는 「心卽理說」에 이어 「明德說」과 「達道說」이
차례로 실려 있어 이 두 설이 한주의 심성정론의 핵심 논거가 된다는 것을
알 수 있다.

(1) 明德說

한주는 61세 때 「心卽理說」의 전 단계로 「明德說」을 짓는다. 바로 뒤에
서 고찰할 達道說이 心은 性·情의 總名으로 體·用을 겸한 것임을 밝히
는 데 주안점을 둔 것이라면 한주의 명덕설은 주로 心의 主宰性을 강조한
것으로, 심즉리설과 마찬가지로 "心이란 사람에 있는 天理의 全體이다."
라는 주자의 설에 그 입론의 일차적인 근거를 두고 있다.[26] 한주는 명덕
설에서, '사람이 하늘로부터 理를 받아 健順五常의 德을 이루고 있는 것이
명덕이며, 이것이 陰陽五行 속에 갖추어져 있으나 음양오행은 氣이고 德
은 理이다.' 하면서, 명덕의 明을 氣의 淸明으로 보는 견해는 물론 명덕을
合理氣로 보는 견해에도 반대한다. 명덕은 理가 氣 속에 있는 상태이지만
그 밝음은 理의 밝음이라고 하였다. 한주는 명덕을 불에, 氣를 땔감에 비
유하여, 땔감에 따라 연기는 다르게 나타나도 그 불의 밝음은 다 같다고도
하였다.[27]

한주는,

> 心이 무엇보다 귀한 것은 갖추고 있는 理로써 三才에 참여하고 萬化를
> 내어 일신의 주재가 되기 때문이다. 이제 心의 理로써 말해 보면, 그것을 보
> 존하여 仁義禮智의 덕을 삼음에 그 體가 광명하여 어둡지 않고 그것을 발현

---

26) 心者, 天理在人之全體. (淳錄). 『朱子語類』 60권.
27) 如今萬竈爨火, 美柴之烟, 靑瑩而直上, 濕薪之烟, 黑暗而鬱㪍, 乾秸之烟, 白翳
    而紛飛. 若其所爨之火, 恁地光明, 其光外爍, 亦甚耀. 此乃明德之本色也. 『全書』
    2책, 82쪽, 「이학종요」 6권.

하여 孝敬忠貞의 덕으로 삼음에 그 用의 鑑照가 어긋나지 않으니, 이것이 바로 명덕의 실상이다.[28]

하였다. 결국 한주 명덕설의 기본 명제는 '명덕은 理'라는 것이며, 그 理는 體에만 국한되는 性卽理의 理와는 달리 體·用을 아우른 것이다. 바로 이 점에서 명덕설이 심즉리설의 주요한 논거가 될 수 있는 것이다.

① 입론의 근거 : 朱子 晩年說

한주는 明德을 心의 理, 태극으로 보아, 명덕을 氣 또는 合理氣로 보는 견해를 비판하였다. 그는 자신의 입론 근거로 주자의 晩年說을 연대 고증과 함께 실어 놓고, 小註의 北溪陳氏說과 雲峯胡氏說 아울러 제시하였다.

한주가 인용해 놓은 것을 보면,『語類』의 敬仲錄 - 辛亥(1191년 주자 61세), 賀孫錄 - 辛亥, 寓錄 - 庚戌(1190년 주자 60세) 이후, 銖錄 - 丙辰(1196년 주자 67세) 이후, 僴錄 - 戊午(1198년 주자 69세) 이후 등은 명덕을 理發의 측면에서 말한 것이라 보았고, 元壽錄 - 戊申(1188년 주자 59세), 泳錄 - 乙卯(1195년 주자 65세), 謨錄 - 己亥(1179년 주자 50세) 이후, 순錄 - 戊申(1188년 주자 59세), 大雅錄 - 戊戌(1178년 49세) 이후, 夔孫錄 - 丁巳(1197년 주자 68세), 端蒙錄 - 己亥(1179년 주자 50세), 履孫錄 - 甲寅(1194년 주자 65세) 등은 性情을 겸하여 말한 것으로 達道와 같다고 보았다.[29] 이 중에서 銖錄, 僴錄과 夔孫錄, 履孫錄을 보기로 한다.

  ▫ 銖錄 : 내가 하늘로부터 얻어서 태어난 것 속에 허다한 도리가 들어 있으니, 그 광명한 것이 바로 명덕이다.[30]

---

28) 所貴乎心者, 以其所具之理參三才出萬化爲一身之主宰也. 今以心之理言之, 存之爲仁義禮智之德而其體光明不昧, 發之爲孝敬忠貞之德而其用鑑照不差, 此乃明德之實也.『全書』1책, 679쪽, 문집 32권.

29)『전서』2책, 79-80 쪽, 「이학종요」6권.

▫ 僩錄 : 이 도리는 광명하여 어둡지 않아 靜坐한 채 아직 사물을 접하지 않
   은 상태에서는 이 理가 고요하고 청명하다가 사물을 만나 응접할 때에는
   이 理가 곳에 따라 발현한다.[31)]

▫ 蘷孫錄 : 허령불매는 곧 心이고 이 理가 그 속에 具足하여 조금도 부족함이
   없는 것이 곧 性이고 사물에 감응하여 움직이는 것이 곧 情이다.[32)]

▫ 履孫錄 : 명덕이란 자기에게 얻어진 것으로 지극히 밝아 어둡지 않은 것을
   말한다. 부자의 경우에는 親이 있고, 군신의 경우에는 義가 있고, 부부의
   경우에는 分別이 있고, 붕우의 경우에는 믿음이 있는 것은 애초에 어긋난
   적이 없다. 혹 어긋난 적이 있다면 그 사람이 하늘로부터 얻은 것이 흐려진
   것이지 고유의 밝음은 아니다.[33)]

이상의 설에서의 명덕은 뒤에 논의할 中和와 본질은 같고 名義만 다르
다. 이에 대해 한주는

   心은 性·情을 통합하여 體·用을 겸하고 動·靜을 관통한다. 그러므로
   명덕을 논하는 이들이 性이리 말하지 않고 心의 德이라 하는 것이니, 이는
   性이 中하고 情이 和한 德으로, 마음에 얻어진 것이다. 그러므로 心이라고
   하는 것이 더욱 적절하다.[34)]

하였다. 한주에 있어 明德은 中和와 사실상 내용이 같은 것으로, 氣稟과
물욕에 의해 엄폐, 굴절되지 않은 心 본연의 體用인 것이다.

명덕을 보는 견해가 氣, 合理氣, 理의 세 가지로 나뉘게 되는 까닭은
『대학』章句의 "明德이란 사람이 하늘로부터 얻은 바로서 虛靈不昧하여

---

30) 我之所得以生者, 有許多道理在裏, 其光明處, 乃是明德.
31) 這道理光明不昧, 方其靜坐未接物, 此理固湛然淸明, 及其遇事而應接, 此理亦隨
   處發見.
32) 虛靈不昧, 便是心. 此理具足於中, 無所欠闕, 便是性. 感物而動, 便是情
33) 明德, 謂得之於己至明而不昧者也. 如父子則有親, 君臣則有義, 夫婦則有別, 朋
   友則有信, 初未嘗差也. 苟或差焉, 則其所得者昏而非固有之明也.
34) 心統性情, 兼體用, 貫動靜. 故論明德者, 不言性而言心德, 是性中情和之德而得
   之於心者, 故言心爲尤切. 『전서』 4책 19쪽, 「구지록」 1권, 大學箚疑.

衆理를 갖추고 萬事에 응하는 것이다.[明德者, 人所得乎天, 而虛靈不昧, 以具衆理而應萬事者也.]"는 정의 때문이다. 명덕을 氣라고 주장하는 쪽에서는 虛靈不昧를 氣로 보아 氣가 '具衆理而應萬事'한다고 주장한다. 그리고 명덕을 理, 또는 合理氣라고 주장하는 쪽에서는 모두 虛靈不昧와 '具衆理而應萬事'를 동격으로 본다. 한주의 견해는 물론 후자이다.

> 虛靈不昧는 진실로 理와 氣가 합하는 데서 생기지만 理는 虛靈不昧의 主이고 氣는 虛靈不昧의 資具이다. 이제 明德 상에서 말할 경우에는 당연히 理를 위주하여 말해야지 氣를 겸하여 보아서는 안 된다. 대개 心의 體는 性이다 性은 하나이나 萬理가 모두 갖추어져 있으니, 그래서 性을 말하여 '具衆理'라 한 것이다. 心의 用은 情이다. 情은 하나이나 萬事의 변화에 모두 應한다. 그러므로 그 情을 말하여 '應萬事'라 한 것이다. 心이란 天理가 사람에게 있는 전체이다. 그러므로 虛靈不昧로써 그 전체를 형용하고 그 중에서 또 性情으로 體用을 나눈 것이니, 애초에 虛靈不昧한 氣가 性을 갖추고 情에 응하는 것은 아니다.35)

'虛靈不昧'는 性情을 통합하고 주재하는 전체로서의 心을 형용한 것이고, '具衆理'는 心의 體인 性의 속성을 말한 것이고 '應萬事'는 心의 用인 情의 기능을 말한 것이라는 것이다. 즉 性·情을 통합한 心의 본연의 전체를 虛靈不昧의 실제 내용으로 본 것이다. 虛靈不昧에 대해서는 제4장 先儒說 고증에 가서 다시 詳論할 것이다.

---

35) 虛靈不昧, 固生於理氣之合, 而理者虛靈不昧之主也, 氣者虛靈不昧之資也. 今於明德上說, 則亦當主理言, 不可兼氣看. 蓋心之體, 性也, 性則一而萬理咸具, 故言其性曰 "具衆理." 心之用, 情也, 情則一而萬變皆應, 故言其情曰 "應萬事." 心者, 天理在人之全體, 故以虛靈不昧狀其全體, 而於其中, 又以性情分體用, 初非以虛靈不昧之氣了此性而應了此情也.『전서』4책 10쪽,「구지록」1권, 大學箚疑.

② 여타 영남학파 학자와의 견해 차이

다른 학파와 식별될 수 있는 한주 성리설의 특성을 규명하려면 主理와 主氣로 대치하여 상호의 견해 차이가 극명한 기호학파 쪽보다 먼저 한주가 소속되어 있던 영남학파 주류의 학설부터 고찰하는 것이 훨씬 효과적일 것이다. 여기서 영남학파의 주류는 주로 定齋 柳致明과 그 제자들을 가리킨다.

주지하듯이 퇴계 이후로 영남학파에서의 心은 어디까지나 '合理氣'한 것이었다. 따라서 明德 = 心이라는 등식이 성립될 때 명덕을 곧바로 理라 하면 心卽理를 인정할 수도 없고 인정하지 않을 수도 없는 난처한 처지에 놓이게 된다. 바로 이 지점에서 한주와 영남학파의 일반 학자들과의 명덕을 보는 견해의 차이가 벌어진다. 여기서도 역시 당시 영남학파를 대표하는 학자였던 定齋 柳致明과 한주의 논변을 통하여 여타 영남학파 일반의 학자들과 한주의 견해 차이가 어떻게 해서 생기는지 고찰해 보고자 한다.

한주는 36세 때 定齋에게 편지를 보내어 性理說의 제반 쟁점들에 대한 자신의 견해를 피력하면서 맨 먼저 明德에 관한 문제를 제기하였다. 이 편지에서 한주가,

> '명덕' 두 글자는 진실로 統性情의 心을 가리키는 것이지만 여기서는 心 중의 理만 가리킨 것입니다. 心을 泛然히 말할 경우에는 보편적인 개념으로 氣를 겸하여 말하지만 이 곳에서는 氣를 섞어 넣어 말해서는 안 될 듯합니다.36)

하였다. 이에 정재는 答書에서,

> 명덕은 그 자체로 公然平立한 명칭이니, 여기에 心·性을 가져다 붙여서

---

36) 明德二字, 固指統性情之心而就心中單指理者也. 泛言心者, 雖當平說兼氣, 而此處則恐不可雜氣說. 『전서』 1책 108쪽. 문집 5권.

보아서는 안 된다. 대개 명덕이라 했고 보면 광명이 투철하다는 뜻이 있으
므로 전적으로 性의 體段은 아니다. 명덕이 '하늘에서 얻어져 허령불매하
다'는 측면에서는 흡사 心과 같은 듯하나 그렇다고 해서 '神明不測하여 一
身을 주재한다'고 해서는 안 된다. 그러므로 나는 이렇게 생각하였다. 명덕
은 氣가 맑아서 理가 투철히 드러난 측면을 가지고 이러한 명목을 만든 것이
이다. 따라서 명덕을 통하여 心性의 體用을 볼 수는 있을지언정 먼저 心性
을 明德으로 간주해서는 안 된다.[37)]

하였다. 여기서 公然平立한 명칭이란 四端·七情, 人心·道心 등과 같이
待對 관계에서 생겨난 것으로 더 큰 범주의 개념 속에 속할 수 있는 명칭
이 아니라, 예컨대 인심은 칠정에 분속될 수 있고 도심은 사단에 분속될
수 있으며 사단과 칠정은 다시 情 속에 포괄될 수 있는 것과 같은 경우가
아니라, 心·性·情 등과 같이 독자적으로 고유한 개념을 가지는 것이다.
따라서 心·性·情의 개념을 혼동할 수 없듯이 명덕도 心·性·情 어느
것과도 혼동해서는 안 된다 것이다. 다시 말하면 도심을 사단에 대입하고
인심을 칠정에 대입하듯이 명덕을 心·性·情 그 어느 것에 대입하여 사
용해서는 안 된다는 것이다. 정재가 이렇게 주장한 까닭은 겉으로는 명덕
의 개념을 분명히 정의하고자 하는 것으로 보이지만 실상은 '하늘에서
얻어 허령불매한[所得乎天而虛靈不昧]' 것으로 정의되는 명덕을 心과 동
일한 개념으로 보았을 때 體로서의 性 뿐만 아니라 用으로서의 情도 理가
되어 결과적으로 心의 개념을 理로 정의할 수 있다는 논리적 근거가 성립
되고, 따라서 '合理氣'로 정의하는 영남학파 전통의 心 개념에 위배될 수
밖에 없기 때문이다. 그리고 위 정재의 설은, 얼핏 보아서는 理를 爲主하
여 명덕을 정의한 듯하나 결과적으로는 명덕의 明이 氣의 淸濁에 의해

---

37) 明德是公然平立之名, 不可將心性泥著看. 蓋謂之明德, 則有光明透徹之意, 不全
是性之體段也. 得於天而虛靈不昧, 則恰與心底一般, 而謂是神明不測主宰一身
則又不可矣. 故愚嘗謂明德是就氣淸理徹處, 做這般名目, 就佗見心性體用則可,
而先將心性做這箇看則不可. 上同書 110쪽.

결정되는 것으로 보았다는 점에서, 한주의 입장에서 볼 때에는 오히려 氣를 중시한 셈이 되고 만다. 한주의 견해와는 크게 배치되지 않을 수 없는 것이다.

이 편지 말미에서 정재가 "노쇠하여 더 이상 토론할 수 없다."고 하여 문답을 회피했기 때문에 한주는 위 정재의 답서에 대한 답서를 대신하여 자신의 견해를 덧붙여 놓았다.

> 명덕은 理만 가리킨 것이니 원래 氣稟을 끌어다 붙인 것이 아니다. 그 밝음은 바로 理의 더없이 淨潔함을 형용한 것이니, 거울이 아무리 밝고 수면이 아무리 잔잔해도 여전히 影像을 벗어나지 못하는 것과는 차원이 다르다. 그 본연의 밝음은 氣가 加減할 수 있는 것이 아니고 단지 氣가 맑으면 명덕이 드러나고 氣가 흐리면 명덕이 가려진다. 그러므로 주자가 '氣가 구속하고 欲이 엄폐하면 때로 흐려진다.'고 경계한 것이니, 명덕이 과연 '氣가 맑아 理가 투철히 드러난' 밝음이라면 氣가 이미 맑은데 또 무슨 구속이 있겠으며 理가 이미 투철히 드러났는데 또 무슨 흐림이 있으리오. 태어날 때부터 氣가 흐려서 理가 숨겨진 사람은 원래 명덕이라 할 것이 없단 말인가. 광명이 洞徹하다는 측면 때문에 명덕을 性의 體段이라 할 수 없다고 한다면 性의 渾然하면서도 粲然하고 炯然하면서도 燁然한 것은 이른바 밝음이 아니란 말인가. 心이 神明不測하여 一身을 주재한다는 측면 때문에 心을 명덕에 소속시키지 못한다고 한다면 心이 理氣를 겸한 곳에서는 유독 孟子나 程子처럼 理를 위주하여 말할 수 없단 말인가. —맹자는 '仁은 人心' '仁義之心' '良心' '本心'을 말할 때 모두 氣는 조금도 넣지 않고 말하였으며, 정자 역시 "心과 性은 一理이다." 하고 또 "心 은 곧 性 이다." 하였다. 대개 명덕과 心의 가리키는 곳이 다른 것은 心은 氣을 함께 넣어 말할 수 있고 명덕은 氣를 함께 넣어 말할 수 없기 때문이며, 명덕과 性의 가리키는 곳이 다른 것은 性은 情을 겸하지 못하고 명덕은 실로 情을 겸하기 때문이다. 그러나 만약 주자가 논한 바 "性은 動·靜을 아우른다."는 설을 따를 것 같으면 명덕을 性이라 해도 될 것이며, 邵子가 말한 "心은 太極이다."라는 뜻을 따를 것 같으면 명덕을 心이라 해도 될 것이다. 그러므로 나는 '명덕은 性·情을 통괄하되 理의 心만 가리킨 것'이라고 생각한다. 나는 詳考해 보건대, (定齋의) 이 답은 明 자에 있어서 형상이나 그림자가 있는 것처럼 보아 氣를 띠고 있다는 측면을 너무 중시한 듯하다.[38]

　여기서 한주가 강조하는 것은 역시 本指이다. 理 없는 氣가 없고 氣 없는 理가 없지만 명덕은 理·氣로 이루어진 心 중에서 理만을 가리켜 그 티 없는 밝음을 형용한 것이므로 氣는 명덕의 개념 속에 포함될 수 없다는 것이다. 氣의 맑음과 흐림에 따라 明德이 드러나기도 하고 가려지기도 하지만 애초에 氣가 맑은 상태를 가리켜 명칭을 세운 것이 아니므로, 명덕 그 자체는 기질에 엄폐된 상태에서도 늘 自若하여 외부적인 현상에 의해 그 본연의 밝음이 加減되지 않는다는 것이다. 여기서 아무리 밝은 거울과 잔잔한 수면이라도 그것으로 명덕을 비유할 수 없다고 한 것은 理의 '至無而至有'하고 '潔潔淨淨'함을 극도로 표현한 것이다. 즉 거울이 아무리 밝고 수면이 아무리 잔잔해도 그것은 形質에 의해 이루어진 것이지만 명덕의 明은 氣에 의해 이루어진 것이 아니라 본연의 밝음이므로 어떠한 비유로도 완전히 형용할 수 없다는 것이다. 이는 명덕의 개념에서 氣를 완전히 배제한 것이다.

　결국 心·性·明德은 경우에 따라 서로 동일한 것이 되기도 하고 서로 다른 개념을 지닌 것이 되기도 하는데 이는 각각의 명칭을 가리켜 개념을 정의한 곳, 즉 本指가 서로 다르기 때문에 생기는 것이라는 것이 한주의

---

38) 明德, 單指理, 元不拕帶氣稟. 其明也, 政所以狀此理潔潔淨淨底, 非若鏡明水止之涉於影象. 其本然之明, 非氣之所能加減, 但氣淸則明德著焉, 氣濁則明德蔽焉. 故朱子以'氣拘欲蔽有時而昏'誡之, 明德若果是氣淸理徹之明, 則氣旣淸矣, 又何拘也, 理旣徹矣, 又何昏也. 生下來氣濁而理隱者, 元無明德之可言者乎? 以其有光明洞徹之意, 謂不是性之體段, 則此性之渾然而粲然炯然而燁然者, 非所謂明乎? 以心之神明不測主宰一身謂不可屬之明德, 則就心之兼理氣處, 獨不可主理而言, 如孟程之旨乎? (孟子言仁人心仁義之心良心本心, 皆不犯氣而言, 程子亦言"心也性也一理也." 又曰 "心卽性也.") 蓋明德之與心異指者, 以其心可帶氣言, 而明德不帶氣也. 明德之與性異指者, 以其性不兼情, 而明德實兼情也. 然若從朱子所論性該動靜之說, 則謂明德是性亦得也, 邊邵子所說心爲太極之旨, 則謂明德是心亦得. 故愚以爲明德者統性情單指理之心. 竊詳此批, 似於明字上, 看得有形影拕氣做重耳. 上同書 110쪽.

생각이다. 이는 本色이 같다 할지라도 개념을 달리하여 여러 명칭을 세울
수 있다는 뜻으로 이해될 수 있는 것으로, 本指를 중시하는 한주의 인식의
기본 틀을 잘 보여준다. 어떤 경서와 先儒의 說을 읽을 때 그 설을 세운
所以와 그 설의 근본 취지가 무엇인가를 정확히 파악하지 못한다면 그
자체의 현상을 아무리 근사하게 분석하고 설명한다 할지라도 이미 핵심
을 놓쳐 버린 무의미한 것이 될 수밖에 없다고 생각했던 것이다.

위에서 '명덕과 心의 가리키는 곳이 다른 것은 心은 氣를 함께 넣어
말할 수 있고 명덕은 氣를 함께 넣어 말할 수 없기 때문'이라 한 구절은
남당 한원진의 견해와 동일하다. 그런데 한주가 명덕을 氣로 보았다고
남당을 비판한 것은 남당이 虛靈不昧를 정의할 때 氣의 역할을 중시하였
기 때문이다. 이는 虛靈不昧의 속성을 무엇으로 보느냐에 따라 벌어지는
견해의 차이인데, 아래에서 상론하겠다.

③ 主氣說 비판

적어도 명덕을 곧바로 氣라고 주장하는 성리학자는 아무도 없을 것이
다. 한주가 대표적인 主氣論者로 지목하여 비판하는 南塘 한원진도 명덕
은 분명히 理를 가리켜 말한 것이라 하였다.[39] 그런데도 한주가 '명덕을
氣로 간주한다'고 남당을 비판한 것은 남당이 虛靈不昧를 氣의 청탁에

---

39) 남당은 그의 저술『朱子言論同異攷』1권 心 편에서는 "『朱子語類』心性情 편
   의 人傑錄에서 '허령은 본래 心의 본체이다.' 했고 보면 허령은 같지 않음이
   없다.[語類心性情門人傑綠曰 '虛靈自是心之本體, 謂之本體, 則無不同矣.']"
   하였고, 2권 心性情 편에서 "心과 명덕은 비록 둘이 아니지만 그 명칭은 같지
   않다. 心이라 할 경우에는 氣稟까지 함께 들어서 말하기 때문에 心은 사람마
   다 다 같을 수 없으며, 명덕이라 할 경우에는 단지 心의 光明만을 가리킬 뿐
   氣稟에는 미치지 않기 때문에 사람마다 다름이 있을 수 없으니, 이 점을 알지
   않아서는 안 된다.[心與明德, 雖非二物, 其稱名則不同, 謂之心, 則幷擧氣稟,
   故人不能皆同, 謂之明德, 則只指其光明而不及其氣稟, 故人不能有異, 此又不可
   不知也.]" 하여, 명덕은 心의 본체를 가리키는 것이라 하였다.

의해 결정되는 것으로 보았기 때문이다. 남당은 그의 저술『朱子言論同異攷』1권「心」편에서 氣의 청탁에 따라 虛靈의 층차를 나누어 설명한다.

> 대개 虛靈은 비록 다 같지만 이 허령을 이루는 氣는 같지 않으니, 鳥獸의 心은 치우친 氣가 모여 허령하기 때문에 그 허령함이 단지 한 길만 통할 뿐이고 사람의 心은 바른 氣가 모여 허령하기 때문에 그 허령함이 통하지 않음이 없다. 이것이 사람과 여타 동물의 다른 점이다. 성인의 心은 맑은 氣가 모여 허령하기 때문에 허령의 지각하는 바가 모두 理이고, 일반 범부의 心은 흐린 氣가 모여 허령하기 때문에 허령의 지각하는 바가 모두 欲이니, 이것이 성인과 범부의 다른 점이다. 조수의 心은 비록 조금 허령함이 있지만 이미 사람과 異類이고 보면 같으냐 다르냐는 굳이 말할 필요도 없다. 사람에 있어서는 단지 허령만 가리켜 말할 경우에는 모두 같고 품부한 氣를 함께 가리켜 말할 경우에는 같지 않으며, 心에 나아가 말할 경우에는 같지 않다고 말할 수 있고 명덕에 나아가 말할 경우에는 같지 않다고 말할 수 없다.[40]

주지하듯이 남당은 師門의 心卽氣說을 遵奉하는 한편 氣質之性도 性의 개념에 속하는 것이라고 보아 人物性異論를 주장했던 학자이다. 여기서도 남당은 虛靈을 本然의 理만 온전히 드러난 상태와 본연의 理가 氣稟에 엄폐된 상태의 둘로 나누어 보았다. 이 점이 바로 한주와 견해가 다른 곳이다. 남당은 허령의 바탕이 되는 것은 氣이고 이 氣가 理를 싣고서 허령을 이루므로 허령의 본체는 비록 理이지만 허령의 程度를 결정하는 것은 어디까지나 氣의 청탁에 달려 있다고 하여 氣의 역할을 중시하였다. 반면 한주는 理와 氣가 모여서 허령을 이루지만 명덕의 明이 본연의 理를

---

40) 蓋虛靈雖同, 其所以爲是虛靈之氣則不同. 鳥獸之心, 偏氣聚而虛靈, 故其靈也只通一路, 人之心, 正氣聚而虛靈, 故其靈也無所不通, 此人物之不同也. 聖人之心, 淸氣聚而虛靈, 故靈之所覺者皆是理, 凡愚之心, 濁氣聚而虛靈, 故靈之所覺者皆是欲, 此聖凡之不同也. 鳥獸之心, 雖有些虛靈, 旣與人異類, 則其同不同, 不須言也. 其在人者, 只指其虛靈而言則皆同, 而幷指其所稟之氣而言則不同, 就心而言, 則可言其不同, 而就明德而言, 則不可言其有不同. 한원진『朱子言論同異攷』1권「心」.

가리켜 말한 것이듯이 허령의 主가 되는 것은 理이며 氣는 허령의 개념
속에 넣을 수 없다고 보았다. 心卽氣, 心合理氣, 心卽理와 같은 心의 정의
에 있어서도, 우주 만물이 그러하듯이 心 또한 理·氣가 모여 이루어진
것이라는 데 동의하지 않을 성리학자는 없을 것이다. 그러나 心의 본체냐,
실상이냐, 작용이냐, 즉 本指·本色·當處, 어느 곳에 시각의 촛점을 두느
냐에 따라 개념 정의는 달라질 수 있다는 것이 한주의 생각이다. 한주는,
明德은 회복해야 할 본연의 밝음이므로 극복해야 할 대상인 기품이 섞인
상태를 가리키는 것이 될 수 없다고 보았으며, 허령을 明德의 '明'을 형용
한 것으로 보았다. 그 입론의 근거로, 한주는『大學集註』小註의 朱子
說[41]을 제시한다.

> 虛靈不昧가 만약 단지 氣에 의한 것이라면 허령불매로써 명덕의 뜻을 이
> 미 충분히 설명했다고 말할 수 없을 것이다.[42]

주자가 이미 '허령불매' 넉 자로 明德의 개념을 충분히 설명했다고 했
고 보면, 허령불매는 氣가 될 수 없음이 분명하다는 것이다. 즉 주자의
설에 따르면 허령불매는 명덕 본연의 明을 형용한 것이 되므로 기품과는
상관이 없는 것이 되어야 한다는 것이다. 한주는,

> 허령불매는 진실로 理·氣의 회합에서 생기지만 理는 허령불매의 主이
> 고 氣는 허령불매의 資具일 뿐이다. 따라서 이제 명덕 상에서 말할 경우에

---

41) "단지 허령불매 넉 자만으로 명덕의 뜻을 이미 충분히 설명할 수 있다. 그런
데 다시 具衆理·應萬事를 말하여 體用을 그 속에 포함시켰으니, 도리어 實
하고 虛하지 않게 되었다. 그 말이 적확하고 혼원하여 파탄을 찾을 곳이 없
다.[只虛靈不昧四字, 說明德意, 已足矣. 更說具衆理應萬事, 包體用在其中, 又
却實而不爲虛, 其言之確渾圓, 無可破綻處.]"『大學集註』.
42) 虛靈不昧, 若只是氣, 則不可謂說明德意已足.『전서』4권 11쪽,「구지록」1권,
大學箚疑.

도 역시 理를 위주하여 말하여야지 氣를 겸하여 보아서는 안 된다. 대개 心의 體는 性인데 性은 하나이나 모든 理가 그 속에 다 갖추어져 있다. 그러므로 性을 말할 경우에는 '具衆理'라 하는 것이다. 心의 用은 情인데 情은 하나이나 모든 변화에 다 응한다. 그러므로 情을 말할 경우에는 '應萬事'라 하는 것이다. 心이란 天理가 사람에게 있는 것의 전체이다. 그러므로 허령불매로써 그 전체를 형용하고 그 중에서 다시 性·情으로써 體·用을 나눈 것이니, 애초에 허령불매한 氣로써 性을 갖추고서 情에 응하는 것은 아니다.43)

하여, 明德의 허령불매를 心 본연의 體·用을 아우른 전체를 형용한 것으로 보았다. 理는 主이고 氣는 資具이므로, 역시 虛靈不昧의 실제 내용은 心의 理가 되어야 한다는 것이다.

그렇다면 이렇게 한주가 '명덕은 理이다.'라는 명제를 강조한 것은 무슨 까닭일까?

> 혹자는 명덕을 논하면서 本然之心을 氣의 淸明으로 간주하니, 明氣가 明德이 된다면 다시 밝힐 필요가 어디 있겠는가.44)

本然之心을 氣의 淸明으로 간주한다는 것은 氣의 청명에 의해 본연지심의 청명이 결정된다는 뜻을 지닌다. 앞에서도 말했지만 명덕을 곧바로 氣라고 하는 학자는 없다. 그러나 한주의 생각에 의하면 心의 氣가 맑아서 理가 온전히 드러난 상태를 명덕이라 한다면, 그 명덕의 밝음을 결정하는

---

43) 虛靈不昧, 固生於理氣之合, 而理者虛靈不昧之主也, 氣者虛靈不昧之資也. 今於明德上說, 則亦當主理言, 不可兼氣看. 蓋心之體, 性也, 性則一而萬理咸具. 故言其性曰 "具衆理." 心之用, 情也, 情則一而萬變皆應, 故言其情曰 "應萬事." 心者, 天理在人之全體, 故以虛靈不昧狀其全體, 而於其中, 又以性情分體用, 初非以虛靈不昧之氣具此性而了此情也. 『전서』 4책 10쪽, 「구지록」 1권, 大學箚疑.

44) 或者論明德, 乃以本然之心看作氣之淸明, 明氣之爲明德, 更何用明之哉. 『전서』 2책 82쪽.

것은 결국 氣가 되고 명덕은 이미 氣가 맑아 더 이상 밝힐 것이 없는
상태가 되므로 '明明德', 즉 명덕을 밝힌다는 것이 논리적으로 성립되지
않는다고 한 것이다. 명덕이 心의 理만 가리켜 말한 것이라야 氣를 맑혀서
理의 본연의 밝음을 회복한다는 논리가 성립된다는 것이다.

> 章句의 '所得乎天'은 본래 명덕을 말한 것이니, 合理氣라 해서는 안 된다.
> 본체로써 말하면 心이 곧 性이므로 理・氣를 나눌 수 없다.그런데도 남당은
> 心卽氣라는 자신의 견해를 주장하고자 이를 '氣發理乘'의 결정적인 증거로
> 삼았다. 그래서 理만 가리켜 말한 곳을 억지로 合理氣라 하고 "心・性이
> 모두 하늘에서 얻어진다." 하였으며, 또 '具衆理'를 理・氣로 나누고 '應萬
> 事'를 合理氣로 간주하였으니, 전혀 말의 조리가 맞지 않는다. 대개 虛靈不
> 昧는 心을 말함으로써 性情을 그 속에 포함한 것이다. 그러므로 그 下文에
> 서는 다시 '具衆理'를 가지고 性을 말하고 '應萬事'를 가지고 情을 말하였으
> 니, 性은 未發의 理이고 情은 已發의 理이며 心은 미발과 이발을 통괄하는
> 것이다.[45]

남당 한원진 역시 명덕을 心의 理로 보았다. 그러나 『大學章句』의 명덕
정의인 "所得乎天而虛靈不昧, 而具衆理而應萬事者也."를 이해함에 있어 한
주와 상반된 견해를 보인다. 한주의 생각에 의하면 '所得乎天', 즉 하늘에서
얻은 바라고 했고 보면 그 뒤에 이어지는 구절은 당연히 理가 될 수밖에
없는데, 남당은 心卽氣라는 畿湖學派의 心說을 준봉하고자 하여 具衆理에
서 '具'는 心의 氣가 하는 것으로, 衆理는 心의 理로 보았고 應萬事는 心의
理・氣가 합한 상태에서 일어나는 작용으로 보았다는 것이다. 역시 근본적
으로 心의 정의의 차이에서 생겨난 견해의 차임임을 알 수 있다. 이러한

---

45) 所得乎天, 本說明德, 不可謂合理氣. 以本體言, 則心卽性也, 不可分理氣. 南塘
欲伸心卽氣之見, 以爲氣發理乘之杷柄, 故單指理處, 硬說合理氣, 謂之心性皆得
於天, 又以具衆理者分理氣, 應萬事者爲合理氣, 語殊不倫. 蓋虛靈不昧, 是說心
以包性情在中. 故下文却以具衆理言性, 應萬事言情, 性是未發之理, 情是已發之
理, 心乃理之通乎未發已發者也.『전서』4책 12쪽,「구지록」1권, 大學箚疑.

양자의 견해의 차이는 情을 보는 시각에서 더욱 극명히 드러난다.

　　雲峰이 情을 말하면서 "당초에는 善하지 않음이 없다." 한 것은 주자의
"情은 본래 善을 할 수는 있고 惡을 할 수는 없다."는 뜻에 근거한 것이다.
대저 情은 已發의 性으로, 理가 氣를 타고 곧바로 발한 것이다. 情이 막 발
할 때에는 그다지 기세가 세지 않기 때문에 善은 있고 惡은 없는 것이다.
그러다 意가 情을 말미암아 일어나면 氣가 혹 理를 끼고서 제멋대로 치달리
니, 이 때문에 善도 있고 惡도 있게 되는 것이다. 남당은 情을 氣로 간주하
기 때문에 "情이 처음 발할 때부터 惡이 있다."고 하니, 情이 처음 발하자마
자 惡한 것은 人欲이 들끓고 私意가 꽉 들어 찬 속에서 격발되어 나온 곳이
지 情의 본래 실상이 아니라는 것을 전혀 몰랐다. 情은 진실로 明德에서 나
온 것인데도 氣稟에 구속되면 오히려 치우쳐 惡에 흘러드는 법인데 하물며
제멋대로 치달리는 意의 경우처럼 氣가 전적으로 用事함에 있어서야 말할
나위 있겠는가.[46)

　한주의 심즉리설 중에서 가장 강한 비판을 받았던 곳인 七情理發의 논
리적 근거의 일단을 보여준 것이다. 운봉과 주자의 설에 의하면, 情도 당
초에 발현하는 곳에서 보면 氣稟이나 물욕의 장애를 받지 않은 상태로
善만 있고 惡은 없다. 그런데 남당은 情이 애초부터 惡을 가지고 있다고
했으니, 이는 역시 心卽氣說에서 나온 것이다. 한주는 性은 心의 體이고
情은 心의 用이므로, 性卽理라는 명제가 확고한 정설인 만큼 性의 발현인
情도 그 본연의 상태는 理가 되어야 한다고 생각한 것이다.

　한주의 생각에 의하면, 남당의 허령불매에 대한 견해는 理를 爲主하는
듯하지만 실은 理는 아무런 힘이 없고 오로지 氣에 의해서만 理의 작용이

---

46) 雲峰言情曰 "其初亦無不善." 蓋原於朱子情本可以爲善而不可以爲惡之意. 夫情
　是已發之性, 理之乘氣而直發者也. 纔發之際, 不甚熾, 所以有善而無惡, 意緣情
　起, 氣或夾理而橫騖, 所以有善有惡. 南塘認情爲氣, 故力言初發有惡, 殊不知情
　之纔發而遽惡者, 乃從人欲膠擾私意留滯中激出來, 非情之本實也. 情固明德所
　發, 而氣稟所拘, 尙偏而流於惡, 況其橫騖之意氣專用事!『전서』4책 16쪽,「구
　지록」1권, 大學箚疑.

이루어질 수 있는 것이 되므로, 내용상으로는 主氣가 된다는 것이다. 명덕
의 밝음이 氣에 의해 결정되는 것으로 정의된다면, 명덕은 本然의 理가
될 수 없고 따라서 인간이 회복해야 할 本然의 상태가 될 수 없게 되며,
이러한 경향이 심해지면 굳이 明德을 밝힐 필요가 없고 오히려 氣만 다스
리면 理는 저절로 회복된다고 주장하는, 老莊이나 禪學과 같은 학문 쪽으
로 가게 될 우려가 있다고 한주는 생각했던 것이다. 이것이 한주가 主氣說
을 따르면 결국 心의 근본이 분명히 드러나지 않아 학문의 大本이 바로
설 수 없다고 우려한 까닭이다.

(2) 中和說

明德說과 함께 한주 心卽理說의 가장 핵심이 되는 經學的 근거는 『中庸』
1장의 "喜怒哀樂이 未發한 것을 '中'이라 하고 發하여 모두 中節한 것을
'和'라 하니, '中'은 천하의 大本이고 '和'는 천하의 達道이다."[47]에 있다.
한주는 희노애락은 常情 중에서 발하기 쉬운 것을 특별히 들어 보인 것일
뿐이며 애초에 理·氣와 善·惡의 구분을 둔 것은 아니지만 未發의 상태
에서는 氣가 用事하지 않아 渾然히 一理 뿐이므로 純善하고, 發하면 이는
中이 발한 것이므로 그 本然은 역시 純善하다고 보았다. 이는 竪看의 관점
에 '性發爲情'이란 명제를 자신의 中和說에 그대로 적용하여 大本과 達道,
모두를 理로 본 것이다.

> 性이 未發할 때에도 물론 氣質에 깃들어 있으나 기질이 전혀 用事하지
> 않으므로 단지 理에 나아가 性을 말할 수 있을 뿐이며, 性이 已發하였을 때
> 에는 氣質이 用事하여 氣가 理와 섞이고 理가 氣에 가려지므로 비로소 氣를
> 겸하여 性을 말할 수 있다. 대개 미발과 이발이 원래 두 층차가 없고 단지
> 한 곳에 있다. 그러므로 氣가 用事하지 않는다는 측면에서 天地之性이라 하

---

47) 喜怒哀樂之未發, 謂之中, 發而皆中節, 謂之和, 中也者天下之大本也, 和也者天
下之達道也.

고, 기질이 用事한다는 측면에서 氣質之性이라 하는 것이니, 천지는 性이 아
니라 性이 천지에 근본하는 것이요 기질은 性이 아니라 性이 기질에 資賴하
는 것이다.[48]

伊川 程頤는 "하늘에 있어서는 '命'이라 하고, 사람에 있어서는 性이라
하며"[49], "사물에 있어서는 理라 한다."[50]라 하여, 하나의 理를 가리키는
곳에 따라 개념을 달리하여 명칭을 세웠다. 따라서 이 명제에 의하면, 性
은 보편적인 개념으로서의 理가 아니고, 理가 사람에 깃든 것이 된다. 그
러면서 伊川은 또 '性卽理'라 하여 性이 곧 理임을 천명하는가 하면 "性만
논하고 氣를 논하지 않으면 구비되지 못하고 氣만 논하고 性을 논하지
않으면 분명하지 못하게 된다."[51] 하여 性을 말할 때는 理와 氣를 함께
말해야 그 개념이 구비된다고도 했다. 性의 개념이 多岐하게 이해될 수
있는 소지를 伊川이 이미 제공해 놓은 셈이다. 여기서 "사람에 있어서는
'性'이라 한다." 하여 天命의 理가 心氣에 담겨져 있는 상태를 性이라 하
였지만 性은 어디까지나 心氣에 담겨져 있는 理를 摘示한 것이지 心氣까
지 개념 속에 포함시켜 말한 것은 아니다. 그런데도 性을 말할 때 반드시
氣를 겸하여 말해야 한다고 한 것은 氣의 성격을 분명히 알지 못하면 儒
家가 주장하는 '變化氣質'의 공부를 착수할 단서가 없게 되기 때문이다.
이것이 이천의 생각이었다고 볼 수 있다. 한주는 本然之性만 性이고 氣質
之性은 性이 기질에 제약된 상태를 가리켜 말한 것이므로 기질 자체를

---

48) 性之未發, 固亦寓於氣質, 而氣質全不用事, 只可卽理而言性. 性之已發, 氣質用
事, 氣與理雜, 理爲氣掩, 始可兼氣而言性, 蓋未發已發, 元無兩層, 只在一處. 故
自其氣不用事而謂之天地之性, 自其氣質用事而謂之氣質之性. 天地非性, 性之所
本於天地者也, 氣質非性, 性之所資於氣質者也.『全書』4권 136쪽,「구지록」4
권, 中庸箚義.
49) 在天曰命, 在人曰性.『性理大全』29권.
50) 在物爲理.『성리대전』34권.
51) 論性不論氣, 不備. 論氣不論性, 不明.『孟子集註』「告子章句 上」.

性에 포함시킬 수는 없다고 보았다. 性이란 인간의 大本이므로 어디까지
나 理가 될 수밖에 없다고 생각한 것이다.

한주 中和說의 가장 중요한 특징은 性 뿐만이 아니라 情도 그 本然의
상태는 理라는 것이다.

> 喜怒哀樂은 물론 七情에 속하고 칠정은 본래 理・氣를 겸한다. 따라서 人
> 心・形氣의 사사로움에 속한 것은 四端과 상대가 되므로 氣發이라 할 수 있
> 으니 『禮記』「禮運」에서 말한 것이 이것이다. 그리고 道心・義理의 바름에
> 속한 것은 四端을 포함하고 있으므로 역시 理發이라 할 수 있으니 『中庸』에
> 서 말한 것이 이것이다. 章句에서 이미 達道를 循性이라 하였고, 서문에서
> 또 率性을 道心이라 하였으며, 眞西山이 또 四端을 達道라 하였고 보면 達
> 道는 氣를 섞지 않고 단지 理만을 가리킨 것임이 분명하다.[52]

達道의 情는 理만을 가리켜 말한 것이므로 喜怒哀樂도 理發이 될 수
있다는 것이다. 여기서 '達' 자의 개념을 어떻게 보느냐에 따라 達道說은
그 내용이 크게 달라질 수 있다.

① 입론의 근거 : 朱子 晩年說

한주 中和說의 핵심 문제는 中和의 경지를 어떻게 규정하느냐 하는 것
이었다. 즉 중화를 聖人의 경지에 한정하느냐, 일반 사람들도 中和가 있음
을 인정하느냐 하는 것이다. 한주로서는 역시 먼저 주자의 설에서 자신의
입론 근거를 찾지 않을 수 없었다.

---

52) 喜怒哀樂, 固屬七情, 而七情本兼理氣. 其屬乎人心形氣之私者, 與四端作對, 而
只可謂之氣發, 禮運所言者是也. 其屬乎道心義理之正者, 包四端在中而亦可謂
之理發, 中庸所言者是也. 章句旣以達道爲循性, 序又以率性爲道心, 眞西山又以
四端爲達道, 則達道之不雜氣而但指理者審矣. 『全書』4권 133쪽, 「구지록」4
권, 中庸箚義.

주자가 徐彦章에게 답한 편지에 "未發할 때는 아직 사물과 감응하지 않았을 때이니, 비록 시정의 일꾼이나 하인들일지라도 이러한 시절이 없는 사람이 없다." 하였으니, 이것이 정론이다. 선생이 일찍이 延平의 설을 인용하여 林擇之에게 답한 편지에서 "사람은 진실로 喜怒哀樂이 없을 때가 있으나 이를 미발이라 해서는 안 된다 했으니, 이는 主宰가 없음을 말한 것이다." 하였다. 근세 이래 「答林擇之書」를 정론으로 삼아 『中庸』의 뜻에 합치한다고 주장하는 이들이 있다. 그러나 『中庸章句』에 "미발인즉 性이다." 하였으니, 진실로 미발이 없는 이가 있다고 한다면 이는 性이 없는 사람이 있는 셈이 된다. 『中庸或問』에 "일반 사람들의 心도 미발할 때가 있지 않음이 없으니, 賢·愚에 따라 구별이 있는 것은 아니다." 하였다. 그렇다면 저들이 말하는 『中庸』의 뜻이란 것은 틀렸다. 「답임택지서」는 謹篤공부를 涵養의 뜻으로 보고, 또 愼獨하지 못하면 中을 지극히 하지 못하는 것으로 보고서 오직 戒謹 恐懼한 뒤에라야 大本·達道가 자신에게 있다 하였으니, 이는 모두 戒懼과 謹篤을 합하여 하나로 본 것이므로 정론이 아니다. 게다가 '미발이라 해서는 안 된다' 한 것은 이미 선생의 정론이 아니며, 명백하여 근거로 삼을 만한 자료인 「答胡廣仲書」·「答許景陽書」와 『朱子語類』의 端蒙錄·寓錄에 모두 "未發之中은 일반 사람들에도 모두 있다." 하였은즉 다시 무엇을 의심하리요. 게다가 「답임택지서」에 "전일의 편지에서 말한 中和의 설은 보기에 어떠한가? 아마도 그 내용 중에 병통이 없을 수 없을 걸세." 하였으니, 이에 의거해 본다면 처음에 보낸 편지는 정론이 아님을 알 수 있다.[53]

주자가 처음에는 스승 李延平의 견해에 따라 미발을 성인의 경지로 보았다가 뒤에는 일반 사람에게도 모두 미발이 있는 것으로 견해를 수정했

---

53) 朱子答徐彦章書曰 "未發之時, 未應物時, 雖市井販夫廝役賤隷, 亦不無此等時節." 此蓋定論也. 先生嘗引延平說以答林擇之曰 "人固有無喜怒哀樂之時, 然謂之未發則不可, 言無主也." 近世以來, 有以答林書爲定論, 以爲合於中庸之旨. 然中庸章句曰 "未發則性也." 苟謂有無未發者, 則是有無性者也. 或問曰 "衆人之心, 莫不有未發之時, 不以賢愚有別." 然則彼所謂中庸之旨者謬矣. 林書以謹篤工夫爲涵養之意, 又以不能愼獨爲無以致夫中, 惟戒謹恐懼, 然後大本達道乃在我, 此皆以戒懼謹篤合爲一事, 而非其定論也. 且謂之未發則不可云者, 旣非先生定論, 其明白可據者如答胡廣仲許景陽書·語類端蒙錄寓錄, 莫不謂未發之中衆人皆有, 則更何疑也. 且答林擇之書曰 "前日中和之說, 看得如何? 但恐其間言語不能無病." 據此則可知初書非定論也. 『전서』 1책 334~335쪽, 「문집」 14권, 答宋康叟別紙.

음을 고증을 통하여 밝힌 것이다. 위 「답임택지서」에서의 미발, 즉 '中'은
성인의 경지를 뜻하는 것이다. 이에 대해 한주는, "이 편지의 상단에서 '『중
용』은 철두철미 謹獨 공부를 말하였다.' 하였고, 이어 戒懼와 謹獨을 통틀
어 하나로 본 것으로 미루어 初年說이 분명하다.[54] 만년에는 그 설을 고
쳐서 '보통 사람에게도 모두 미발이 있다' 하였다."[55] 하였다. 주자의 『中
庸章句』에는 戒懼를 未發에, 謹篤을 已發에 분속시켜 놓았다. 한주는 이
미발의 경지를 "미발할 때에는 堯舜으로부터 일반 행인에 이르기까지 꼭
같다."라고 한 주자의 설을 인용하여 설명하고, 그 아래에 "생각건대 一理
가 혼연하여 偏全으로 나눌 수 없으니, 氣가 用事하지 않은 상태라 善惡으
로 나눌 수 없다."라는 註를 붙여 자신의 견해를 밝혔다.[56] 여기서 '氣가
用事하지 않은 상태'를 어떻게 보느냐 하는 문제는 한주의 說 중에서 가
장 논란의 여지가 남는 곳이므로, 아래 '俛宇와의 논변' 章을 따로 만들어
詳述하기로 하고, 여기서는 이어 한주의 達道說에서 근거로 삼은 주자의
설을 고찰해 보겠다.

　한주는 「達道說」에서 和를 모든 情이 일일이 다 절도에 맞는 성인의
경지로 보는 세상의 일반적인 견해는 『集註』小註의 雙峯饒氏說을 祖述
한' 것이라 하였다.[57] 그 雙峯饒氏說을 보면,

---

54) 이 대목이 실린 答林擇之書는 내용으로 보아 주자가 南軒 張栻 등과 中和를
　　토론하던 시기에 나온 것이 분명하다. 陳來의 『朱子書信編年考証』에 의하면
　　이 편지는 주자 38세 때인 1167년 전후에 씌어진 것임을 알 수 있다. 陳來
　　『朱子書信編年考証』上海人民出版社 1987년. 43쪽. 그리고 위 서언장에게 답
　　한 편지를, 한주는 정론으로 보았는데 陳來의 『朱子書信編年考証』에 의하면
　　이 편지는 주자 62세 때인 1191년에 씌어진 것이다(陳來, 上同書 328쪽).
55) 按此書上段謂"中庸徹頭徹尾, 說得謹獨工夫." 仍以戒懼謹獨通爲一事, 乃初年
　　說也. 李延平以衆人心, 事物未至, 紛綸膠擾, 故謂不可謂未發, 而先生晚改其說
　　謂厮役販夫皆有未發. 或問亦以性情之本不可以聖愚有可損者明也. 『全書』 2권
　　133쪽.
56) 未發之時, 自堯舜至於路人, 一也. ――理渾然不可以偏全分, 氣不用事, 不可以
　　善惡分. ― 『전서』 2책 130쪽, 「이학종요」 9권.

희노애락 네 가지 情이 모두 절도에 맞아야 비로소 和라 할 수 있다. 四時에 비유하면 세 철이 適宜하고 한 철이 적의하지 못하면 역시 和라 할 수 없는 것이다.58)

하였는데, 이와 유사한 주자의 설을 한주는 고증을 통해 定說이 아니라고 단정한다.

"情이 發하여 모두 절도에 맞아 모든 일이 適宜하여 서로 침탈하지 않음은 진실로 感而遂通의 和입니다. 그러나 열에 아홉만 절도에 맞고 하나가 절도에 맞지 않으면 和가 아니어서 곧 장애가 있게 되니, 達道라 할 수 없습니다." 하니, 주자가 "그렇다." 하였고, "학자는 어떻게 모든 情이 절도에 맞을 수 있겠습니까?" 하니, 주자가 "학자가 어찌 일일이 다 이와 같이 될 수 있겠는가. 모쪼록 일마다 하나씩 절도에 맞게 해야 할 것이다." 하였다.59) -- 道夫錄 己酉(1189 주자 60세) 이후 기록.

한주는 이 기록에 대해 학자의 공부의 차원에서 논한 것이지 本章의 뜻을 논한 것은 아니라 하고, 또한 정론이라 할 수 있는 章句·虁孫錄과 매우 다르며 기손록보다 7, 8년 전에 씌어진 것이므로 기손록을 정론으로 보아야 한다고 하였다. 기손록은 아래에 인용하겠다. 이어 한주는 이와 유사한 주자설을 제시하는데 이 설에는 이것이 주자의 정설이 아님을 알 수 있게 하는 原註가 붙어 있다.

---

57) 世之論達道者有三說 … 至論皆中節, 則皆祖饒氏說, 以爲衆情一一中節, 然後方得爲達道. 『전서』 2책 134쪽, 「이학종요」 9권.
58) 一時四者皆中節, 方謂之和, 比之四時, 三時得宜, 一時失宜, 亦不得謂之和. 『四書集註·中庸』
59) 問 "發而皆中節, 事得其宜, 不相凌奪, 固感而遂通之和也. 然十中其九, 一不中節, 爲不和, 便自有礙, 不可謂之達道矣." 朱子曰 "然." 問 "學者如何得中節?" 曰 "學者安能便一一恁地也. 須且逐件使之中節." (道夫錄 己酉後) 『전서』 2책 133쪽, 「이학종요」 9권.

주자가 이르기를 "達道는 자연히 流行하여 理가 이를 통하여 나오는 것
이 통하지 않음이 없음으로써 붙여진 명칭이다." 하였다. 註 : 선생이 後來
에 달도를 설명하는 것은 뜻이 이와 같지 않다.[60]

여기서 주자는 '達' 자를 '통하지 않음이 없음', 즉 『周易』「啓辭 上傳」
10장의 '感而遂通'의 뜻으로 본 것이다.그렇다면 한주가 제시한 주자의
정설은 어떠한 것인가?

주자가 이르기를 "'達' 자를 예전에는 '感而遂通' 자로 보았는데 이제 보
니 이는 고금의 사람들이 모두 가는 길이라는 뜻이다. 이를테면 기쁨과 노
여움이 절도에 맞지 않으면 通行하지 못하는데 이 경우는 기뻐하면 천하 사
람들이 합당히 기뻐할만하다 하고 노여워하면 천하 사람들이 합당히 노여
워할만하다는 것이다. 단지 이 道理 자체가 바로 通達의 뜻이다." 하였다.[61]
-蘷孫錄 丁巳(1197년 주자 68세) 이후 기록.

세간에 무슨 일이고 희노애락에 관계되지 않는 게 있겠는가. 군신·부
자·부부·형제·붕우·長幼가 서로 함께 살고 만나는 깃이 모두 희노애
락이 절도에 맞는 곳이 아님이 없다. 이것이 바로 實理가 流行하는 곳이니,
이를 버리고 어디서 실리가 유행하는 곳을 찾으리오.[62] -蒙錄 甲寅(1994년
주자 65세) 이후 기록.

위 주자설에 대해 한주는 다음과 설명하였다.

한 가지 일이 절도에 맞는 것은 한 가지 일의 和요 한 때의 절도에 맞는
것은 한 때의 和이다. 그러나 반드시 그것이 천하와 고금에 통할 수 있는

---

60) 朱子曰 "達道則以其自然流行而理之由是而出者無不通也." 註 : 先生後來說達
道意不如此. (端蒙錄 己亥後)『전서』2책 133쪽,「이학종요」9권.
61) 朱子曰 "達字, 舊作感而遂通字看, 而今見得是古今共由意思, 如喜怒不中節, 便
行不得了, 而今喜天下以爲合當喜, 怒天下以爲合當怒, 只是這箇道理便是通達
意." (蘷孫錄 丁巳後)『전서』2권 131쪽,「이학종요」9권.
62) 世間何事不繫在喜怒哀樂上? 君臣父子夫婦兄弟朋友長幼相處相接, 無不是這喜
怒中節處, 便是實理流行, 更去那處尋實理流行? (蒙錄 甲寅後)『전서』2책 131
쪽,「이학종요」9권.

것이어야 '모두 절도에 맞다[皆中節]' 할 수 있다. 雙峯饒氏는 '皆' 자의 뜻
을 알지 못한 나머지 심지어 '세 철이 適宜하고 한 철이 적의하지 못하면
역시 和라 할 수 없다'는 주장을 하였다. 이와 같다면 堯舜·공자와 같은
성인이라야 비로소 達道가 있을 터이니, 다시 그 '和'를 지극하게 할 필요가
어디 있겠는가. 게다가 자사가 말하기를 '천하의 달도가 다섯 가지이다' 하
였으니, 모든 情이 和하지 않음이 없다면 달도는 하나일 것이다. 어찌 다섯
가지나 있겠는가.63)

개인이 가진 情이 모두 發할 때 절도에 맞는다면 그것은 성인의 경지이
다.『中庸』본문에 中·和를 大本·達道라 하고 이어 '致中和', 즉 中·和
를 지극히 하는 공부로써 그 뒤를 이었으니, 더 이상 공부해야 할 것이
있다면 이는 성인의 경지가 아닌 것이다. 즉 中和는 性情의 本然이지 그
자체가 성인의 경지는 될 수 없다는 것이다. 한 가지 일, 이를테면 부모가
장수하면 기뻐하는 것, 임금이 聖明하면 즐거워하는 것, 형제가 사망하면
슬퍼하는 것, 子弟가 교만하면 노여워하는 것 등은 그 하나하나의 情이
하루에 열 번 發할지라도 모두 절도에 맞을 것이요 만 명의 사람이 모두
꼭 같을 것이니, 이것이 바로 時空을 초월하여 모든 사람에게 통하는 도인
達道라는 것이다.64) 중화가 성인의 경지라고 했을 경우에는 일반 사람들
의 마음에는 中和한 시절이 영영 없는 셈이 될 것이다.

---

63) 蓋一事之中節, 一事之和, 一時之中節, 一時之和, 然必其可通於天下古今而後,
方謂之皆中節. 饒氏未達於皆字之義, 至有三時得宜一時失宜之說, 如是則聖如
堯舜孔子, 方有達道, 何待於更致其和? 且子思言天下之達道五, 情無不和則達
道一矣, 何以有五?『전서』4책 134쪽,「구지록」4권, 中庸箚義.

64) 衆情之一一中節者, 苟非上智之資, 則乃是用工以後事, 未發已發, 衆人所皆有,
而此章用工, 全在於致字上, 衆情皆中節, 則更何用推而極之耶? 然則皆中節, 果
指何等情也? 此當以達道五參之於喜怒哀樂之間而得之, 不父子之愛, 君臣之義,
長幼之序, 夫婦之別, 朋友之信, 皆道心也, 而父母壽康則喜, 君上聖明則樂, 兄
弟喪亡則哀, 子弟驕奢則怒, 妻孥孝順則喜, 朋友信從則樂, 孤弱顚連則哀, 臣下
悖慢則怒, 此等之情, 雖一日十發, 皆謂之中節, 萬人一樣, 皆謂之達道. 此人彼
人, 無往而不中, 非所謂天下之共由乎? 此時彼時, 無適而非道, 非所謂古今之共
由乎?『전서』2책 135쪽,「이학종요」9권, 達道說.

② 여타 영남학파 학자와의 견해 차이

七情理發을 주장하는 한주의 중화설에서 여타 학자들과 견해를 차이를 뚜렷이 보이는 곳은 역시 情의 문제를 다루는 達道說이다. 명덕설과 마찬가지로 중화설에서도 한주와 여타 영남학파 학자와의 견해 차이는 역시 定齋 柳致明과의 논변을 통해서 고찰하는 것이 가장 효과적일 듯하다. 먼저 정재의 답변과 이에 대한 한주의 自答을 보기로 한다.

> 子思가 喜怒哀樂을 말한 것은 剔發하여 말한 것이 아니라 理·氣가 서로 어우러져 있는 것에 나아가 大本과 達道를 가리켜 보인 것인즉 그 爲主하여 말한 것은 理에 있으나 氣가 理에 순종하는 것은 말한 내용 속에 들어 있지 않다고 말할 수 없다. 맹자에 이르러서야 척발하여 사단을 말하였으나 이것으로써 저것에 상대하면 純理와 兼氣의 차이가 있으니, 이것이 또 分開說이 생겨난 소종래이다. 만약 '大本과 達道 상에 氣를 겸하여 말해서는 안 된다'고 한다면 지나치다.[65]

定齋는 역시 心合理氣說과 그에 의한 分開看의 관점에서 논의를 전개하고 있다. 따라서 그에게 있어서 情은, 퇴계가 정의한 '氣發而理乘之'를 벗어나서 생각할 수 없다. 즉 情은 어디까지나 心中의 氣가 발한 것을 理가 타고 主宰하는 것이 된다. 이 경우에는 그 情이 아무리 氣가 理의 주재에 완전히 순종한 상태라 할지라도 理發은 될 수 없는 것이다. 사단과 칠정을 理發과 氣發로 나누어 보는 분개간에 관점에서 보면 情을 순수한 理發로만 볼 수 없는 것은 당연하다. 이 점은 한주도 인정하는 것이다. 그런데 여기서 문제는『中庸』에서 大本과 達道라 일컬은 中和도 氣를 겸한 것으로 불 수 있느냐 한다는 견해이다.

---

65) 子思之言喜怒哀樂, 非剔發說也, 乃就理氣相成者而指示大本達道, 則所主而言者, 在乎理, 而氣之順乎理者, 亦未可謂不在所言之中也. 至孟子剔發言四端, 而以此對彼, 則有純理兼氣之異, 此又分開說所從來也. 若謂大本達道上不可兼氣說, 則過矣.『전서』1책 111쪽, 문집 5권, 上柳定齋先生 附書答帖後.

이에 한주는 『孟子』 이전의 경서에는 理에 상대하는 개념으로 氣를
언급한 곳은 보이지 않는다고 하고,

> 子思가 『中庸』을 지으면서 시종 一理를 말했을 뿐 원래 氣는 언급하지
> 않았다. 그런데 이제 "理·氣가 서로 어우러진 곳에 나아가 대본과 달도를
> 가리켜 보였다."고 하니, 아마도 자사의 본의가 아닌 듯하다. 가사 그 體段
> 을 泛然히 논하여 '氣는 대본이 資賴하여 서고 달도가 자뢰하여 行해지는
> 것이다' 한다면 되겠으나 理·氣를 겸하여 말했다고 한다면 상량해볼 점이
> 있는 듯하다. 대저 대본은 理의 體이고 달도는 理의 用이다. 근본을 지극히
> 파고들면 氣 역시 理에 근본한즉 氣는 대본이 아니다. 物은 통하지 않아 열
> 림이 있으면 막힘이 있은즉 氣는 달도가 아니다. 사단에도 中節과 不中節이
> 있는데 맹자는 剔發하여 善一邊만 말하였으며, 七情은 진실로 理·氣를 겸
> 하는데 자사가 척발하여 선일변을 말하였으니, 대본과 달도가 氣를 겸한다
> 는 것은 아무래도 온당치 못한 듯하다.[66]

理·氣가 渾淪한 곳에서 대본과 달도를 摘示했다고 한 정재의 견해는
얼핏 보아서는 孟子가 情의 善一邊만 척출하여 四端이란 명칭을 세운 것
과 비슷한 듯 보이지만, 여전히 情은 氣發이므로 氣가 理에 순응한 것을
곧바로 理發로 간주해서는 안 된다는 뜻을 內含하고 있다. 이에 대해 한주
는 이는 主·資를 구분하지 못한 것으로, 子思의 의도는 어디까지나 主를
밝히는 데 있었고 資까지 함께 개념 속에 넣어서 말하지는 않았다고 보았
다. 한주의 견해를 보다 더 유추해 나아간다면, 자사가 대본·달도를 말한
것이나 맹자가 사단을 말한 것은 모두 그 本指가 理를 밝히는 데 있는
것이므로, 變化氣質의 공부를 논할 때 氣의 속성을 함께 언급하는 경우와

---

66) 子思之作中庸, 始終言一理而已, 元未說到氣上. 今日 "就理氣相成者而指示大本
　　達道." 恐非子思之本意, 雖使泛論其體段, 謂氣者大本之所資而立達道之所資而
　　行, 則可, 謂之兼理氣說, 則似有商量. 夫大本, 理之體, 達道, 理之用, 極本窮源,
　　氣亦本乎理, 則氣非大本矣. 物則不通, 有開必有塞, 則氣非達道矣. 四端有中節
　　不中節, 孟子剔發而言善一邊, 七情固兼理氣, 子思剔發而言善一邊, 大本達道之
　　兼氣, 恐終有未安. 上同.

는 같지 않다고 생각했을 듯하다. 요컨대 한주는 주로 本指를 중시하여 논의를 전개하였는데, 이는 당시의 학자들이 本色과 本指를 혼동하여 경서의 뜻을 분명히 파악하지 못하고 있다고 여겼던 것이다.

③ 未發 상태에서 氣의 有無

앞에서 살펴보았듯이 한주는 주자의 晩年說에 의거하여, 未發은 보통 사람에게도 있고 達道는 천하와 고금에 두루 통하는 것으로 보았다. 이는 곧 中和가 聖人만의 특수한 경지가 아니라 보통 사람에게도 있다는 것인데, 이럴 경우 가장 爭點으로 남을 수 있는 것은 未發의 상태를 어떻게 규정하는가 하는 문제이다. 다시 말하면 미발을 '中'이라고 또 '大本'이라 하였는데, 이 상태에도 氣가 있다고 인정할 수 있느냐 하는 것이다. 이 문제는 매우 미묘한 곳에서 견해의 차이를 보일 수 있는 것이어서, 寒洲學派 내에서도 논쟁이 있었다. 한주와 그의 세사 俛宇 郭鍾錫 사이에 치열한 문답이 있었고, 다시 면우와 역시 한주의 제자인 后山 許愈 사이로 논쟁이 이어졌다. 후산의 견해는 거의 한주와 일치하므로, 여기서는 한주와 면우의 왕복 서찰에 한정하여 논변의 과정을 살펴보겠다.

면우는 한주를 처음 배알한 후 理氣性命의 諸說과 諸儒의 학설의 同異 등 성리학 전반에 걸친 주요 쟁점들에 대한 자신의 견해를 조목별로 열거, 『贄疑錄』이란 책으로 엮어서 執贄의 禮로 한주에게 바쳤으며,[67] 이에 한주는 조목별로 답변하였다. 면우가 한주의 답변에 대해 거의 전적으로 수용하였는데 유독 未發의 상태에 기질이 있느냐 없느냐 하는 문제에 대해서만은 스승의 견해에 동의하지 않았다. 처음 대면한 자리에서 당시로서는 매우 독특한 한주의 학설에 전적으로 契合하였던 면우가 의문을 제기하였을 만큼 이 문제는 당시 학자 일반에서 이해되기 어려운 점이 있었

---

67) 이 책은 그 후에 后山 許愈, 紫東 李正譓 등 한주 문하의 제자들 사이에 두루 읽혀 寒洲學의 입문 교재로 활용되었다.

던 것이다.

"未發의 상태에서는 氣 字를 붙을 수 없습니까?"라는 면우의 질문에
한주는,

　　미발 상태에도 氣가 없는 것은 아니지만 氣가 用事하지 않아 흡사 氣가
없는 것과 마찬가지이다. 그러므로 朱子와 퇴계가 모두 理의 측면에서 말했
던 것이다. 근세에 미발 전에 기질의 선악에 관한 논쟁이 있는데 한 쪽에서
'氣가 本然의 상태에서 純善한 뒤에 理도 본연의 상태에서 純善하다'는 것
은 말한 것도 없이 氣가 大本이 되는 병통에 빠졌거니와 여기에서 '미발 전
에 선악이 있다'고 하는 것도 本原을 더럽힘을 면치 못한다. 주자는 '미발의
상태에서는 堯舜과 일반 사람이 꼭 같다.' 하였으니, 일반 사람의 性이야 진
실로 요순과 같겠지만 일반 사람의 기질이 어떻게 요순과 같을 수 있겠는
가. 그렇지만 여기서 꼭 같다고 하였으니 과연 性을 위주하여 말한 것이 아
니겠는가.
　　程子[明道]는 "善은 말할 것도 없이 性이지만 惡도 性이라 하지 않을 수
없다." 하고 또 "善·惡이 모두 天理이다." 하였으니, 荀子·揚雄·韓愈의
설과 거의 다르지 않다. 善은 性의 眞體가 본래 그러한 것이고 惡은 性이
기질에 흐려지고 물욕에 동화된 것이니, 情이 熾蕩하여 性을 해친 것과 欲
이 범람하여 性을 해친 것이 어찌 性의 本然이겠는가. 이는 바로 張橫渠가
말한 氣質之性과 같은 것일 뿐이다. "善·惡이 모두 天理이다." 한 것은 얼
핏 보면 매우 놀랄 만하지만 그 뒤에 곧바로 이어 "다만 惡이라 한 것은 본
래 惡한 것이 아니라 過不及이 있음으로 해서 이와 같은 데 이른 것일 뿐이
다." 하였으니, 이 구절이 뜻을 완전히 전환한다. 대개 天理는 원래 惡이 없
으나, 그 理가 탄 바의 氣가 도리어 理를 엄폐하기도 하니, 겨우 過不及이
있었다 하면 곧 惡으로 흘러든다. 따라서 惡 또한 性의 孽子인 것이다.
　　이러한 뜻으로 유추해 보면 明道의 본의는 理·氣는 不相離하므로 氣가
惡할 때에는 性도 그 善을 실현할 수 없다는 것을 극도로 강조하여 말한 것
이니, 여기서의 性은 역시 性이 발하여 情이 되는 곳을 가지고 말한 것이다.
따라서 이는『書經』「太甲 上」에서 말한 "습관이 性과 더불어 하나가 되었
다." 한 性과 謝良佐가 "性이 편벽되어 극복하기 어려운 곳"이라 한 性과 같
은 것이니, 미발 상태의 眞體를 가리켜 말한 것은 아니다.[68]

<hr />

68) 면우 : 未發之時, 着氣字不得耶?
　　한주 : 未發非無氣也, 而氣不用事, 恰似無氣了一般. 故朱李之論, 皆從理言之,
　　近世有未發前氣質善惡之爭, 彼謂氣純於本然而後理亦純於本然者, 固陷於氣爲

하였다. 위 한주의 논지를 정리해 보면, 本然의 性은 天命의 性으로 純善
한 것이고, 性이 기질의 엄폐, 제약을 받아 변형된 상태를 편의상 氣質之
性이라 하는 것이므로, 아직 氣가 用事하지 않은 때인 미발의 상태에서는
氣를 말할 필요가 없다는 것이다. 미발의 상태에도 물론 '理氣不相離'이
므로 당연히 氣가 있지만 그 때의 氣는 理를 싣고 있을 뿐 아무런 작용을
하지 않고 있기 때문에 氣의 존재를 말할 필요가 없다는 것이다. 한주의
이러한 주장에는 大本과 達道는 理이지 氣가 될 수 없다는 생각이 근저에
깔려 있다. 면우의 의문은 氣質之性이란 용어가 程朱 이래 학계에 통용되
고 있는 이상 미발 상태에서 기질이 없다고 할 수는 없다는 것이다.

이어 한주는,

> 『通書』에 純粹 至善한 性과 剛柔 善惡이 있는 性을 두 갈래로 나누어 말
> 하였는데, 本然之性을 말할 경우에는 未發 상태에 보존된 性을 분명히 가리
> 키고 氣質之性을 말할 경우에는 已發에서 변한 性만 가리켰다. 미발의 시점
> 에서는 氣가 用事하지 않아 一理가 渾然하여 純粹 至善한 상태이다. 그러다
> 가 사물에 감응하여 움직이면 氣가 비로소 용사하여 혹 性에 순종하기도 하
> 고 혹 性에 거역하기도 한다. 이에 善·惡이 비로소 나뉘니, 이는 性의 본연
> 이 아니라 기질에 의해 변한 것이다.[69]

大本, 而此謂未發前有善惡者, 亦不免汚壞本原. 朱子曰 "未發之時, 堯舜之於路
人, 一也." 路人之性, 固同於堯舜, 而路人之氣質, 焉能如堯舜哉? 今謂之一也,
則果非主性而言耶? 程子曰 "善固性也, 惡亦不可不謂之性." 又曰 "善惡皆天
理." 其與荀揚韓氏之說不相似者, 幾希. 善者, 性之眞體然也, 惡者, 性之汨於氣
而化於物者也. 情之蕩而鑿性, 欲之濫而害性, 豈性之本然哉? 正如張子所謂氣
質之性耳. 若善惡皆天理之云, 雖甚可駭, 然直繼之曰 "但謂之惡者, 本非惡, 只
過不及, 便至如此." 此句便都轉了. 蓋天理本無惡, 而只緣所乘之氣, 或掩其理,
纔過不及, 便流於惡, 惡亦性動之孼也. 以此義推之, 則明道本意, 極言理氣之不
相離, 氣如惡時, 性不能遂其善也. 此性者, 亦以發處言, 如不義與成之性, 性偏
難克之性, 非指未發之眞體也. 『전서』 1책. 426, 429 쪽, 「문집」 19권, 答郭鳴
遠疑問.

69) 通書以純粹至善之性剛柔善惡之性, 兩下說去, 其言本然之性, 則的指未發之所存,
其言氣質之性, 則專指已發之所變, 未發之前, 氣不用事, 一理渾然, 純粹至善, 及

하였다. 『通書』를 논거로 삼아 氣質之性이란 명칭은 已發의 상태에서만 붙일 수 있다고 한 것이다. 미발과 이발의 차이는 기질이 있느냐 없느냐에 있는 것이 아니라 기질이 작용하느냐 작용하지 않느냐에 있으므로, 당연히 미발 상태는 本然之性이 그대로 드러난 것으로 보아야 한다고 주장한 것이다. 이에 면우가 答書에서,

　　미발의 시점에서도 剛柔와 善惡이 있습니다.[70]

하자, 한주는,

　　剛柔는 質이고 善惡은 機이니, 이를 지목하여 性이라 하는 것은 자갈을 섞어 놓고 옥이라 하는 것과 다를 바 없다. 偏全과 厚薄의 다름은 비록 기질로 말미암아 이루어진 것이지만 理는 그대로 있으니, 이것을 진실로 性이라 할 수 있다. 그 偏·全은 처음 태어날 때부터 이미 그러하지만 未發의 시점에서는 一理가 渾然하니, 이것이 이른바 "太極의 전체가 각각 한 사물 중에 갖추어져 있다."는 것이다. 여기서 어찌 편전과 후박이 있으리오.[71]

하였다. 면우는 사람의 기질이 다 다르므로 미발 상태에서도 기질의 차이가 이미 존재한다고 보아야 한다고 하였고, 한주는 기질의 차이는 엄존하지만 그 속에서도 理는 自如하므로 이를 '萬物各具一太極'의 太極이라 할 수 있다고 하였다. 이에 면우는 또,

　　善惡은 진실로 말할 수 없지만 偏全의 性은 이미 미발의 상태에 있습니다.[72]

　　其感物而動, 氣始用事, 或順或逆, 善惡始分, 非夫性之本然而受變於氣質矣.
70)　未發之前, 亦有剛柔善惡.
71)　剛柔, 質也, 善惡, 幾也, 目此爲性, 無異混礫而作玉也. 惟偏全厚薄之不同, 雖因氣質所成, 而理自如此, 固可謂之性也, 而其偏其全, 已然於稟賦之初. 未發之前, 一理渾然, 所謂太極全體各具於一物之中者也. 何嘗有偏全厚薄之別哉?

하였다. 이에 한주는 다음과 같이 결론을 내린다.

> 난들 '氣質之性이 전혀 없다'고 한 적이 있었는가. 다만 미발 상태를 聖
> 人의 지위와 같이 보아 기질지성을 말할 필요가 없음을 말하였던 것일 뿐일
> 세. 더구나 存養 공부는 단지 性의 측면에서만 가능하니, 思慮가 생겨나기
> 전의 상태가 어찌 기질에 미치겠는가.73)

사려가 일어나지 않은 상태에서는 기질이 있더라도 기질은 작용하지
않으므로 기질을 말할 필요가 없고 다만 大本인 本然之性을 涵養하면 될
뿐이라는 것이다 이 때에 기질지성을 함께 말하면 氣質이 본성에 끼어들
어 대본이란 개념이 바로 설 수 없게 될까 염려한 것이다. 함양이란 본성
을 보존하는 공부이므로 기질을 함께 함양할 수는 없기 때문이다.

위의 서신 문답이 있은 뒤 면우는 后山 許愈에게 보낸 편지에서,

> 미발 상태에서 기질지성의 문제는 근자에 洲上(寒洲)과 견해의 합일을 보
> 았습니다. 제가 "기질지성은 已發 후에 볼 수 있다고 하신 것은 진실로 옳
> 습니다만 만약 미발상태에서 기질지성이 전혀 없다고 해서는 안 될 것입니
> 다." 하니, 洲上의 말씀에 "내가 미발 상태에서 氣質之性이 전혀 없다고 한
> 적이 있던가. 다만 말할 필요가 없다고 하였을 뿐일세." 하시기에 제가 '말
> 할 필요가 없다'고 한 대목에서 尊性의 旨訣을 깊이 깨닫고 다시 감히 입을
> 열어 떠들지 못하였습니다. 대개 渾然한 一理·太極의 全體라는 측면에서
> 本然之性이라 하고, 어떤 사람은 仁이 많고 어떤 사람은 義가 많고 어떤 사
> 람은 치우쳤고 어떤 사람은 온전하다는 측면에서 기질지성이라고 하지만
> 치우친 성품을 바로잡아 온전하게 하고 薄한 성품을 바로잡아 厚하게 하는
> 것은 오로지 已發 상태에 있은즉 이제 미발의 상태에서 구구하게 기질지성
> 을 말하는 것이 공부에 무슨 도움이 되겠습니까.74)

---

72) 善惡固不可言, 偏全之性, 已在於未發之中.

73) 僕亦何嘗曰都無氣質之性? 特以未發時分同之於聖人地位而言其不須言氣質之性而
已. 況存養工夫, 只在性上, 思慮未萌, 何嘗及氣質事哉?『全書』1책, 452쪽,「문
집」20권, 答郭鳴遠.

74) 未發前氣質性之說, 近亦與洲上爛漫, 而鍾錫之言曰 "氣質之性, 見之於發處則固

하여, 한주의 뜻이 本然之性의 순수성을 지켜 大本을 바로 세우는 데 있음을 알았다고 하였다.

미발의 中을 이미 大本이라 하였고 보면, 미발의 상태에서 실제로 氣가 있느냐 없느냐는 중요한 문제가 아니고 또한 애초에 子思가 『中庸』을 저술할 때 考慮에 넣지 않았던 것이며, 미발의 상태에서는 本然之性의 존재를 확인하여 涵養의 근거를 마련하는 것이 중요하다는 것이 한주의 생각이었다. 다만 당시의 일반 학자들은 七情은 氣發이라는 견해를 갖고 있었기 때문에 四端이 아닌 『中庸』의 喜怒哀樂을 理發로 볼 수 없었고, 따라서 미발의 상태를 理와 氣가 공존하는 것으로 파악할 수밖에 없었던 것이다.

기실 이 문제는 한주 心說의 가장 핵심 쟁점이 될 수 있는 것인데, 朱子의 설과의 異同 문제는 여전히 논란의 여지가 있다.

> "伊川은 '中이란 寂然不動안 것이다.'하였고, 南軒은 '여기에는 조금 차이가 있으니, 喜怒哀樂 未發의 中은 일반 사람들의 常性이고 寂然不動은 성인의 道心이다.' 하였습니다." 하니, 주자가 말하기를 "前輩들이 많이들 이와 같이 말하였으나 나는 이해하지 못하겠다. 보건대 寂然不動은 일반 사람들도 이런 마음을 가지고 있지만 感而遂通에 이르러서는 오직 성인만이 가능한 것이고 일반 사람들은 불가능하다. 일반 사람들은 비록 마음을 가지고는 있지만 未發할 때에 이미 汨亂한 상태라 사려가 분잡하여 꿈 속에서도 정진을 차리지 못한다. 操存의 도가 없다면 어떻게 성인의 中節과 같을 수 있겠는가?" 하였다.[75]

然, 而若以爲未發之前, 都無氣質之性則不可." 洲上之敎曰 "鄙人何嘗謂未發之前都無氣質之性哉?" 但謂之不須言云." 鍾錫於不須言三字, 深悟奪性之訣, 而更不敢開喙呶呶耳. 蓋就其渾然一理, 太極全體, 而謂之本然之性. 自其仁多義多, 或偏或全, 而可以言氣質之性. 然矯其偏而使之全, 矯其薄而使之厚者, 專在於發後, 則今於未發之前, 區區說氣質之性, 亦何所補哉? 『俛宇集』 17권, 한적본 7판, 答許后山.

75) 問 "伊川言'中也者寂然不動者也.' 南軒言'此處有少差, 所謂喜怒哀樂之中, 言衆人之常性, 寂然不動者, 聖人之道心.'" 朱子曰 "前輩多如此說, 某自是曉不得. 看來, 寂然不動, 衆人皆有此心, 至感而遂通, 惟聖人能之, 衆人却不能. 蓋衆人

주자는 일반 사람에게도 미발이 있지만 그 상태는 혼란하다고 하여, 사실상 미발에서 氣의 존재를 인정하고 感而遂通은 성인의 경지에 한정하였다. 이에 대해 한주는

> 살펴보건대, 寂然不動과 感而遂通은 단지 動·靜의 뜻으로만 보면 성인과 범부를 따질 것 없이 心이 사물에 감응하지 않아 사려가 일어나지 않을 때는 곧 寂然不動이고, 心이 이미 사물에 감응하여 사려가 이미 싹텄을 때는 곧 感而遂通이다. 정자[伊川]의 설은 애초에 의심할 것이 없는데, 남헌은 일반 사람들은 動할 때가 많고 靜할 때가 적으며 靜할 때에도 昏昧한 상태를 면치 못하는 것을 보았기 때문에 寂然不動을 성인의 道心으로 보았으니, 너무 높이 본 잘못이 있다 하겠다. 그리고 선생의 답도 온당치 않은 듯하다. '汨亂' 두 자는 곧 氣質이 用事하는 것에 속한다. 이는 바로 지각이 비록 움직이더라도 움직이지 않은 것이 되는 데 문제가 없다는 뜻이다. 일반 사람의 感通은 비록 성인이 항상 中節하는 것과는 다르지만 그래도 꼭 합당하게 中節할 때가 있으니, 이 설은 定論이 아닐 듯하다.[76]

때의 선후를 나눌 수는 없지만, 理發은 理가 發하여 氣를 타고 움직이는 것이어서 발하기 전에는 理만 渾然할 뿐 氣는 있어도 없는 것이나 다를 바 없다. 따라서 미발의 시점에서는 氣가 비록 있을지라도 理가 움직이기 전이라 氣가 움직일 수 없는 것이다. 한주의 생각은 氣는 어디까지나 理의 資具이므로 스스로 움직일 수 없고 理가 움직이면 그 理의 움직임에 순응하거나 거역할 뿐이라는 것이다. 寂然不動은 일반 사람에게도 있다고 해놓고 다시 感而遂通을 성인의 경지로 한정한 데에서 주자는 이미 성인과

雖具此心, 未發時已自汨亂了, 思慮紛擾, 夢寐顚倒, 曾無操存之道, 如何會如聖人中節 -寓錄-『전서』2책 133쪽, 「이학종요」9권.

76) 按寂然不動·感而遂通, 只看作動靜義, 則不論聖凡, 此心不感於物, 思慮不起, 此便是寂然不動, 此心已感於物, 思慮已萌, 此便是感而遂通. 程子說初無可疑, 南軒見衆人之多動少靜靜亦不免於昏昧, 故以寂然不動爲聖人之道心, 失之過高, 而先生所答, 亦恐未安. 思慮紛擾, 夢寐顚倒, 皆不可喚做未發, 而汨亂二字, 便涉氣質用事, 此乃知覺雖動而不害爲未動之意也. 衆人之感通, 雖不若聖人之常常中節, 亦固有恰恰中節時, 恐非定論. 上同.

일반 사람의 未發의 상태에 차이가 있다는 것을 인정하고 있다. 즉 일반
사람의 경우 未發의 상태에도 기질이 본성을 구속, 엄폐하고 있다고 본
것이다. 이에 대해 한주는 역시 기질의 作用은 性이 발한 시점에서 일어나
므로, 미발의 상태를 정의하는 데 기질이란 개념은 필요치 않다고 하고,
또 感而遂通 역시 꼭 성인이 아니라도 때때로 中節하는 情이 있으므로
성인의 경지로 한정해서 볼 수는 없다고 주장하였다.

여기서 한주가 주자의 설을 정론이 아니라고 주장하는 근거를 찾을 수
있다. 위 인용문에서 '지각이 비록 움직이더라도 움직이지 않은 것이 되는
데 문제가 없다.'는 한 곳이다. 이는 寂然不動을 정의한 주자의 말로, 지각
은 일어났으나 아직 사물과 접하지 않아 喜怒哀樂이 일어나지 않은 상태
라는 뜻인데, 이를 한주는 초년설이지 정설이 아니라고 단정하였으며,[77]
이와 같은 맥락에서 주자가

> 기질의 편벽됨을 제거하기 어렵다. 이를 두고 釋氏는 "마치 물 속에 녹아
> 있는 소금, 색깔 속에 들어있는 아교와 같아서 끄집어낼 수 없다." 하였
> 다.[78]

---

77) 주자의 말은 『語類』 96권에 보이는 陳安卿과의 문답 과정에서 나온 것이다.
　　이에 대해 한주는 지각이 이미 움직인 상태를 미발로 보는 것은 초년설이라
　　단정하고 만년설은 『中庸或問』의 "지극히 고요한 중에 다만 능히 지각하는
　　주체만 있고 지각하는 바는 없다.[至靜之中, 但有能知覺者, 未有所知覺.]"는
　　설과 이와 의미가 상통하는 「答呂子約書」의 "지극히 고요한 때에는 단지 능
　　히 지각하는 주체만 있고 지각하는 바의 사물은 없으니, 이는 『周易』의 卦에
　　있어 純坤도 陽이 없지 않고 一陽이 아래에 잠복해 있는 象이 된다. 復卦로
　　말하면 모름지기 지각하는 바가 있는 것에 해당시켜야 할 것이다.[至靜之時,
　　但有能知能覺者, 而無所知所覺之事. 此於易卦爲純坤不爲無陽之象. 若論復卦,
　　則須以有所知覺者當之, 不得合爲一說矣.]"는 설이라 주장한다. 『전서』 2책
　　94～95쪽, 『理學宗要』 6권.
78) 氣稟之偏, 難除. 釋氏云 "如水中鹽·色中膠, 取不出也." 『전서』 2책, 75쪽, 「이
　　학종요」 5권.

한 것에 대해서도 반론을 제기한다.

> 생각건대 여기서 물과 빛깔로 性을 비유하고 소금과 아교로 기질을 비유
> 하면 기질이 도리어 性 속에 있는 것이 되고, 소금과 아교로 性을 비유하고
> 물과 빛깔로 기질을 비유하면 性이 도리어 賓客이 되고 기질이 도리어 주인
> 이 된다. 하물며 소금과 아교는 끄집어낼 수 없지만 기질을 변화시키고 돌
> 이킬 수 있음에랴.[79]

기질과 本性을 분명히 구분하여 '本然之性'으로서의 性의 개념을 확립
하려는 한주의 의지를 읽을 수 있다.

2) 心性情 각론의 근거

앞 장의 心性情의 총론에서는 體·用을 아우른 心의 통합적 구조와
기능을 고찰했고, 여기서는 心·性·情 각각의 고유한 개념과 속성을 고
찰해 보기로 한다.

(1) 心 : 理와 主宰性

한주가 心卽理說을 주장한 主意가 心의 근원과 속성을 밝히는 것이라
한다면, 心의 속성을 밝히는 것은 心이 心이 되는 所以를 알아 학문의
방향을 바로 잡게 하는 데 그 목적이 있다고 할 수 있다.

한주는 「心卽理說」을 짓기 전에 「主宰圖說」을 지어 도면에서 上帝와
天을 가장 높은 위치에 올려놓았다. 心이 心이 되는 소이는 主宰性에 있다
고 본 것이다. 또한 한주는 『서경』「湯誥」의 '上帝之心'과 「咸有一德」의

---

79) 按此以水色比性, 鹽膠比氣質, 則氣質之性反在性中, 以鹽膠比性, 以水色比氣質,
   則氣質爲主而性反爲賓矣. 況鹽膠則取不出, 而氣質則可變可反者乎. 上同.

'天心'에서 心의 主宰性을 찾는데 이는 先秦儒家의 天·上帝의 개념에 心의 주재성을 연결한 것이다. 그리고 이어 『주역』復卦의 "復에서 천지의 心을 볼 수 있다.[復其見天地之心]"과 『예기』「禮運」의 "사람의 心은 천지의 心이다.[人者天地之心]"에서 心을 理로 볼 수 있는 근거를 찾는다.80) 이는 心의 理를 천지의 理에 연결시킨 것으로, 心性情의 근원을 우주의 理에 둔 것이라 할 수 있다. 이렇게 인간과 우주를 곧바로 연결하는 것은 오늘날의 관점에서는 매우 관념적, 추상적이라 논리의 비약이 심한 것처럼 보일 수 있지만 이것이 天人合一을 지향하는 宋代 性理學의 기본적인 思惟構造이므로 성리학자 일반에 있어서는 별로 이상할 것은 없다. 오히려 우리가 주목해야 할 것은 한주가 우주의 근원과 心性의 근원을 같은 맥락에서 파악하여 강력한 主理論의 토대를 구축하고 있다는 점이다.

한주는 이어서 先秦儒家에서는 理를 말하였지 氣는 말하지 않았다고 주장한다. 선진유가의 경서로는 가장 氣를 많이 언급한 『孟子』에 대해서도, 한주는 "『맹자』7편에는 원래 氣를 겸하여 心을 말한 곳은 없다.81)" 하고 여러 곳에서 그 증거를 제시하였다. 먼저 『맹자』「告子 上」의 "仁은 사람의 心이다.[仁, 人心也.]", "사람에게 있는 것에 어찌 인의의 心이 없겠는가.[存乎人者, 豈無仁義之心.]" 및 「盡心 上」의 "군자가 性으로 삼는 바는 인의예지가 心에 뿌리 내린 것이다.[君子所性, 仁義禮智根於心].]"를 설명하면서

> 心은 衆理가 모인 것이며 사람의 태극이다. 태극이 萬化의 根柢가 되므로 사람의 心도 四德이 근본하는 곳이 되니, 그 이치는 하나이다. 性은 다양한 情으로 발출하는 것이기 때문에 그 근본이 心에 있는 것이니, 心이 없으면 性이 없다. 요즘 세상 학자들이 心을 氣라 하여 性이 心地에 뿌리를 내리고 있다고 하는데 이렇게 되면 氣가 大本이 되어 理가 근본하는 곳이 될 것이

---

80) 『전서』 2책 77쪽, 『이학종요』 6권.
81) 孟子七篇, 元無兼氣言心處. 『전서』 2책 165쪽, 「이학종요」 10권.

니, 어찌 맹자의 뜻이겠는가.[82]

하였다. 태극은 理의 전체이고 性은 理의 조리가 나뉜 것이므로, 心은 理이지 氣가 될 수 없다는 논리이다. 한주는 태극이 우주의 모든 조화를 내는 것과 心이 性을 갖추고 온갖 情을 내는 것이 같다고 보았다. 이러한 견해에 따르면, 心卽氣說은 결국 理가 氣에 뿌리를 내리고 있다는 논리로 귀착될 수 밖에 없어 본말이 전도되고 마는 것이다.

또 한주는『맹자』의 良知·良能은 良心·良貴와 함께 놓고 그 뜻을 보아야 하는데 良心과 良貴가 이미 氣를 섞지 않고 理만을 말한 것이고 보면 양지와 양능 역시 理만을 말한 것이라 하면서,[83] 王陽明의 良知說을 비판하였다.[84]

그리고 한주는『논어』의「爲政」의 "나이 일흔에는 心이 하고자 하는 바대로 따라도 법도를 넘지 않았다.[七十而從心所欲不踰矩]"와「雍也」의 "顔回는 그 心이 석 달 동안 仁을 떠나지 않았다.[回也其心三月不違仁]' 는 心卽氣說의 근거가 될 수 없다고 반박한다.

　心이 하고자 하는 바가 있는 것은 情의 기미가 이미 드러난 것이고 心이 仁를 떠나지 않는 것은 道心이 主가 되기 때문이다. 이 두 章은 모두 心이 발한 곳에 나아가 말했기 때문에 天理의 실질을 넘지 않고 떠나지 않는다고 한 것이다. 후세의 心을 氣라고 하는 이들은 도리어 이를 근거로 주장하기를 '心이 과연 氣가 아니라면 다시 법도를 넘지 않고 仁을 떠나는 것을 기다릴 필요가 어디 있겠는가.'라고 하니, 그 설이 그럴듯하다. 그러나 법도

---

82) 心是衆理之總會而人之太極也, 太極爲萬化之根柢, 故人心爲四德之所根著, 其 理一也. 性是發出不同底, 故其本在心, 無是心則無是性, 世學以心爲氣而看作性 著根於心地, 如是則氣爲大本而爲理之所本, 豈孟子之旨哉?『전서』2책 83쪽, 「이학종요」6권.

83) 孟子所謂良知良能, 實與良心良貴互相發明, 良心良貴, 旣未嘗雜氣說, 則良知良 能, 豈獨故拈其從氣來者耶?『전서』2책 91쪽, 「이학종요」6권.

84) 본 논문 49~50쪽 참조.

[矩]와 仁은 心의 본체이고 하고자 하는 바[所欲]와 떠나지 않음[不違]은
心이 발한 곳이니, 발한 곳이 법도를 넘지 않고 仁을 떠나지 않는 것은 그
본체가 主宰하기 때문이다.[85]

心卽氣를 주장하는 쪽에서는 "心이 곧 理라면 굳이 성인이 아니라도
從心所欲不踰矩할 것이므로 心은 氣이다."라고 주장할 수 있다. 이는 주
로 心을 運用과 작용의 측면에서 파악한 것이라 할 수 있다. 반면 한주는
本體가 作用을 완전히 主宰한 상태를 '從心所欲不踰矩'로 보았다. 즉 心
의 客用은 없어지고 本然의 體用이 완전히 구현된 상태를 가리킨 것이다.
여기서 한주의 心卽理의 心과 心卽氣의 心이 분명히 다르다는 것을 알
수 있다. 한주는 心의 작용에서 氣의 존재를 인정하고, 이 氣의 부정적
측면인 客用이 극복된 상태를 心 본연의 상태인 성인의 경지로 본 것이다.

그래서 한주가 근거로 제시한 것이 『集註』章句의 胡氏說과 『어류』의
朱子說이다. 胡氏說에서는 從心所欲不踰矩의 경지를 "마음은 體이고 欲
은 用이며 體는 道이고 用은 義이다."[86] 하여 마음에 사욕이 전혀 없으면
體·用이 一理가 됨을 말하였다. 『어류』에서는 不違仁의 경지를 두고
"'이는 心과 理가 합하여 하나가 되는 것입니까?' 하자 주자가 '합하는
것이 아니라 心 그 자체가 仁인 것이다.' 하였다." 하였으니[87], 역시 心과
仁이 一理임을 밝히고 있다.

그런데 여기서 위 한주의 설에서 心이 발한 것을 心의 본체가 주재한다
는 것이 성리학의 논리에서 가능한가 하는 문제가 남는다. 이에 대해 한주
는 程子의 以心使心說을 입론의 근거로 제시하고, 주자의 설로 그 뜻을

---

85) 心有所欲, 則情幾以已著也, 心而不違, 則道心之爲主也. 幷就發處言心, 故言其
　　不踰不違於天理之實. 後之指心爲氣者, 反藉此爲說曰 "心果非氣則更何待不踰
　　於矩而不違於仁耶?" 說得似矣. 然矩與仁是心之本體, 所欲不違, 心之發處也. 發
　　處之不踰不違, 其本體有以主宰之也.『전서』2책 89～90쪽,「이학종요」6권.
86) 心卽體, 欲卽用, 體卽道, 用卽義.『論語集註』2권.
87) 問 "莫是心與理合而爲一?" 曰 "不是合, 心自是仁 ."『朱子語類』31권.

설명한다.

> 주자가 "心으로 心을 부린다는 것은 心에 主宰가 있고자 하는 것일 뿐이
> 다." 하였다.

陳安卿이 묻기를 "心으로 心을 부린다는 것은 道心이 일신의 주인이
되어 人心이 명령을 듣는 것입니까?" 하니 주자가 "그렇다. 그러나 程先
生의 뜻은 단지 心이 스스로 주재한다는 것을 말한 것일 뿐이다.[88]

> 道心이 주도권을 잡아 人心이 그 명령에 따르는 상태를 以心使心이라 할
> 수도 있지만 궁극에는 心의 전체인 태극의 주재 속에 모든 情이 자연스럽게
> 유출되는 상태를 가리킨다는 것이다. 心 본체의 속성이 主宰에 있음을 밝힌
> 것이다.

(2) 性 : 本然之性

앞에서도 여러 곳에서 고찰하였듯이 한주는 氣質之性은 性이 기질의
제약에 의해 변형되어 나타난 상태, 즉 이미 情으로 발출된 뒤의 상태를
가리켜 편의상 붙인 명칭일 뿐 性이 아니고, 性의 개념은 本然之性에 한정
하여 보아야 한다고 주장하였다. '氣質之性은 性이 아니다.', 이것이 한주
性論의 핵심이 된다고 할 수 있는 것이다.

성리학에서 본연지성은 곧 天命之性으로 우주의 보편적인 理가 인간에
내재한 것이다. 따라서 이를 본연지성의 순수성을 기질이 섞여 있는 인간
의 心 속에서 찾아내는 것은 인간이 성인이 될 수 있는 근거와 성인이
되기 위해 노력해야 하는 當爲를 제시하여 학문의 대본을 세우는 일이
된다. 이것이 한주가 기질지성을 性 개념에서 배제하고 性卽理만을 주장

---

88) 朱子曰 "以心使心, 只要此心有所主宰."
    陳安卿問 "以心使心是道心爲一身之主而人心聽命也." 曰 "亦是如此, 然程先生
    之意只是說自作主宰耳."『전서』2책 96쪽,「이학종요」6권.

한 이유이다.

한주는 『書經』 「湯誥」의 "위대하신 상제께서 下民에서 衷(中)을 내리시어 하민이 떳떳한 性을 가졌다.[惟皇上帝, 降衷于下民, 若有恒性.]", 『中庸』의 "하늘의 명한 것을 性이라 한다.[天命之謂性]", 『禮記』 「樂記」의 "사람이 태어나면서 고요한 것은 하늘의 性이다.[人生而靜, 天之性.]" 등에서 儒家 本然의 性이 天에서 온 것임을 밝힌다. 先秦儒家의 古經을 근거로 性의 순수한 혈통을 확인시킨 것이다.

그리고 『中庸』의 '天命之性'과 『孟子』의 '性善'

> 子思가 말한 天命의 性과 孟子가 말한 性善의 性, 이 두 性 자는 가리켜 말한 것이 理에 있지 氣에 있지 않다. 그러므로 純善無惡하다고 할 수 있는 것이다. 만약 理와 氣가 不相離하다는 까닭으로 氣를 겸하여 性을 말하려 하면 이미 性의 本然이 아니다.[89]

하여, 本然之性은 하늘로부터 받은 理로서, 氣質이 섞이지 않은 純善한 것임을 천명하였다. 理·氣가 不相離하다는 이유로 理만 가리켜 말한 곳에서 氣를 겸하여 말하여 그 本指를 혼동해서는 안 된다는 것이다.

이처럼 本然之性만을 性으로 인정할 경우 무엇보다 문제가 될 수 있는 것은 우선 程明道가 말한 '生之謂性'이라는 구절이다. 이에 대한 한주의 辨說이다.

> 세상에서 혹 明道가 말한 '生之謂性'을 미발 상태에서 기질 속에 떨어져 있는 性으로 여기는데 이는 도리어 그렇지 않다. 대저 性이란 본래 氣質 위에서 세워진 이름이니, 生을 받은 후에라야 性이라 부를 수 있고 보면 이는 기질 속에 나아가 그 理만을 가리킨 것이다. 이것이 곧 本然之性이다. 사물

---

89) 子思所謂天命之性, 孟子所謂性善之性, 此二性字, 所指而言者, 在理不在氣, 故可謂之純善無惡耳. 若以理氣不相離之故而欲兼氣爲說, 則已不是性之本然矣. 『전서』 2책 163쪽, 「이학종요」 10권.

이 이르러 기질이 用事하여 性이 氣質을 타고 발하면 그 발하는 것은 性의 圈域을 벗어나지 않지만 그 用은 이미 기질에 제약을 받게 되니, 이것이 기질지성이다. 어찌 미발 상태에서 아직 用事하지도 않은 기질을 잘못 끌어다가 性이라 할 수 있겠는가. "기질지성은 미발 상태에서의 기질만을 가리킨다."는 말은 아예 辨駁할 것도 못 된다.[90)

'生之謂性'은 원래 告子가 했던 말로, 孟子의 性善과는 상반된다. 이에 대해 주자는 "人・物의 知覺, 運動을 가리켜 말한 것이다. … 근세의 佛家에서 말하는 '作用이 바로 性이다.'라는 것과 대략 비슷하다." 하였거니와,[91) 고자의 뜻은 본능에서 유출하는 자연스러운 작용을 가리켜 "生의 본능을 性이라 한다." 했다고 볼 수 있다. 程明道는 이와는 조금 다른 각도에서 이 구절을 借用하여, 性이란 生과 함께 있는 것이므로, 氣를 떠나서 性이 따로 존재할 수 없다는 점을 강조하였다. 다소 장황하겠지만 정명도의 설을 인용하고 이에 대한 한주의 해설을 보자.

　　生을 性이라 하니, 性이 곧 氣이고 氣가 곧 性이라, 生을 말하는 것이다. 사람이 氣를 받아 태어나면 理에 선악이 있게 된다. 그러나 性 속에 원래 이 善・惡 두 가지가 상대하여 생겨나는 것은 아니다. 어릴 적부터 선한 사람도 있고 어릴 적부터 악한 사람도 있으니, 이는 氣稟 때문에 그러한 것이다. 善은 말할 것도 없이 性이지만 惡도 性이 아니라 할 수는 없다. 대개 生을 性이라 하니, '人生而靜' 이상은 말할 수 없다. 겨우 性이라 했다 하면 이미 性이 아니다. 무릇 사람이 性이라 하는 것은 단지 '繼之者善'을 말하는 것일 뿐이니, 맹자가 말한 性善이 이것이다. 무릇 '繼之者善'이라 하는 것은 물이 흘러서 아래로 내려가는 것과 같다. 물은 모두 물이다. 그러나 흘러서

---

90) 世或以生之謂性爲未發時墮在氣質之性, 此却未然. 夫性本是氣質上標名, 受生之後, 方喚做性, 則就氣質中, 單指其理, 此便是本然之性. 事物之至, 氣質用事, 性乘之而發焉, 其發不出於性圈, 而其用已囿於氣質者, 此便是氣質之性, 烏可以未發時不用事之氣質賺謂之性耶? 其言氣質之性, 專指未發時氣質者, 又不足深辨. 『전서』 2책 53쪽, 「이학종요」 4권.
91) 指人物之所以知覺運動者而言 … 與近世佛氏所謂作用是性者略相似. 『孟子集註』 告子章句 上 3장.

바다에 이르도록 끝내 더럽혀지지 않는 물도 있으니, 이는 人力으로 맑힐 필요가 있겠는가. 흘러서 오래 가기도 전에 이미 점점 흐려지는 물도 있고, 흘러 나와 매우 멀리 간 뒤에야 비로소 흐려지는 물도 있으며, 많이 흐린 물도 있고, 적게 흐린 물도 있다. 이처럼 물의 맑고 흐림은 같지 않으나 흐린 물을 물이 아니라 할 수는 없다. 이와 같고 보면, 사람이 물을 맑게 다스리는 공력을 들이지 않을 수 없다. 그러므로 힘을 쓰는 것이 빠르고 용맹한 사람은 빨리 맑아지고 힘을 쓰는 것이 느리고 태만한 사람은 늦게 맑아진다. 그러나 맑아짐에 미쳐서는 모두가 원초의 물이니, 맑음을 가져 와서 흐림과 바꾸어 놓는 것도 아니고, 흐림을 가져다 한 쪽에 두는 것도 아니다. 물의 맑음은 性善을 말하는 것이니, 진실로 善·惡이 性 속에서 두 물건이 되어 상대하여 각자 나오는 것이 아니다. 이 理가 天命이고 이에 순응하여 따르는 것은 道이다.[92]

우주에 遍在하는 보편적인 理와 人·物의 性은, 그 내용은 하나이지만 그 개념은 구별되어야 한다고 본 것이다. 그런데 위 인용문을 분석해 보면 서로 모순되는 두 가지 논리가 함께 전개되고 있음을 발견할 수 있다. '性이 곧 氣이고 氣가 곧 性이다.'와 '性 속에 원래 이 善·惡 두 가지가 상대하여 생겨나는 것은 아니다.', '어릴 적부터 선한 사람도 있고 어릴 적부터 악한 사람도 있으니, 이는 氣稟이 때문에 그러한 것이다.'와 '善은 말할 것도 없이 性이지만 惡도 性이 아니라 할 수는 없다.', '대개 生을 性이라 하니, '人生而靜 이상은 말할 수 없다.'와 '겨우 性이라 했다 하면

---

92) 生之謂性, 性卽氣, 氣卽性, 生之謂也. 人生氣稟, 理有善惡, 然不是性中元有此 兩物相對而生也. 有自幼而善, 有自幼而惡, 是氣稟有然也. 善固性也, 然惡亦不 可不謂之性也. 蓋生之謂性, 人生而靜以上, 不容說, 纔說性時, 便已不是性也. 凡人說性, 只是說繼之者善也, 孟子言性善是也. 夫謂繼之者善也者, 猶水流而就 下也. 皆水也, 有流而至海, 終無所汚, 此何煩人力之爲也. 有流而未遠, 固已漸 濁, 有出而甚遠, 方有所濁, 有濁之多者, 有濁之少者. 淸濁雖不同, 然不可以濁 者不謂水也. 如此則人不可以不加澄治之功, 故用力敏勇則疾淸, 用力緩怠則遲 淸, 及其淸也, 則卻只是元初水也. 亦不是將淸水來換卻濁, 亦不是取出濁水來置 在一隅也. 水之淸則性善之謂也, 固不是善與惡在性中爲兩物相對各自出來. 此 理, 天命也. 順而循之, 敎也. 『전서』 2책, 50~51쪽, 「이학종요」 4권.

이미 性이 아니다.' 등이 그러하다. 性이 곧 氣라면 善·惡으로 나뉠 요소
가 이미 性 속에 갖추어져 있는 셈인데 性 속에서 善·惡이 상대하여
나오는 것이 아니라 하였으니, 이는 性의 개념을 하나로 한정해 볼 경우에
는 자체 모순을 드러내는 것이다. 사람이 태어나면서부터 이미 善·惡이
나뉘는 것은 氣稟 때문인데 惡도 性이라 해야 한다면 이는 氣稟과 性을
하나로 본 것이 된다. 그리고 '生을 받은 뒤의 시점에서 性이라 할 수
있지 사람이 天命을 받아 태어나기 전의 시점에서는 性이라 할 수 없다'
고 해 놓고, '性이란 언어로 표현되었다 하면 이는 벌써 性이 아니다' 한
것도 모순이 아닐 수 없다. 이와 같이 정명도가 이미 性說에 개념의 혼동
을 야기할 요소들을 만들어 놓았고, 이것이 후세의 학자들이 해석의 각도
에 따라 다기한 학설을 전개하게 만들었던 것이다.

이에 대한 한주의 해설을 보자.

> 살펴보건대 生이란 知覺·運動을 두고 命名한 것이니, 告子는 이로써 性
> 을 삼았다. 그런데도 程子가 이를 가지고 說을 세운 것은 사람이 태어나면
> 이미 形氣가 있게 되고 자연스럽게 생동하게 되기 때문이니, 性이 形氣에서
> 發하는 것은 또한 맹자가 말한 입이 맛에 있어서의 性과 같은 것이다. 고자
> 의 이 말을 맹자가 처음에 곧바로 부정하지 않은 것은 이치가 통할 법하였
> 기 때문이다. 性이 바야흐로 氣를 타고 있고 氣는 性을 發할 수 있으니, 그
> 때문에 지각이 싹트고 情欲이 움직이는 것이다. 그래서 "性이 곧 氣이고 氣
> 가 곧 性이다."라 한 것이다.
>
> 性이 未發한 상태로 말하자면 一理가 渾然하여 氣가 用事하지 않고 단지
> 지각의 體만 있을 뿐이고 지각하는 바는 있지 않다. 性은 스스로 性이고 氣
> 는 스스로 氣이니, 둘을 섞어서 말할 수 없다. 그런데 지금 "性이 곧 氣이고
> 氣가 곧 性이다." 하였으니, 性이 發한 뒤에 氣와 서로 섞인 것이 분명하다.
> '사람이 氣를 받아 태어나면 理에 善惡이 있게 된다.'는 것은 처음 氣를 받
> 았을 때를 말한다. 이미 淸濁·粹駁이 사람마다 다르고 보면 그 형세상 반
> 드시 선악이 있게 마련이다. 그러나 이는 氣稟 때문에 생겨난 결과일 뿐 性
> 의 本然은 아니다. 그러므로 "性 속에 원래 이 善·惡 두 가지가 상대하여
> 생겨나는 것은 아니다." 한 것이니, 여기서의 性 자는 곧 未發의 眞體이다.
> '어릴 적부터 선한 사람도 있고 어릴 적부터 악한 사람도 있다.'는 것도 역

시 性이 발한 곳에서, 氣稟의 順逆에 의해 이러한 결과가 생긴 것을 본 것이다. 氣에 理가 없다면 善을 지어낼 수 없을 뿐 아니라 惡도 지어낼 수 없으니, 惡이란 性이 氣에 엄폐되어 그 善이 뒤집힌 것이다. 그러므로 "善은 말할 것도 없이 性이지만 惡도 性이 아니라 할 수는 없다." 한 것이다. 이렇게 本性에 없는 것[惡]을 性이라 한 것은 性이 발한 것도 性이기 때문이다.

'人生而靜 이상'은 사람이 아직 사물에 감응하지 않을 때 및 사람이 아직 태어나지 않았을 때이다. 대개 이 '生之謂性'은 天命을 받아 태어난 뒤의 시점에서 말한 것인즉 아직 태어나지 않았을 때는 이 性이 없는 것이다. 아직 사물에 감응하지 않았을 때에는 理가 主가 되고 氣는 用事하지 않아 知覺運動하는 바가 없으므로 生이라 하지 않는 것이니, 마치 乾坤의 性情, 陰陽의 健順 및 五行의 性, 元亨利貞 등을 이미 사람이 태어나기 전의 시점에서 말하는 경우처럼 이 性을 모두 性이라 할 수 없다는 뜻은 아니다. '겨우 性이라 했다 하면'이란 것은 겨우 이 生之謂性의 性을 말했다 하면 또한 性이 아니라는 것이다. 여기서의 性 자는 性의 본체로써 말한 것이니, 性이 곧 理이다. 食色의 性과 작용의 性으로 말하자면 그것이 어찌 본성이겠는가?

'繼之者善'은 공자가 天命의 流行이 '成性(成之者性)'의 앞에 있음을 말한 것이었는데, 程子는 이를 人性이 발한 곳에 놓고 말하였다. 性은 진실로 본래 善하나 그 善함은 역시 性이 發하는 곳에서 알 수 있다. 물이 흐르는 것이 곧 性이 발하는 곳이다. 性이 처음 발할 때에는 善하지 않음이 없으니, 이는 물이 아래로 흘러 내려가는 맑음이다. 물이 흘러서 바다에 이르도록 끝내 더럽혀지지 않는 것은 達道의 情이다. 물이 흘러 멀리 가지도 않아서 이미 점차 흐려지는 것은 天理가 流行하다가 氣稟의 구속을 받은 것이다. 물이 흘러 나와 매우 멀리 가서야 비로소 흐려지는 것은 善한 情이 直遂하다가 私意가 끼어든 것이다. 많이 흐린 것은 氣가 흐려 놓고 인욕이 熾盛한 것이며 적게 흐린 것은 氣가 덮어 가려서 理가 조금 치우친 것이다. 흐린 상태는 말할 것도 없이 물의 본체가 아니지만 물의 末流도 물이다. 惡은 말할 것도 없이 性에 있는 바가 아니지만 性이 발하는 곳도 性이다. 물을 맑게 하듯이 心性을 다스리는 공부는 氣質을 변화시켜 本性을 회복하는 것이다. 원초의 물은 하늘에서 받은 性이다. 性이 본래 善한 것은 물이 본래 맑은 것과 같으니 맑음은 밖에서 오는 것이 아니고 흐림은 안에서 나오는 것이 아니다. 마찬가지로 氣稟의 흐리고 雜駁함이 말끔히 제거되면 氣도 맑고 순수해지지만 性의 善함은 애초에 이 때문에 加減되는 것은 아니고 단지 구속되고 엄폐되는 병통이 없어질 뿐이다.[93]

93) 按生者有知覺運動之名, 告子以此爲性, 而程子從而立說者, 人生旣有形氣, 恁地生動, 性之發於形氣者, 亦孟子所謂口之於味之性也. 告子此言, 孟子初不直斥

위 정명도의 설의 문제점들에게 대한 한주의 해설을 정리해 보자. 정명도가 혐의적을 수 있는 告子의 설을 굳이 차용하여 "性이 곧 氣이고 氣가 곧 性이다."라 주장한 것은 性이 氣를 떠나 존재할 수 없고 氣를 통해 발현하기 때문이다.

그러나 性이 未發한 상태에서는 理만 있고 氣는 작용하지 않으므로, 분명 性과 氣는 구별되어야 한다. 그럼에도 불구하고 지금 性이 곧 氣라고 하였으니, 이는 미발 상태에서의 본연의 性이 아니고 性이 情으로 發하면서 氣와 섞인 것이다. 따라서 本然之性을 구속, 엄폐하고 있는 기질은 본연지성과 엄밀히 구별되어야 한다.

者, 理有可通故也. 性方乘氣, 氣能發性, 所以知覺萌而情欲動焉. 故以性卽氣氣卽性言之. 若乃性之未發, 則一理渾然, 氣不用事, 但有能知覺之體已, 未有所知覺也. 性自是性, 氣自是氣, 不可以雜言之也. 今曰 "性卽氣, 氣卽性." 則其爲發後相雜, 明矣. 人生氣稟, 理有善惡, 是言受氣之初. 已有清濁粹駁之不齊, 其勢必須有善惡. 然此乃氣稟所致, 而非性之本然. 故曰 "不是性中元有此兩物相對而生." 此性字乃其未發之眞體也. 自幼而善, 自幼而惡, 亦於性之發處, 見其氣稟之順逆而致得如此也. 氣而無理, 非惟做出善不得, 亦不能做出惡, 惡者性之揜於氣而反其善者也. 故曰 "性固善也, 惡亦不可不謂之性." 本性之所無而亦謂之性者, 性之發亦性故也. 人生而靜以上, 自人未感物時以至於未生時也. 蓋此生之謂性, 言之於被命受生之後, 則未生時, 無此性矣. 未感則理爲主而氣不用事, 未有所知覺運動, 而不謂之生也. 非謂此性之皆不可說, 如乾坤性情陰陽健順及五行之性元亨利貞已言於人生之前矣. 纔說性者, 纔說此生之性, 也不是性. 此性字, 以性之本體言, 性卽理也. 若乃食色之性作用之性, 豈是本性哉? 繼之者善, 夫子言天命之流行在於成性之前, 而程子則言之於人性之發處. 蓋性固本善, 而其善亦於發處可驗. 水之流, 便是性之發處, 性之初發, 亦無有不善, 此其就下之清也. 流而至海, 終無所污者, 達道之情也. 流而未遠, 固已漸濁者, 天理之行而氣稟之拘也. 出而甚遠, 方有所濁者, 善情之直遂而私意間之也. 濁之多者, 氣汩之而人欲熾也. 濁之少者, 氣蔽之而理微偏也. 濁固非水之本體, 而水之末流亦水也. 惡固非性之所有, 而性之發處亦性也. 澄治之功, 變化氣質以復其性也. 元初水者, 所稟於天之性也. 性本善, 如水本清, 清非自外至也, 濁非由中出也. 氣稟之濁駁者盡祛, 則氣亦清粹矣, 性之善, 初不以是加減, 而但無拘蔽之患耳. 『전서』 2책, 53쪽, 「이학종요」 4권.

'사람이 태어나면서 善·惡이 다른 것은 氣稟 때문에 생겨난 결과일 뿐 性의 本然은 아니다. 性은 곧 理이고, 이를 氣가 순응해 발현시켜 善을 만들고 이를 거역해 발현시켜 惡을 만든다. 따라서 惡도 당초에는 性이 발한 것이므로 그 내용은 理인데 단지 理가 기질에 구속 엄폐되어 제 구실을 못하고 있을 뿐이다.

'人生而靜 이상'은 두 가지 時點에 놓고 볼 수 있다. 그 본래 의미는 물론 사람이 아직 태어나기 전의 시점, 그러니까 우주의 보편적인 理가 개체의 氣 속에 들어오기 전의 상태를 가리키는 것이지만, 사람이 아직 사물에 감응하지 않을 때, 未發의 시점도 氣가 작용하지 않고 理만 渾然하므로 이에 해당시켜 볼 수 있다. 따라서 이 시점에서는 '生之爲性'과 같은 본능의 性·기질의 性은 없고, 天命之性·本然之性만 性으로서 존재하는 것이다. '겨우 性이라 했다 하면 이미 性이 아니다.'란 것은 生之謂性의 性과 같이 氣質을 통해 현실에 나타난 性은 이미 性의 本然은 아니라는 뜻이다.

한주의 생각은 未發의 純善한 상태이든 이발의 변형된 상태이든, 性은 어디까지나 氣과 구별해서 그 개념을 정립해야 하고, 性의 발현에서 氣의 영향을 중시하여 '變化氣質'의 공부를 위해 氣의 속성을 밝히는 과정에서 생겨난 개념인 氣質之性을 곧바로 性으로 간주해서는 안 된다는 것이다. 이러한 한주의 性論은 정명도의 물의 비유를 해설한 곳에서 매우 명료하게 표현되어 있다.

물의 속성이 본래 맑듯이 性도 본래는 純善한 理이며, 기품과 물욕으로 흐려진 상태에서 그 흐림은 性이 아니나 그 흐려져 있는 것은 性이다. 性이 유출된 것이 情이므로, 情이 아무리 기품과 물욕에 흐려져 있다 하더라도 그 내용은 어디까지나 純善한 性이다. 기품과 물욕이 性을 구속하고 엄폐하여 흐려 놓았다 할지라도 그것은 어디까지나 기품과 물욕이 하는 일이지 本然의 性과는 아무 상관이 없다. 물의 맑음은 내면에 固有한 本然

의 맑음이요, 흐림은 내면에서 나오는 것이 아니라 외부에서 오는 것이므로, 아무리 오물로 흐려진 물이라 할지라도 오물이 여과되고 침전되면 물은 본래의 맑음을 회복하는 것과 같은 이치이다.

한주는 또 『孟子』의 「盡心 上」의 "形色은 천성이니, 오직 성인이라야 형색을 실천할 수 있다.[形色天性也, 惟聖人然後可以踐形.]"를 해석하면서 "告子는 食色을 性으로 여겼으니 이는 理를 氣로 인식한 것이고, 맹자는 形色을 천성이라 하였으니 이는 氣에 나아가 理를 본 것이다."[94] 하였다. 理가 氣를 통해 발현한 것이므로, 보이는 것은 형색이지만 그 내용은 理라는 것이다.

따라서 한주는 남당 한원진과 같이 기질을 性의 개념에 넣은 것은 오히려 性의 본질을 훼손할 뿐이라고 생각하였다.

> 근세에 性을 말하는 이들은 매양 氣質之性을 性의 當體로 삼고서 天命之性으로 가려서 덮는다. 그러고는 이어 '性善의 性은 極本窮源한 것으로 실제 사람의 분수에는 절실하지 않다' 하고는 선악이 일정하지 않은 것을 사람과 만물이 가지는 性으로 간주한다.[95]

'極本窮源'은 현상계에 존재하는 사물에서 그 이면을 궁극까지 파고들어서 그 근원을 찾는 것으로, 이렇게 하여 얻어진 진리는 이미 個體에서 감각할 수 있는 것이 아니라 우주의 보편적인 理이므로 그것을 그대로 현실에 적용해서는 무의미하다는 것이다. 이렇게 되면 결국 天命之性·本然之性은 추론을 통하여 관념으로만 想定할 수 있는, 현실 저 너머에 존재하는 가상의 개념일 뿐인 것이 된다. 한주의 생각은, 이렇게 되면 결

---

94) 按告子以食色爲性, 是認氣而爲理, 孟子言形色天性, 是卽氣而見理. 『전서』 2책 60쪽, 「이학종요」 4권.
95) 近世言性者, 每以氣質之性爲性之當體, 而天命之性虛作遮蓋, 因謂性善之性, 極本窮源, 不切於己分, 而善惡不齊者作人物所有之性. 『전서』 2책 49쪽, 「이학종요」 3권.

국 本性이란 것은 아무런 권능도 없으면서 尊位만 차지하고 있는 유명무
실한 존재가 되고, 오히려 본성을 순순히 실현시킬 수도 있고 구속 엄폐시
킬 수 있는 작용을 하는 氣質이 性의 자리를 차지하게 된다고 우려한 것이
다. 性이란 그 내용이 理임으로 해서 존귀한 것인데, 명목상으로만 존귀할
뿐 모든 실권을 氣에게 넘겨준다면, '無爲而無不爲'해야 할 理가 실로 無
爲한 것에 그치고 말아 理學를 표방할 까닭이 없어지고 만다고 보았던
것이다. 한주는 이러한 취지에서 性이 발하여 情이 되는 과정에서 氣質의
작용에 의해 변한 것을 가리켜 입론한 南塘 韓元震의 人物性異論과 같은
것은 원래 儒家 본연의 性論에 위배된다고 주장한 것이다.

그리고 한주는 氣質之性은 기실 맹자의 本旨가 아니라 후세에 나온 것
이라 하였다.

> 荀卿의 性惡說과 揚雄의 善惡이 함께 섞여 있다는 설과 胡氏의 선악이
> 본래 없다는 설이 어지럽게 나오면서 맹자의 性善의 뜻이 어두워져 버렸다.
> 이에 程子·張子 두 분 선생이 비로소 性이 발하는 곳에서 氣質 두 글자를
> 잡아 내자 善·惡이 일정하지 않은 것은 모두 氣稟의 탓으로 돌아가고 性
> 의 본체가 그 純善함을 보존할 수 있게 되었으니, 이는 참으로 斯文에 큰
> 공이 있는 것이다.[96]

荀子와 揚雄의 설은 理보다 氣稟의 작용을 중시하여 性을 정의한 것이
고, 胡宏의 性無善惡說은 불교의 眞性·空性의 영향을 받은 것인데, 이러
한 性論들은 분명 맹자의 性善說에 위배되는 것이다. 程子와 張橫渠에

---

96) 荀卿之性惡, 揚雄之善惡混, 胡氏之性無善惡, 紛然雜出, 而孟子之旨晦矣. 程張
二先生始於性之發處, 拈出氣質二字, 善惡之不齊, 咸歸於氣稟, 而性之本體, 得
保其純善, 是誠大有功於斯文, 而猶嫌氣質之無主名, 借才而發其意曰 "性出於
天, 才出於氣, 氣淸則才淸, 氣濁則才濁, 才則有善不善." 又曰 "載稟於氣, 氣有
淸濁, 稟其淸者爲賢, 稟其濁者爲愚, 這才字, 恰似說資稟, 非才之本色也." 朱子
引下說於集註圈外, 以補其餘意, 而申之曰 "此說才字, 與本文少異, 兼指其稟於
氣者言之." 『전서』 2책 138쪽, 「이학종요」 9권.

와서 性에 氣質이란 말을 사용하기 시작하였는데, 이는 氣質之性을 本然
之性의 하위 층차에서 性으로 인정한 것이 아니라 性이 善·惡의 다양한
형태로 표출되는 것은 기질의 탓일 뿐 性 본연의 善은 언제나 自如하다는
것을 밝히는 데 그 목적이 있었다는 것이다.

또 한주는 『孟子』의

> 입이 맛에 있어서와 눈이 색깔에 있어서와 귀가 소리에 있어서와 귀가
> 냄새에 있어서와 사지가 안일에 있어서는 性이나 命이 있으니 군자는 性이
> 라 하지 않는다. 仁이 부자에 있어서와 義가 君臣에 있어서와 禮가 賓主에
> 있어서와 智가 賢者에 있어서와 聖人이 天道에 있어서는 命이지만 性이 있
> 으니 군자는 命이라 하지 않는다.[97]

를 해석하면서,

> 귀·눈·입·코·四肢는 형체이고 소리·색깔·냄새·맛·안일은 形
> 氣에 속한 일이며, 그 욕구는 情의 사사로움이다. 仁義禮智는 性이고 父
> 子·君臣·賓主·賢者·天道는 性命에 속한 일이며 그 心은 情의 바름이
> 다. 주자가 『중용』 서문에서 形氣之私와 性命之正으로 나누어 人心·道心
> 을 말한 것은 그 始源이 여기서 나왔다.[98]

하여, 육신의 감각에서 생기는 본능적인 욕구는 生來의 고유한 속성이므
로 性인 듯하지만 사사로운 情에 속하는 것이므로 性이 아니고, 仁義禮智
는 天命에서 나온 이치로 인간에 한정되는 性이 아닐 듯하지만 바른 情에

---

97) 口之於味也, 目之於色也, 耳之於聲也, 鼻之於臭也, 四肢之於安佚也, 性也, 有
命焉, 君子不謂之性也. 仁之於父子也, 義之於君臣也, 禮之於賓主也, 智之於賢
者也, 聖人之於天道也, 命也, 有性焉, 君子不謂之命也.

98) 耳目口鼻四體, 形也, 聲色臭味安佚, 事之屬乎形氣者, 而其欲則情之私也. 仁義
禮智, 性也, 父子君臣賓主賢者天道, 事之屬乎性命者, 而其心則情之正也. 朱子
中庸序以形氣之私性命之正分言人心道心者, 其源蓋出於此. 『전서』 2책 162~
163쪽, 「이학종요」 10권.

서 나온 것이므로 性이라 하였다. 이 또한 氣質과 性을 엄밀히 구별해 놓은 것이다.

> 『禮記』「樂記」에 "物에 감응하여 움직이는 것은 性의 욕구이다." 하였는데 세상 사람들은 性의 욕구를 性으로 여기고 있다. 『書經』「大禹謨」에서 말한 人心은 또 知覺이 形氣에서 발한 것인데 세상 사람들은 인심도 性에서 근원한다고 하여 대뜸 性이라 하니, 이는 진실로 군자가 性으로 여기지 않는 것이다.[99]

사물에 감응하여 생겨나는 욕구는 性의 本然이 直遂한 것이 아니라 대상에 이끌려서 나온 것이므로, 그것을 性의 本來面目이라 여겨서는 안 된다는 것이다.

따라서 한주로서는 단지 性이 기질에 구속 엄폐된 상태를 가리켜 임의로 붙인 명칭인 기질지성을 性으로 인정하여 흡사 두 층차의 性이 있는 것처럼 되는 것을 용인할 수 없었다.

> 사사로운 形氣의 私를 많은 사람들이 性으로 착각한다. 形은 耳目口鼻와 四肢이고 氣는 단지 視聽言動과 호흡이며 私는 단지 聲色臭味와 安佚이니, 이는 모두 外物이다. 어찌 스스로 發하여 情이 될 수 있으리오. 그렇지만 形氣가 감촉하면 心氣가 이에 應하여 理가 氣를 因하여 發함에 氣機가 도리어 重해진다. 그러나 性命의 바름은 모르지기 達道 상에서 認知해야 한다.[100]

性이 形氣에 엄폐되고 外物에 拘引된 상태를 性이라 하면 性의 本然은 관념 속에서만 존재하는 공허한 것이 되고 心中의 변화에서 感知할 수

---

99) 樂記曰 "感於物而動者, 性之欲, 而世人以性之欲爲性, 禹謨所謂人心, 又是知覺之發於形氣者, 世人以人心之亦原於性也, 而便謂之性, 此固君子之所不以爲性者也. 『전서』 2책 71쪽, 「이학종요」 5권.

100) 形氣之私, 人多錯看, 形是耳目口鼻四體, 氣只是視聽言動呼吸, 私只是聲色趣味安佚, 此皆外物, 安能自發爲情. 但形氣所感, 心氣便應, 理因氣發, 氣機反重, 若乃性命之正, 則須於達道上認取. 『전서』 4책 122쪽, 「구지록」 4권, 中庸箚義.

있는 氣를 理로 오인할 수 있으니, '發而皆中節'하는 達道의 情을 통하여
性의 實在를 분명히 파악해야 학문의 근본이 설 수 있다는 것이다.

(3) 情 : 理發一途

앞에서도 언급하였거니와 한주의 心卽理說에서 당시 학계로부터 가장
혹독한 비판을 불러 올 소지를 안고 있었던 것이 七情理發說이었다. 情이
理發이라고 한다면, 마음의 자연스러운 작용에 맡겨두면 될 뿐 더 이상의
인위적인 공부는 필요치 않다는 식인, 陸象山・王陽明 類의 心學의 논리
가 성립될 수 있기 때문이다. 또한 이는 마음의 작용, 그대로가 眞性의
유출이라고 하는 佛家의 '作用是性'에 귀착될 수도 있어 성리학의 입장에
서 보면 매우 위험한 주장이 될 수도 있다. 따라서 한주로서는 그 입론의
근거를 더욱 명확히 제시하지 않으면 안 되었다.

한주는 먼저『周易』에서 天地萬物의 情이 理發일 수 있는 근거를 찾는
다. 한주는『周易』咸卦 象傳의 "그 感應하는 바를 봄에 천지 만물의 情을
보리라.[觀其所感而天地萬物之情, 可見矣.]", 恒卦 象傳의 "그 恒常하는
바를 봄에 천지 만물의 情을 보리라.[觀其所恒而天地萬物之情可見矣.]",
大壯卦 象傳의 "正大함에서 천지의 情을 보리라.[正大而天地之情, 可見
矣.]",萃卦 象傳의 "그 모이는 바를 봄에 만물의 情을 보리라.[觀其所聚而
萬物之情, 可見矣.]" 등에서 天地萬物의 情이 理發일 수 있는 근거를 찾는
다.[101]

그리고 한주는 이『周易』의 설을 理發로 해석할 수 있는 근거로 雲峰
胡氏의 설을 제시한다.

> 咸卦의 情은 통하고 恒卦의 정은 오래고 萃卦의 정은 모인다. 그러나 그
> 느껴 통하는 소이와 오래 가는 소이와 모이는 소이에는 모두 理가 있으니,

---

101)『전서』2책 129쪽, 「이학종요」9권.

무릇 천지만물의 정으로서 볼 수 있는 것은 바로 이 理를 볼 수 있는 것이
다.102)

현상계에 나타나는 천지만물의 정은 모두 理가 나타난 것이라는 뜻이
다. 이에 대해 한주는

> 살펴보건대 情은 已發의 理이다. 그러므로 聖人이 贊易할 때 모두 理로써
> 情을 말하였다.

하여, 情이란 술어 자체가 '理가 발한 것'이란 뜻으로 풀이될 수 있는 가능
성이 이미 先秦 古經에 열려 있다고 주장했다.

인간의 性情을 우주의 운행의 보편적인 섭리와 동일한 맥락에 놓은 것
이다. 이는 天人一理라는 儒家의 근본 사상에 근거한 것이므로, 논리적으
로는 문제될 것이 없으나 인간의 심성의 문제를 천지만물에 곧바로 대입
했다는 점에서 보다 정밀한 입론의 과정을 두지 않으면 논리의 연결이
거칠다는 비판을 받을 수 있을 것이다. 그러나 한주가 이러한 설을 인용한
것은 天命之性과 本然之性의 순수성을 확보하는 데 그 목적이 있었기 때
문에 우주의 性과 인간의 性의 차이를 자세히 설명한 곳은 보이지 않는다.
이 점은 인간의 性에서 기질의 역할을 중시하였던 南塘 韓元震과 매우
다르다.

그리고 인간의 情으로 넘어와서 한주는 理發說의 始原을 『禮記』「樂記」의

> 사람이 태어나면서 고요한 것은 하늘의 性이요 外物에 감촉하여 動하는
> 것은 性의 욕구이며 사물이 이르러 智가 그것을 안 뒤에 好惡가 나타난
> 다.103)

---

102) 咸之情通, 恒之情久, 萃之情聚. 然其所以感, 所以久, 所以聚, 皆有理存焉. 凡
天地萬物之情可見者, 乃此理之可見也. 上同.
103) 人生而靜, 天之性也. 感於物而動, 性之欲也. 物至知知, 然後好惡形焉.

에서 찾는다. 이에 대한 주자의 註는

> '사람이 태어나면서 고요한 것은 하늘의 性'이란 사람이 처음 태어나 외
> 물과 감촉이 없을 때에는 온전히 天理라는 것이요, '外物에 감응하여 動하
> 는 것은 性의 욕구'란 외물과 감촉했을 때에는 곧 이 理가 발한 것이라는
> 것이다.[104]

하였으니, 바로 한주의 性情說의 입론 근거가 된다.

> 性이 動함에 반드시 그 氣를 타는데 외물에 감촉하여 생기는 욕구를 주
> 자는 곧 '이 理가 발한 것'이라 하였은즉 비록 氣를 따라 일어난다는 측면
> 에서 보더라도 七情을 竪看하면 理發이 되는 데 문제가 없다. 더구나 '欲'
> 한 字에도 당연한 법칙이 있어 氣와 섞이지 않고 순수히 발하는 것이 있음
> 에랴.[105]

굳이 『中庸』의 達道가 아니라, 善一邊만을 剔出한 四端과 상대되는 七
情일지라도, 竪看하여 그 본연의 모습을 보면 理發이라는 주장이다. 性이
발하는 주체이므로, 性을 등에 태우고 다니는 氣가 날뛰어 性이 주인으로
서의 권능을 잃더라도 주인은 어디까지나 주인이라는 것이다.

그리고 한주는 다른 입론 근거를 『孟子』「告子 上」 6장에서 찾는다.

> 公都子가 性善에 대해 물으니, 맹자가 말하기를 "그 情으로 말하자면 善
> 을 할 수 있게 되어 있으니, 이것이 내가 善하다고 하는 것이다. 不善을 하
> 는 것으로 말하자면 그 才의 죄가 아니다." 하였다.[106]

---

104) 人生而靜天之性者, 言人生之初, 未有感時, 便是渾然天理也. 感物而動性之欲
　　　者, 言及其有感, 便是此理之發也. 『전서』 2책 135쪽, 「이학종요」 9권.
105) 性之動, 必乘其氣, 而感物之欲, 朱子謂便是此理之發, 則雖以從氣言之, 七情竪
　　　看而不害爲理發. 況欲之一字, 亦有當然之則, 有純然不雜於氣而發者乎? 『전서』
　　　2책 136쪽, 「이학종요」 9권.
106) 公都子問性善, 孟子曰 "乃若其情則可以爲善矣, 乃所謂善也. 若夫爲不善, 非

이에 대해 주자의 章句에서는 "情이란 性이 動한 것이다. 사람의 情은
본래 善을 할 수 있고 惡은 할 수 없게 되어 있으니, 이를 통해 性이 본래
善다는 것을 알 수 있다.[107]" 하였다. 그런데 문제는 程伊川이

> 性은 天에서 나오고 才는 氣에서 나온다. 따라서 氣가 맑으면 才도 맑고
> 氣가 흐리면 才도 흐리다.[108]
>
> 氣가 맑으면 才가 善하고, 氣가 흐리면 才가 惡하다.[109]

한 데 있다. 伊川의 이 설에 따르면, 情은 本然의 상태에서도 이미 理發이
될 수 없다. 이에 한주는 주자의 설을 논거로 제시하여 이천의 설은 맹자
의 本意와 다르다는 것을 설명한다.

> 주자가 말하기를 "여기서 才 자를 말한 것은 『孟子』의 본문과 다르다. 맹
> 자는 性에서 發한 것만을 가리켜 말하였기 때문에 '才는 善하지 않음이 없
> 다'고 하였다. 정자는 氣에서 稟受한 것까지 겸하여 말했은즉 사람의 才에
> 는 진실로 昏明·강약의 차이가 있게 마련이니, 張橫渠가 말한 氣質之性이
> 바로 이것이다. 이 두 설이 각각 타당한 이치가 있으나 사리로 살펴 보면
> 정자의 설이 보다 정밀하다. 대개 기질의 품수한 바는 비록 不善이 있을지
> 라도 性이 본래 善한 것에는 문제가 되지 않으며, 性이 비록 본래 善할지라
> 도 省察·克治의 공부가 없어서는 안 되는 것이다.[110]

才之罪也.『전서』2책 136쪽,「이학종요」9권.

107) 情者性之動也. 人之情, 本但可以爲善, 而不可以爲惡, 則性之善可知矣. 上同.

108) 性出於天, 才出於氣. 氣淸則才淸, 氣濁則才濁, 才則有善不善.『전서』2책
137쪽,「이학종요」9권.

109) 氣淸則才善, 氣濁則才惡. 上同.

110) 朱子曰 "此說才字, 與孟子本文少異. 蓋孟子專指其發於性者言之, 故以爲才無
不善. 程子兼指其稟於氣者言之, 則人之才, 固有昏明强弱之不同矣. 張子所謂
氣質之性, 是也. 二說各有所當, 然以事理玫之, 程子爲密. 蓋氣質所稟, 雖有不
善, 而不害性之本善, 性雖本善, 而不可以無省察克治之功.『전서』2책 137쪽,
「이학종요」9권.

맹자는 본성만을 가리켜 性善說을 주장했고, 程子는 性을 말하면서 본
성과 함께 본성이 기질에 제약된 상태를 가리키는 氣質之性을 말하였다.
따라서 才를 말하는 경우에는 맹자와 정자의 설이 다소 다르게 나타나는
것이 당연하지만, 정자는 省察·克治의 공부를 착수할 단서를 마련하기
위하여 기질의 영향을 받는 측면을 강조해 말한 것일 뿐 본연의 才가 기질
에서 나와 善惡이 있다고 한 것은 아니라는 것이다. 여기서 才의 개념을
밝히고 갈 필요가 있다.

> 氣는 감히 하는 것이고, 才는 능히 하는 것이다.[111]
> 才는 어떤 곳에서나 그 字義가 다 같으니, 능히 하는 것을 才라 한다.[112]

한주가 인용한 『朱子語類』의 주자 설이다. 이에 의거해 본다면, 才는
무언가를 할 수 있는 속성이라 볼 수 있으며, 『孟子』에서의 才는 情을
내는 性의 속성으로 정의될 수 있을 듯하다. 따라서 '不善을 하는 것으로
말하자면 그 才의 죄가 아니다.'한 맹자의 말은 情을 내는 性의 속성은
본래 善을 하게끔 되어 있다고 한 셈이 되는 것이다.

한주는 이 밖에도 『朱子語類』에서 주자의 晩年說들을 많이 뽑아 자신
의 논거로 제시하고 있는데, 몇 조목만 인용하겠다.

> "才는 氣에서 나오고 德은 性에서 나온다." 한 程子의 말에 대해 물으니,
> 주자가 "그렇지 않다. 才도 性에서 나오며, 德도 이 氣가 있은 뒤에 이 德이
> 있다. 사람이 才를 가진 자는 그 才를 내어 사업을 하는데 그 또한 그의 性
> 에 그 才가 본래 있었던 것을 내어서 사업을 한 것이다." 하였다.--蘷孫錄 丁
> 巳(1197년. 주자 68세)[113]

---

111) 氣是敢做底, 才是能做底. 上同.
112) 才是一般, 能爲之謂才. 上同.
113) 問 "才出於氣, 德出於性." 曰 "不可. 才也是性中出, 德也是有是氣而後有是德. 人
    之有才者, 出來做得事業, 也是它性中有了, 便出來做得."(蘷孫錄 己巳後) 上同.

才도 당초에는 善하지 않음이 없으나 氣稟에 선악이 있는 연유로 그 才에도 선악이 있게 된다. 맹자는 같다는 측면에서 말했기 때문에 性에서 나온다 하였고, 정자는 다르다는 측면에서 말했기 때문에 氣에서 稟受한다 하였다.--甲寅(1964년 주자 65세)[114]

맹자가 才를 말한 것이 性을 말한 것과 꼭 같아 극진하게 말하지 않았기 때문에 荀子와 揚雄의 설을 야기했다. 程子·張子에 이르러 氣 자를 말한 뒤에야 그 설이 극진하게 되었다.[115]

才는 자질인데 역시 善하지 않음이 없다. 비유컨대 흰 색의 물건은 다른 색에 물들기 전에는 단지 흴 뿐인 것과 같다.[116]

기품과 본성을 엄밀히 구분하여 才의 本然을 性에 귀착시키고 才의 속성을 善에 귀착시켰다. 그리고 한주는 맹자의 견해를 부연 설명한다.

살펴보건대 맹자가 情을 말하고 才를 말한 것은 극히 적절하고 타당하다. 情은 已發한 理이니, 그 근본은 본래 善하나 氣에 엄폐되어 惡으로 흘러가는 것이 없을 수 없다. 그러므로 단지 "善을 할 수 있다."고만 한 것이다. 才는 性에서 나오니 역시 理의 能然한 것이다. 따라서 그 근본은 역시 不善이 없으나 惡한 氣가 그 才를 도리어 惡을 하는 데 쓴다. 그러므로 "不善을 하는 것은 才의 죄가 아니다." 한 것이다. 가사 질문을 잘하는 이가 다시 묻기를 "情은 善을 할 수 있게 되어 있다면 惡을 하는 사람들이 많은 것은 어째서입니까? 才의 죄가 아니라면 누구의 죄입니까?" 했다면 맹자는 필시 "물욕이 본성을 陷溺하여 그렇다." 했을 것이요, 또 묻기를 "性이 이미 善한데 물욕이 어떻게 하여 함닉할 수 있는 것입니까?" 했다면 필시 "氣稟이 좋지 못하여 물욕을 야기한다." 했을 터인데, 극진히 질문하는 이가 없어 그 설을 다 마치지 못한 것이 애석하다.[117]

---

114) 才之初亦無不善, 緣佗氣稟有善惡, 故其才亦有善惡. 孟子自其同者言, 故以爲出於性. 程子自其異者言之, 故以爲稟於氣.(廣錄 甲寅後) 上同.

115) 孟子言才, 正如言性, 不曾說得殺, 故引出荀揚來. 到程張說出氣字, 然後說殺了(士毅錄)『전서』2책 138쪽, 「이학종요」9권.

116) 才是資質, 亦無不善. 譬物之白者, 未染時只是白也.(德明錄 癸巳後) 上同.

性은 본래 善하므로 그 性의 能然, 즉 그 무언가 할 수 있는 가능성 역시 그 趨向이 善 쪽으로 갈 수 밖에 없으며, 다만 좋지 않은 氣稟이 물욕을 야기하고, 그 물욕이 性을 陷溺하면 性의 能然인 才도 惡한 방향으로 轉用될 수 있다는 것이다. 한주는 「才字說」을 지어 性·才·情의 관계를 자세히 설명하고는 끝으로 다음과 같이 簡約하게 결론을 내린다.

> 이다만 "性은 不善이 없으나 氣가 구속하면 善이 遂行하지 못하고, 情은 본래 善을 할 수 있으나 氣가 엄폐하면 惡으로 흘러가니, 不善을 하는 것은 才의 죄가 아니라 惡한 氣가 그 才를 不善에 썼을 뿐이다." 하면 충분할 것이다.[118]

그리고 논거로 제시된 것은 역시 『孟子』「四端章」이다. 한주는 먼저 『孟子集註』章句의 "그 情이 발하는 것을 인하여 본연의 善을 볼 수 있다.[119]"와 그 小註의

> 惻隱은 본래 情이고 仁은 본래 性이니, 性은 곧 道理이다. 仁은 도리어 愛의 理이니 이것이 發해야 비로소 惻隱이 있고, 義는 도리어 羞惡의 理이니 이것이 發해야 비로소 羞惡가 있고, 禮는 도리어 辭讓의 理이니 이것이 發해야 비로소 辭遜이 있고, 智는 도리어 是非의 理이니 이것이 發해야 비로소 是非가 있다.[120]

---

117) 按孟子言情言才, 極有稱停. 情是已發之理, 其本固善而不能無掩於氣而流於惡者, 故但曰 "可以爲善." 才出於性, 亦理之能然者也, 其本亦無不善, 而氣之惡者反用其才於爲惡, 故曰 "爲不善, 非才之罪." 假使善問者更問 "情可以爲善, 則人之爲惡者衆, 何歟? 非才之罪, 則是誰罪歟?" 則孟子必以物欲陷溺答之. 又問 "性旣善, 則物欲緣何而能陷溺?" 必曰 "氣稟不美, 引惹得物欲來." 惜無竭其兩端者, 不得竟其說耳. 上同.

118) 但曰 "性無不善, 而氣拘之, 則善不遂. 情可爲善, 而氣掩之, 則流於惡. 爲不善者, 非才之罪, 而氣之惡者, 用其才於不善."云, 則足矣. 『전서』 2책 139쪽 「이학종요」 9권.

119) 因其情之發, 而本然之善, 可得而見. 上同.

120) 惻隱自是情, 仁自是性, 性卽是這道理. 仁却是愛之理, 發出來, 方有惻隱. 義却

한 설 등 주자의 설들을 근거로 理發說의 타당성을 증명하고 畿湖學派
의 氣發說을 비판하였다.

> 맹자가 情을 心이라 한 것은 心의 用을 드러내기 위해서였다. 仁義禮智는
> 理이고, '端'은 그것이 發한 것이다. 四情이 理發이라는 것은 맹자가 이미
> 말하였고 주자도 이를 논함에 네 개의 '理發' 字로 분명히 그 뜻을 제시하였
> 다. 그런데도 근세에 느닷없이 사단이 氣發이라는 주장이 나왔다. 仁義禮智
> 는 氣라고 할 수 없기 때문에 心 字가 氣가 된다는 것을 빌어 그 주장을 편
> 것이다. 그러나 '仁之端'이니 '義之端'이니 했다 하면 벌써 理가 발한 것이
> 됨은 의심할 여지가 없으니, 理가 발한 것도 역시 理인 것이다. 어찌 理가
> 발하여 氣가 되는 이치가 있겠는가. 다만 理가 발함에 반드시 氣를 타며, 氣
> 가 드러나면 理도 그에 따라 더욱 드러날 뿐이다.[121]

위에서 인용한 『孟子集註』 小註의 주자 설에서 이미 '이것[理]가 發해
야 惻隱·羞惡·辭讓·是非가 있다.'고 분명히 말했으니, 四端이 理發임
은 부정할 수 없다는 것이다. 七情도 그 본연의 상태는 理發이라 한 한주
이고 보면, 사단에 대해서는 더 설명할 필요도 없을 것이다. 끝으로 理發
說에 대한 한주의 총론으로 결론을 대신한다.

> 살펴 보건대 理發의 설은 「樂記」에 시원을 둔다. 그리고 주자가 또 일찍
> 이 『논어』 註에서 드러내어 "四時가 운행하고 百物이 성장하는 것이 모두
> 天理의 발현이 아님이 없다." 하였으며, 『중용』의 鬼神을 논하여 "이는 모
> 두 實理가 발현한 것이다." 하였으며, 『맹자』의 性善을 논하면서 역시 理가
> 발한 곳에 나가서 말하였으며, 『通書』의 誠幾說을 해석하면서 "實理가 발현

是羞惡之理, 發出來, 方有羞惡. 禮却是辭讓之理, 發出來, 方有辭遜. 智却是是
非之理, 發出來, 方有是非. 『전서』 2책, 139~140쪽, 「이학종요」 9권.

121) 孟子以情爲心之所以著, 心之用也. 仁義禮智, 理也, 端, 其發也. 四情之爲理發,
    孟子已言之矣. 朱子論此亦以四箇理發字端的揭示, 而近世忽有四端氣發之論.
    仁義禮智則不可謂之氣, 故乃借心字爲氣以伸其說. 然纔說仁之端, 義之端, 其
    爲理之發, 無疑. 理之發亦理, 豈有理發而爲氣者乎? 特理之發, 必乘氣, 氣旣
    著, 而理益顯耳.

한 단서"라 하고 또 "사람 마음의 은미한 곳에서 움직인즉 天理가 진실로
발현한다." 하였으며, 또 思慮와 動作을 설명하면서 "순종하여 발출함에 當
然한 理가 아님이 없다." 하였으며, 中節의 情을 논하면서도 역시 "이 在中
의 理가 밖으로 발하여 나타나는 것이다." 하였으니, 이는 모두 사단·칠정
을 구분하지 않고 통틀어 理發이라 한 것이다. 道心이 理에서 발한 것이라
든가 사단이 理가 발한 것이라든가 하는 것 같은 경우는 더욱이 이루 다 헤
아릴 수조차 없다. 氣發說로 말하자면 겨우 인심과 칠정을 도심과 사단과
對待하여 말할 경우에만 보이지만 그나마 氣가 곧바로 발한다고 한 것은 아
니다.

  단지 程子의 설에 "양기가 發한 바는 그래도 情이다.[陽氣所發猶之情
也]"라 한 것이 있으나 주자가 이를 인용하여서는 "陽氣가 발한 곳이 情이
다.[陽氣發處情也]" 하였으니, 대개 정자의 설은 곡식 종자의 生理로써 性에
비유하고 곡식 종자의 싹으로써 情에 비유했기 때문에 '양기가 발한 바'라고
하였던 것이다. 그러나 '그래도[猶之]' 두 자를 붙였고 보면 벌써 '氣發' 자
체를 情으로 본 것이 아니며 '발한 곳[發處]'이라 했고 보면 또 발한 것 자
체가 아님이 분명하다. 北溪의 說에 "春夏秋冬의 氣가 발하여 惻隱·羞惡·
辭讓·是非의 情이 된다."고 한 것이 있는데. 이는 대개 元亨利貞의 理에 對
待하여 말하였던 것이다. 그런데 표현이 분명하지 못하여 도리어 主氣論者의
嚆矢가 되고 말았다. 예컨대 "측은은 기이다[惻隱氣也]" 한 구설과 같은 것
은 비록 용모에 이미 드러난 것을 가지고 말했다손 치더라도 '사양·시비
가 氣과 관계없다'고 한 주자의 설을 유독 생각하지 않는단 말인가.

  대개 理로부터 竪看하면 仁은 未發의 理이고 惻隱은 已發의 理이며 動은
또 태극이 已發한 用이고 靜은 태극이 未發한 體이니, 모두 곧바로 氣로 간
주해서는 안 된다. 그 理를 말한 것이 매우 완비되었고 "능히 측은한다.",
"반드시 측은한다."는 말에서 主理의 뜻을 볼 수 있기 때문에 주자가 구체
적으로 分辨해 설명하지 않고 단지 '所當然의 不得已한 곳'만 끄집어 내어
말함으로써 理體氣用의 병통을 구제했던 것이다.122)

---

122) 按理發之說, 原於樂記, 而朱子又嘗著之論語註曰 "四時行, 百物生, 莫非天理
之發見." 論中庸鬼神曰 "他皆實理處發見." 論孟子性善, 亦就理之發處說. 解
通書誠幾說曰 "實理發見之端." 又曰 "動於人心之微, 則天理固當發見." 又說
思慮動作曰 "順發出來, 無非當然之理." 論中節之情亦曰 "卽此在中之理, 發
形於外." 此皆不分四七而通言理發也. 若乃道心之發於理, 四端之爲理之發, 又
更僕而不可悉數者也. 至於氣發之說, 僅見於人心七情對待說處, 而亦非謂氣之
直發也. 獨程子說有曰 "陽氣所發, 猶之情也." 而朱子引之則曰 "陽氣發處, 情
也." 蓋穀種之生理譬性, 穀種之萌芽譬情, 故謂之陽氣所發, 而纔著猶之二字,

性情은 心의 理 자체의 體用이므로, 情도 그 본연의 상태에서는 당연히 理發이 되어야 하며, 주자의 설에서도 사단과 칠정을 아울러 모두 理發로 본 곳이 많고 已發의 시점에서 情이 나오는 苗脈을 가리켜 말한 경우에서만 氣發이라 했으니, 주자의 정설은 어디까지나 理發이라고 주장했다. 그리고 기타 주기설의 논거로 인용되는 설들도 그 立說의 과정을 면밀히 검토해 보면, 氣發의 근거만 될 수는 없다고 했다.

便非以氣發爲情也. 謂之發處, 則又非所發底物事, 明矣. 北溪說有曰 "春夏秋冬之氣, 發爲惻隱羞惡辭讓是非之情." 蓋對元亨利貞之理而言之也. 辭未別白, 反爲主氣者之嚆矢. 如所謂惻隱氣也一段, 雖以已著於容貌者言之, 獨不念辭讓是非之不干氣事也耶? 蓋從理竪看, 則仁是未發之理, 惻隱是已發之理, 動又是太極已發之用, 靜又是太極未發之體, 皆不可以直作氣也. 惟其說理甚備, 而能惻隱必惻隱, 皆可見主理之意, 故朱子不摘辨, 而但提出所當然不容已處, 以捄他理體氣用之病.『전서』2책 148~149쪽, 「이학종요」9권.

제4장

先儒說 연구

　한주 성리설의 가장 큰 特長은 역시 기존의 諸儒의 학설들을 종합한
다음 다시 이를 비교 분석하는 과정을 통하여 자신의 논거를 분명히 제시
한다는 점에 있다. 더구나 그는 당시로서는 王陽明이 주장한 것이라 하여
크게 禁忌視되었던 心卽理라는 용어를 과감하게 자신의 학설에 사용하
였기 때문에 자신의 학설이 주자·퇴계 등 先儒들의 학설에 근본적으로
위배되지 않다는 것을 입증할 필요가 있었다.

　그의 先儒說 연구는 주로 初晩說의 異同을 분류 검토함으로써 소위
晩年定論을 추출하는 것이었다. 이러한 과정을 통하여 그가 검증한 것은
주자의 心說은 초년에는 心을 氣의 측면에서 말하는 쪽이 많다가 만년으
로 갈수록 心을 理의 측면에서 말하는 쪽이 많아진다는 것이며, 退溪의
心說 역시 만년에는 奇高峯의 견해를 수용하여 근본적으로 한주 자신의
설과 다르지 않다는 것이다.

1. 朱子說 연구

尤庵 송시열이 『朱子大全箚義』에서 栗谷 李珥의 학설에 입각하여 퇴계의 학설을 비판하고 그의 再傳弟子인 南塘 韓元震이 『朱子言論同異攷』에서 『朱子大全』과 『朱子語類』를 정밀히 연구하여 기호학파의 학설이 주자의 정설이라는 논거를 제시하자, 이로부터 기호와 영남 두 학파의 쟁론은 자연스럽게 朱子定說의 究明에 초점이 모아졌다. 그러나 한주 이전까지 영남학파에서는 우암과 남당의 저술에 필적할 만한 大著를 내어놓지 못하였다. 葛菴 李玄逸의 「栗谷李氏論四七書辨」과 大山 李象靖의 『理氣彙編』 등 기호학파의 공격에 대응한 저술이 아주 없었던 것은 아니지만 우선 양적으로 우암·남당의 것에 비해 매우 적고 또 初晚說의 同異를 정밀히 고증한 것은 아니어서 주자정론 논쟁에 결정적인 논거가 되기에는 부족하였다.

한주는 먼저 『四書集註』와 『朱子大全』, 『朱子語類』에 대한 자신의 연구 결과를 『求志錄』의 「四書箚義」·「朱子大全考疑」·「朱子語類箚疑」로 정리한 다음, 『理學宗要』에서 이를 재정리하여 주제별로 분류하였다. 『이학종요』는 주자의 初晚說의 변천 양상을 일목요연하게 전개해 놓아 주자설 연구에 매우 유용한 勞作이라 평가할 수 있다.

한주의 朱子說 연구의 가장 큰 결론은 主理論이 주자의 만년정설이었다는 것이다. 주자의 心說이 초년에는 主氣에서 출발하여 만년으로 갈수록 主理를 많이 주장했다는 것이 그 요지이다. 한주의 주자설 연구 중 가장 널리 알려진 고증은 퇴계가 互發說의 결정적인 근거로 제시했고 율곡 이래 기호학파에서 誤錄일 것이라고 주장해온 『朱子語類』 「孟子篇」의 輔廣錄 "사단은 理가 발한 것이고 칠정은 氣가 발한 것이다.[四端理之發, 七情氣之發.]"라는 기록이 주자의 감정을 거쳤음을 밝힌 것이다.[1]

이 밖에 互發說이 주자의 정설이라는 근거가 될 수 있는지 논란의 여지로 남았던 것이 『中庸』서문에서 人心과 道心에 대해 "혹은 形氣의 사사로움에서 생기고 혹은 性命의 바름에 근본한다.[或生於形氣之私, 或原於性命之正.]" 한 구절이다. 이 章에서는 『중용』서문의 이 구절과 주자 心

---

1) 이 고증은 이미 다카하시 도오루(高橋亨)·현상윤 등 기존의 학자들이 찾아서 밝혀 두었으므로, 여기서는 그 전말만 간략히 소개한다.

高峯 奇大升은 퇴계와의 四七論辨에서 퇴계가 互發說의 근거로 제시한 『주자어류』輔廣錄의 "四端理之發, 七情氣之發."은 誤錄일 것이라 하였고, 이에 퇴계는 "程朱의 語錄도 때로 착오가 있다. 그러나 그것은 말이 길거나 義理의 긴요한 곳에서 기록하는 사람의 식견이 부족하여 혹 그 本旨를 잃는 경우가 있는 것이다. 지금 이 한 단락은 몇 구절의 簡約한 말이요 宗旨를 곧바로 전달한 것이며, 그 기록자는 보한경이니 그는 실로 朱門의 第一等의 사람이다. 여기에 잘못 기록했다면 어찌 보한경이 될 수 있겠는가. [程朱語錄, 固未免時有差誤, 乃在於辭說鋪演義理肯綮處, 記者識見有未到, 或失其本旨者有之矣. 今此一段, 則數句簡約之語, 單傳密付之旨, 其記者輔漢卿也, 實朱門第一等人, 於此而失記, 則何足爲輔漢卿哉?] (『退溪集』16권 答奇明彦.)" 하여, 자신의 설을 확신하였다. 고봉의 주장은 그 후로도 栗谷을 거쳐, 尤庵, 南塘에 이르기까지 변함없이 고수되었다. 남당은 『주자언론동이고』에서 이에 대해 단락 전체가 誤錄이라고 단안을 내렸다.

이 문제에 대해 한주는 『주자대전』의 치밀한 검토를 통해 기호학파의 주장을 변박하였다.

"살펴 보건대 『대전』의 「答輔漢卿書」에 '그대가 기록한 나의 말에는 소소한 착오가 있다.' 하였고, 두 번째 편지에서 '기록한 말은 매우 생각해 볼 곳이 있다.' 하였고, 세 번째 편지에서는 '기록한 책자를 반쯤 보았는데 다소 미비한 곳을 보충하였네. 다음 인편에 부쳐 보내겠네.' 하였으며, 편지어 서두에 '나이 일흔에 가깝다.' 하였으니, 그렇다면 보한경이 기록한 것은 이미 주자의 감정을 거친 것이다. 이 구절에 만약 타당치 못한 곳이 있다면 이는 곧 큰 착오이니, 어찌 删改하지 않았겠나.[按大全答輔漢卿書曰 '所記鄙語, 亦有小小差誤.' 再書曰 '所錄語, 儘有商量.' 三書曰 '所錄冊子, 看得一半, 少未備者, 頗爲補足, 後便方寄去.' 書言首年垂七十. 然則輔公所錄, 已經朱子勘正, 此語如有未當, 則便是大差誤, 豈不删改哉?]" 『전서』2책, 164쪽, 「이학종요」10권.

일본 학자 다카하시 도오루는 이것을 '老論派의 주장에 대한 호된 반격'이라 하였다.

說의 변천 과정에 대한 한주의 연구를 살펴봄으로써 주기설 비판에 대한
한주의 입론 근거를 확인해 보기로 한다.

1) 畿湖學派 人心·道心說에 대한 비판

남당은 그의 『朱子言論同異攷』에서

> 「答林德久書」에 "知覺은 바로 氣의 虛靈한 곳이니, 形氣 査滓와 바로 상
> 대가 된다." 하였는데, 이 편지는 응당 『中庸』 서문과 참고해 보아야 한다.
> 이 편지에서 말한 形器 査滓는 바로 耳目口體 따위를 말한다. 『중용』 서문
> 에서 이른바 形氣도 바로 形器 査滓를 가지고 虛靈知覺와 상대하여 말한 것
> 이지, 본래 心의 靈覺을 形氣 속에 포함시켜서 말한 것이 아니다. 『중용』 서
> 문을 읽는 後人들이 매양 形氣 두 자를 가지고 心의 靈覺의 氣까지 함께 포
> 괄하여 보기 때문에 心을 두 갈래로 나누어 보는 견해에 빠지고 만다.
> 이에 이 편지를 『중용』 서문과 참고해 보면 이른바 形氣라는 것은 心과
> 상대하여 말한 것이므로, 心氣와 합쳐서 보아서는 안 된다는 것을 알 수 있
> 다. 또 살펴 보건대 知覺을 氣의 虛靈함이라 하는 것은 앞에서 말한 "知覺은
> 智의 用이다."라는 것과 다른 듯하지만 실은 같지 않음이 없다. 대개 지각의
> 體段을 논할 경우에는 진실로 氣의 靈한 곳을 벗어나지 않으나 만약 知覺하
> 는 理를 찾는다면 그것은 곧 智인 것이다. 그러므로 이 하나의 지각이 未發
> 하여 그 理를 갖추고 있으면 이는 智의 體이고, 已發하여 그 情을 행하면
> 이는 智의 用인 것이다. 오직 지각이 氣인 까닭에 그 理를 智라 할 수 있는
> 것이다. 만약 그 자체가 理라면 어떻게 다시 '그 理'라 할 수 있겠는가.[2]

---

2) 答林德久曰 "知覺正是氣之虛靈處, 與形器查滓正作對也." 按此書當與中庸序文
參看, 此書所謂形器查滓, 卽是耳目口體之屬也. 庸序所謂形氣, 正亦以形器查滓
與虛靈知覺作對說也. 本不以心之靈覺包在形氣中說也. 後人讀庸序者, 每將形
氣二字, 並包此心靈覺之氣看, 故不免墮在二歧之見. 今以此書參看於庸序, 則所
謂形氣者, 可見其與心作對說而不可合看矣. 又按以知覺爲氣之虛靈, 與前所謂
知覺智之用者似異, 而實無不同. 蓋論知覺之體段, 則固不外乎氣之靈處, 若求其
所以知覺之理, 則乃是智也. 故此一箇知覺, 未發而具其理, 則是智之體, 已發而
行其情, 則是智之用也. 唯其知覺之爲氣也, 故謂其理爲智, 若自是理則安得復言
其理耶? 韓元震 『朱子言論同異攷』 1권 「心」. 「答林德久書」는 주자 65세 때

하여, 互發說의 論據가 될 수 있는 『중용』서문의 '形氣'는 心氣와 다름을 밝히고 아울러 知覺은 氣임을 확신하였다. 이에 대해 한주는 『朱子大全』「答林德久書」의 문답 과정을 소개하고 남당의 주장을 辨駁한다.

> 林德久가 묻기를 "'生之謂性'을 集註에서 知覺運動으로 말하였습니다. 釋氏는 단지 지각운동으로 性을 삼는데 지각은 무엇으로부터 발단하는 것입니까? 사람이 죽은 뒤에는 지각운동도 따라서 형기와 함께 없어지지만 性의 理는 천지 고금과 함께 流行하여 틈이 없이 합일하는지요?" 하니, 주자가 "지각은 바로 氣의 虛靈한 곳으로 形器 査滓와 바로 상대가 된다. 魂魄이 흩어지면 지각도 역시 따라서 없어진다." 하였다.
>
> ▫ 한주 : 생각건대 여기서 말하는 지각은 불교의 지각을 물은 것으로 인하여 氣만 偏言한 것일 뿐이니, 氣가 虛靈한 곳에 지각도 절로 不昧하게 마련인것이다. 그러나 氣가 허령한 곳은 바로 혼백이 있는 곳이므로 혼백이 흩어지면 따라서 없어진다. 여기서 것[底]이라 하지 않고 곳[處]이라 하였으며, 또 따를 '隨' 자를 썼으니, 지각이 氣인 魂魄이 아니라는 것을 알 수 있다. 유독 林氏가 "지각은 어느 곳으로부터 발단합니까?"라고 물었다면 의당 '智의 理'라고 대답하였을 것이다. 따라서 저 임씨가 말한 지각운동이란 곧 智의 理가 形氣를 인하여 발한 것이다. 말단에서 또 "性의 理는 天地와 더불어 같이 流行합니까?"라고 물은 데 대해서는 또 답하지 않았으니, 어쩌면 知覺이 이미 없어지면 性理도 다하는 것을 알 수 있기 때문이 아니겠는가. 理는 진실로 不生不滅하는 것이지만 결코 본원으로 돌아가고 근거 없이 허공에 독립하는 理는 없으니, 이런 까닭에 李伯諫의 '眞性은 常存한다'는 주장이 주자에게 배척을 받았던 것이다. 근세에 이 대목을 인용하여 『중용』서문의 허령지각과 形氣 査滓가 상대됨을 증명하는 이들이 있는데, 그렇게 되면 人心은 知覺에 근원하지 않고 性命에 근원하는 道心도 氣의 虛靈 밖에 있게 될 것이다. 이는 理만 專言하는 경우와 氣만 偏言하는 경우의 구별을 모른 채 氣만 주장하고자 하기 때문이다.[3]

쓴 것으로, 초년설이 아님은 분명하다(陳來, 『朱子書信編年考證』, 上同書, 386쪽).

[3] 林德久問 "生之謂性, 集註以知覺運動言, 釋氏止以知覺運動爲性, 知覺自何而發端? 人死之後, 知覺運動者隨, 當與形氣具亡, 性之理則與天地古今同流而無間耶?" 朱子曰 "知覺正是氣之虛靈處, 與形器査滓正作對, 魂遊魄降則亦隨而亡矣." 按此言知覺, 因告佛而偏指氣, 氣虛靈處, 知覺正自不昧, 而氣虛靈處, 卽魂魄所

한주의 辯論을 요약해 보자.

1) 「답임덕구서」에서의 虛靈不昧는 불교에서 眞我나 主人公을 형용하는 허령불매나 昭昭靈靈을 얘기하는 연장선에서 말한 것이므로, 불교에서 말하는 心은 氣를 理로 오인한 것이라고 비판하는 주자의 입장에서는 당연히 氣의 측면에서 말할 수밖에 없다. 즉 이는 氣만 偏言한 경우인 것이다.

2) 또한 주자가 '知覺은 氣의 허령한 것[虛靈底]'라 하지 않고 '氣의 허령한 곳[虛靈處]'라 하였고 보면, 氣가 虛靈한 곳에 智의 理가 온전히 發見하는 것을 가리켜 말한 것이지 氣의 虛靈함 자체를 그대로 지각으로 보지는 않았다. 그리고 心의 氣인 혼백을 따라서 지각이 없어진다고 했고 보면, 지각은 氣만이 아니다. 따라서 더더욱 지각을 氣으로 보지는 않았음을 알 수 있다.

3) 임씨가 "釋氏는 단지 지각운동으로 性을 삼는데 지각은 무엇으로부터 발단하는 것입니까?"라고 물었기 때문에 知覺 運動의 작용은 氣가 하는 것이므로 氣의 虛靈한 곳이라 대답했지 만약 지각이 나오는 근원이 어디냐고 물었다면 仁義禮智 중 智에서 나온다고 했을 것이다.

4) 理는 상존하지만 性은 개체의 氣에 들어온 理이기 때문에 개체의 氣가 흩어지면 따라서 없어진다. 性도 不滅하는 것이 아니고 보면 知覺의 存亡이 氣의 聚散에 달린 것은 당연하다.

5) 『중용』서문의 허령지각은 인심과 도심을 모두 포괄하는 것인데 이를 단지 形氣와 상대시키면, 형기에서 생기는 인심은 자연 허령지각이

在, 故魂魄旣散, 知覺隨亡. 不曰底而曰處, 又下隨字, 可見知覺之非魂魄也. 獨林氏之問知覺自何處而發端, 則當以知之理答之, 而彼所謂知覺運動, 乃智之理因形氣而發者也. 末段又問 "性之理與天地同流."而又未之答, 抑以知覺旣亡, 則性理亦盡可見故歟? 理固是不生不滅之物, 而決無還歸本原懸空獨立之理. 李伯諫眞性常在之論所以見斥也. 　近世有引此以證中庸序虛靈知覺與形氣査滓作對, 則人心不原於知覺而道心之根於性命者, 亦在氣之虛靈之外矣. 蓋不知專言理偏言氣之別而欲主乎氣故也. 『전서』2책 116쪽, 「이학종요」8권.

아니게 될 것이고, 그렇다고 해서 性命에 근원하는 도심이 氣인 허령지각
에 속할 수도 없게 될 것이다. 임씨가 말한 허령지각은 지각이 없는 육체
와 상대하는 개념으로 썼을 뿐이므로, 論点이 다른『중용』서문의 허령지
각을 형기와 상대시켜서는 안 된다.

여기서 4)와 관련하여, "性의 理는 天地와 더불어 같이 流行합니까?"라
는 물음에 대한 주자의 답을『주자대전』에서 찾을 수 있다.

> 이른바 "천지의 性이 곧 나의 性이니 어찌 죽는다고 대뜸 없어질 리가
> 있겠는가."라고 한 說은 그르다고 할 수는 없다. 그렇지만 이 설을 주장한
> 사람은 천지를 爲主하는가, 나를 위주하는가? 만약 천지를 위주한다면 이
> 性은 본래 천지간의 하나의 公共의 도리라 人物과 피차의 구별이 없으니 비
> 록 죽어도 없어지지 않는다고 할지라도 개인이 사사로이 가질 수는 없는 것
> 이다. 만약 나를 위주한다면 이는 단지 자기 신상에서 하나의 정신과 혼백
> 을 인식하여 대뜸 자기 성품으로 지목하고서 꼭 잡아 가지고 놀다가 죽음에
> 이르러서도 놓아버리려 하지 않고 '죽어도 없어지지 않는다' 하는 것이니,
> 이는 私意 중에서도 매우 심한 것이다. 이래서야 어디 死生의 說과 性命의
> 이치를 함께 말할 수 있겠는가?[4]

이 편지는 한주가『理學宗要』에도 수록해 두었다. 우주에 偏在하는 理
는 원래 生死가 없지만 인간의 개체로서의 정신과 혼백은 육체의 죽음과
더불어 사라질 수밖에 없음을 말한 것이다. 이어 5)와 관련하여 남당의
주장에 대한 한주의 상세한 辨駁을 보기로 하자.

> 사람의 氣는 천지 중에서 가장 빼어난 것을 얻었기 때문에 知覺이 一心

---

4) 所謂天地之性卽我之性豈有死而遽亡之理, 此說亦未爲非, 但不知爲此說者以天
地爲主耶? 以我爲主耶? 若以天地爲主, 則此性卽自是天地間一箇公共道理, 更
無人物彼此之間死生古今之別, 雖曰死而不亡, 然非有我之得私矣. 若以我爲主,
則只是於自己身上, 認得一箇精神魂魄之物, 卽便目是爲己性, 把持作弄, 到死不肯
放舍, 謂之死而不亡, 是乃私意之尤者, 尙何足與語死生之說性命之理哉?『朱子
大全』41권 答連嵩卿

을 통괄하는 것은 과연 氣가 虛靈한 곳이나 理가 虛靈한 것이 되는 데에 문제될 게 없으니, 氣가 허령한 곳에 지각이 갖추어져 있는 것이다. 장차 形氣 查滓를 말할 차제였기 때문에 氣의 측면에서 허령지각을 말했을 뿐 性命의 본원까지는 말이 미치지 않았던 것이다.『중용』서문에서는 먼저 허령지각을 말함으로써 인심·도심이 본래 理·氣를 겸하고 있음을 말하여 서두를 일으키고 그 아래 形氣를 바로 性命과 相對시켰지 人心 一邊의 形氣를 가지고 인심·도심이 모두 근본하는 허령지각과 상대시킨 것은 아니다. 또 '形氣라는 것은 心과 상대하여 말한 것으로, 心氣와 합쳐서 볼 수 없다'고 한 것도 잘못이다. 耳目口體의 형체는 진실로 心이 아니나 心의 氣가 실로 이와 관통하고 있으니 굳이 합쳐서 보지 않더라도 人心은 氣에 감응하여 氣를 따르는 것이라 것은 숨길 수 없는 사실이다. 形氣를 心과 상대시켜 말한다면 心은 온전히 性命일 뿐이다. 어떻게 心卽氣라 할 수 있겠는가. 또 '지각이 氣인 까닭에 그 理를 智라 할 수 있는 것이다' 하였는데, 그렇다면 未發할 때에는 과연 理만 있고 氣는 없으며 已發할 때에는 과연 理는 없고 단지 氣만 있단 말인가. 理가 발하는 것이 곧 氣라면 大本·達道가 理의 體用이 되는 것이 어디 있겠는가. 理가 변화하여 氣가 된다면 또한 善變하지 못했다고 할 만하다.[5]

氣가 맑은 곳에서 理가 발현하여 虛靈한 것이지 氣 자체만으로 虛靈한 것은 아니며, 形氣를 말하는 차제에 허령지각을 말한 것이므로 자연 理의 측면을 빼고서 氣의 측면만 말한 것이다. 따라서 「答林德久書」의 虛靈知覺을『중용』서문의 논리에 그대로 대입해서는 안 된다.『중용』서문의 허령지각은 形氣와 性命 양쪽 모두를 포함해 말한 것인데, 그 허령지각을

---

5) 心之氣最得其秀, 故知覺之專一心者, 果是氣之虛靈處, 而不害爲理之虛靈底也. 氣虛靈處, 知覺具焉, 將說形氣查滓也, 故從氣說虛靈知覺, 未說到性命之原也. 中庸序則先言虛靈知覺, 以爲人心道心之本, 兼理氣而起頭說, 其下形氣正與性命作對, 非以人心一邊之形氣對了人道心俱本之虛靈知覺也. 又謂形氣與心作對說而不可合看者亦誤. 耳目口體之形, 固非心也, 而心之氣, 實與之貫通, 不待合看而感於氣而從氣, 不可諱也. 形氣與心作對, 則心全是性命而已. 何以曰心卽氣也? 又謂知覺卽氣故謂其理爲智, 未發之前, 果無氣而只有理, 已發之際, 果無理而只有氣耶? 理之發, 若便是氣, 則烏在其大本達道爲理之體用也. 理化爲氣, 亦可謂不善變矣.『전서』5책 458쪽,「辨志錄」3권, 南塘同異攷辨.

만약 形氣과 상대시킨다면 形氣와 상대해야 할 性命은 상대를 잃든가 아니면 허령지각이 性命이 될 수밖에 없다. 또 허령지각은 원래 人心과 道心 양쪽을 모두 포괄하는 것인데, 도심을 상대하는 인심을 形氣와 상대시키면 하나의 心인 道心은 상대를 잃고 만다. 사람의 신체의 氣인 형기는 실로 心과 하나로 연결되어 있고 人心은 이 형기에 감응하는 것인데, 이제 心을 형기와 상대시키면 그 心은 순수한 理의 상태인 性命이 될 것이고 心卽氣란 주장은 더욱 성립될 수 없다. 또 知覺이 氣이고 그 理가 智라면 性의 상태에서는 理로 있다가 情으로 발할 때에는 氣가 되는 셈인데 이는 주자가 부정한 理體氣用의 說이 된다.

이상이 한주의 辨說이다. 한주는 理 자체가 體用을 갖추고 있다는 것이 주자의 定說이라고 주장한다.

> ◦ 鄭載圭 : 張子(張橫渠)가 "性과 知覺을 합하여 心이란 명칭이 있게 되었다." 한 것에 대해 주자가 "그 名義가 매우 정밀하니, 바꿀 수 없는 정론이다." 하고, 또 "이 구절은 온당치 못하니, 흡사 性 밖에 지각이 있는 듯하다." 하였다.
> ◦ 한주 : 性과 상대하여 知覺만 偏言하면 정신 혼백이 主가 되고 지각이 발하는 곳 역시 形氣 쪽에서 나오며, 性을 합하여 專言하면 智의 理가 主가 되고 정신 혼백이 資具가 된다. 주자가 처음에는 張子의 본문을 因하여 지각을 氣에 속한 것으로 간주했기 때문에 "名義가 매우 정밀하다." 했던 것이다. 그러나 甲寅(주자 65세) 이후 心說이 크게 결정되어 비로소 智의 덕이 一心을 모두 통관하는 것을 지각의 體로 삼고 智의 用이 衆情을 妙하게 운용하는 것을 지각의 用으로 삼았다. 그래서 『語類』蓋卿錄에 "대체로 분명하지 못하다. 心이 있으면 절로 지각이 있는 법이니, 또 어찌 性과 지각을 합하는 것이 있겠는가." 하였으니, 이것이 정론이다.[6]

---

6) 張子曰 "合性與知覺, 有心之名." 朱子言 "其名義甚密, 不易之論." 又言 "此句未穩, 恰似性外有知覺.
對性而偏言知覺, 則精神魂魄爲主, 而發處亦偏從形氣上去, 合性而專言知覺, 則智之理爲主, 而精神魂魄爲資. 朱子初因張子本文把知覺屬氣看, 故以爲名義甚密, 而甲寅以後心說大定, 始以智之德專一心者爲知覺之體, 智之用妙衆情者爲

여기서 '性과 知覺을 합하여 心이란 명칭이 있게 되었다.'는 것은 위 남당 한원진의 설과 일치한다. 이를 주자가 처음에는 전적으로 수용했다가 뒤에 가서는 고쳤다는 것이다. 한주가 찾은 주자의 정설에 의하면, 性 중의 智의 體用 그 자체가 知覺의 體用이다. 따라서 性과 知覺이 判然히 나뉘어 한 쪽은 理, 한 쪽은 氣가 될 수는 없다. 위에서 '心이 있으면 절로 지각이 있는 법이니, 어찌 性과 지각을 합하는 것이 있겠는가.' 한 것은 지각 자체가 心 본연의 體用이므로 性과 지각을 나누어 體·用 구조로 파악할 수 없다는 뜻이다. 다시 말하면, 다만 性과 상대하여 지각을 偏言할 경우, 즉 지각의 한 측면인 氣에 초점을 두고 말할 경우에는 정신 혼백이 主가 되므로 자연 지각은 形氣에서 나오는 것이 되지만, 性을 포함하여 지각을 專言할 경우, 즉 지각의 體用 전체를 통털어 말할 경우에는 智의 理가 지각의 主이고 정신 혼백과 같은 氣는 그 理를 돕는 資具일 뿐인데, 주자의 설은 초년에는 偏言에 의거하다 만년에는 專言 쪽으로 옮겨갔다는 것이다.

2) 心說 변천 과정의 고증

한주가 주자설 연구에서 가장 역점을 둔 곳은 역시 心說이었다. 주자의 心說은 南軒 張栻과의 中和說 논쟁을 계기로 心은 已發만 가리킨다는 견해에서 心은 未發과 已發을 포괄한다 견해로 바뀌었다는 것은 이미 널리 공인된 사실인데, 이는 心 속에 性·情을 모두 포함시킨 것이고 이 때부

知覺之用. 故蓋卿錄亦曰 "大率有未瑩. 有心則自有知覺, 又何合性與知覺之有?" 蓋定論也. 『전서』 1책, 381쪽, 「문집」 17권, 答鄭厚允.
이 글은 蘆沙 奇正鎭의 高足인 老栢軒 鄭載圭의 문목에 한주가 답한 것이다. 노백헌은 한주의 제자인 후산 허유, 면우 곽종석 등과 교유하였고, 한주와도 여러 차례 서신 왕복을 통하여 성리설에 대한 진지한 토론을 벌였다.

터 주자의 心의 개념 속에는 자연 理와 氣가 모두 포함되었다. 이것이 소위 '己丑之悟'라 하는 주자 사상의 일대 전환인데, 이 시점을 계기로 주자의 심설이 心卽氣에서 心合理氣, 나아가서는 心卽理 쪽으로 변천했다는 것이 한주의 주장이다.

먼저 한주가 고증한 주자 心說의 변천 과정을 보고 논의를 전개하기로 한다.

> 대개 心 자는 광대하고 性 자는 정밀하다. 그러므로 聖人이 心을 말한 곳은 포괄하는 것이 한둘이 아니다. 情으로써 心을 말한 경우가 있으니 人心 · 道心 · 惻隱之心 · 羞惡之心이 이것이고, 性으로써 心을 말한 경우가 있으니 "仁은 人心이다.", "仁義之心"이 이것이고, 理만 가리켜 말한 경우가 있으니 程子가 말한 "心 · 性이 동일한 理이다.", 邵子가 말한 "心은 太極이다."가 이것이고, 단지 形質을 말하는 경우가 있으니 邵子가 말한 "心이란 性의 성곽이다.", 주자가 말한 "(性을) 감싸는 것이 心이다."가 이것이다.
> 주자가 초년에는 心을 已發로 보고 性을 未發로 보아 미발의 性이 항상 이발의 心 위에 타고 있다고 여겼다. 그래서 "性은 太極과 같고 心은 陰陽과 같다."는 설이 있었던 것이니, 비록 분명히 心卽氣라고 말하지는 않았으나 性이 心을 타고 있다면 心은 氣 쪽이 될 수밖에 없다. 중년에는 또 氣의 신령한 곳을 心이라 하였다. 그래서 "心이란 氣의 精爽이다." 하고 이어 氣의 精英의 神을 仁義禮智의 理로 여겼으니, 이 당시에 주자가 心을 말한 것은 氣의 측면에 나아가 理를 합한 것으로 말하였다. 만년 定論에 와서는 "心이란 天理가 사람에게 있는 전체이다." 하고 또 "心은 진실로 主宰하는 것이다. 主宰者는 곧 理이니 理 밖에 따로 心이 있는 게 아니다." 하고 또 "仁者는 理가 곧 心이고 心이 곧 理이다." 하였으니, 이는 心의 본체만 가리켜 말한 것이다. 그리고 또 動 · 靜을 관통하고 眞 · 妄을 통틀어 말할 경우에는 放辟 奢侈를 心이 아니라 할 수는 없다. 그러므로 "사람은 不仁이 있을지언정 心은 不仁이 없으며 心은 不仁이 있을지언정 心의 본체는 不仁이 없다." 하였으니, 不仁이 있는 것은 진실로 氣가 理를 掩蔽하여 생기는 결과이고 不仁이 없는 것은 바로 眞心이다.[7]

---

7) 蓋心字廣大, 性字精密, 故聖人說心處, 包該不一. 有以情言心者, 人心道心惻隱羞惡心, 是也. 有以性言心者, 如仁人心仁義之心, 是也. 有單指理者, 如程子所謂心性同一理邵子所謂心爲太極, 是也. 有只說箇形質者, 邵子所謂心者性之郛郭朱

주자 心說의 변천 과정을 논하기에 앞서 儒家의 心의 개념을 설명하였다. 즉 先秦儒家로부터 北宋 諸儒에 이르기까지 心은 性·情, 理·氣·形質 등을 포괄하는 폭넓은 개념으로 사용되어, 性과 같이 그 개념이 한정되는 경우와는 다르다는 것이다.

그리고 한주는 心을 氣라고 한 것은 주자의 초년설이라 하였다. 위 인용문에서 "性은 태극과 같고 心은 음양과 같다."고 한 주자의 설은 기호학파에서 心卽氣說의 결정적 논거로 삼는 것이다. 이는 性을 理로, 心을 氣로 본 것으로, 性을 높이고 상대적으로 心을 낮춘 것이 된다. 한주는 이것을 주자가 程伊川의 "무릇 心이란 말은 모두 已發을 가리켜 말한 것이다.[凡言心者, 皆指已發而言.]"라는 말을 근거로 心을 已發로 보고 性을 未發로 보아 미발의 설이 항상 이발의 心을 타고 있다고 생각했던 中和舊說의 견해라고 주장한다. 그래서 이 때에는 心卽氣라고 분명히 말하지는 않았으나 心을 氣로 보았다 할 수 있다고 했다. 그리고 心을 氣의 精爽이라 하여 氣 중에서도 가장 淸秀한 것으로 본 듯하지만, 한편으로는 氣의 精英의 神을 仁義禮智의 理라 하였으니, 이 당시에 주자는 주로 氣의 측면에 주안점을 두면서 氣에 理가 들어 있는 것으로 心를 말했다고 할 수 있으며, 가장 만년에 와서는 心의 속성이요 기능인 主宰性을 강조하여 理만을 가리켜 心을 말했다고 했다. 그리고 心에도 眞·妄이 있다고 하여 자신이 말하는 心은 本然의 心인 眞心임을 확인시켰다.

子所謂包裹底是心, 是也. 朱子初年以心爲已發以性爲未發, 未發者恒乘在已發上, 因有性猶太極心猶陰陽之說, 雖不明言心卽氣, 而以性乘心, 心固涉氣矣. 中年則又以氣之靈處爲心, 故曰心者氣之精爽, 因以氣之精英之神爲仁義禮智之理. 此時言心, 卽氣上說合理. 晚年定論乃曰 "心者天理在人之全體." 又曰 "心固是主宰底." 主宰者卽是理, 非理外別有箇心. 又曰 "仁者, 理卽是心, 心卽是理." 此乃單指心之本體而言. 若又貫動靜通眞妄而言, 則放辟邪侈, 不可謂非心, 故曰 "人有不仁, 心無不仁, 心有不仁, 心之本體無不仁." 其有不仁者, 固出於氣之掩理, 而無不仁者乃其眞心也. 『전서』 5책, 436쪽, 「변지록」 2권, 四七辨.

살펴보건대 性의 蘊蓄은 진실로 動·靜을 포괄하고 있으나 분속할 때에
는 靜에 속하고 心의 動靜은 진실로 陰陽이지만 기실 主는 理에 있다. 만약
性을 太極이라 한다면 태극이 至靜에 빠지니, 이는 주자가 말한 한 쪽에 치
우친 태극이며, 만약 心을 음양이라 한다면 음양이 도리어 주재하는 것이
되니, 이는 陸象山이 말한 形而上의 음양이다. 이는 경술년 砥錄이다. 선생
이 초년에는 心을 氣로 보아 性이 心을 타고 있다고 여겼으며, 中和說을 개
정한 뒤에도 "心·性의 命名은 어긋나지 않았다." 하였은즉, 이는 혹 그 당
시의 설은 아닐지. 가장 만년의 定論은 "미발을 태극이라 하는 것은 옳지
않다. 미발은 태극의 靜이고 이발은 태극의 動이다." 하였고, 또 태극이 미
발한 것을 性, 이발한 것을 情이라 하고 心을 統體太極이라 하였은즉 어찌
心·性을 리와 기로 나눌 수 있으리오.8)

性은 태극의 靜인데 性을 곧바로 태극이라 하면 태극은 靜만 있고 動은
없는 것이 되며, 心의 가치인 主宰性은 理에 있는데 心을 陰陽이라 하면
음양이 주재하는 것이 되고 만다는 것이다. 그리고 이 구절이 실린 『語類』
砥錄은 주자가 61세 되던 해인 庚戌(1190년)에 이루어진 것인데 이 때는
中和說을 改定한 뒤이지만 心을 음양으로, 性을 태극으로 보는 예전의
견해를 여전히 갖고 있었을 가능성이 있다고 했다. 앞에서 살펴보았듯이
한주는 주자의 心說의 晩年定論은 주자가 65세 되던 해인 甲寅(1194년)에
이루어졌다고 본다.9)

그런데 또 문제가 되는 것은 "心은 氣의 精爽이다." 한 『語類』節錄의

---

8) 按性之蘊, 固該動靜, 而其分則屬乎靜, 心之動靜, 固亦陰陽, 而其實則主乎理,
若以性爲太極, 則太極淪於至靜, 朱子所謂尖斜底太極也. 若以心爲陰陽, 則陰陽
反爲主宰, 象山所謂形而上底陰陽也. 此乃庚戌砥錄也. 先生初年認心謂氣, 謂性
乘心. 中和說旣改之後, 猶謂心性命名之不差, 則此或其時之說歟? 最晚定論曰
"以未發爲太極便不是, 未發者太極之靜, 已發者太極之動." 又以太極之未發者
爲性, 已發者爲情, 以心爲統體太極, 則惡可以心性分理氣耶? 『전서』 2책 114
쪽, 「理學宗要」 8권.
9) 이 만년정론 문제는 한주 이후에 기호학파의 艮齋 田愚가 再反駁하였다. 이
문제는 복잡한 곡절을 담고 있는 것이기 때문에 본고에서는 우선 한주의 설
을 살펴보는 것으로 그친다.

주자 말이다. 이에 대해 한주는

　　살펴보건대 程子의 "性은 곧 理이다."라는 한 마디를 주자는 일찍이 "천
만년토록 영구히 性을 말하는 근본이 된다." 하였으며, 두 분 선생이 心·
性을 제시한 설이 자주 서로 합치했으나 한 마디도 心卽氣라고 한 적은 없
었은즉 心이 氣에만 치우친 것이 아님은 진실로 이미 명백하다. 그런데『語
類』중에서 유독 이 한 단락이 있고 게다가 극히 簡當하여 잘못 기록된 것
은 아닌 듯하다. 이 구절에서 立言의 주된 뜻은 오로지 '精爽' 두 자에 있다.
주자는 일찍이 "氣의 精한 것을 性이라 하고 性의 거친 것을 氣라 해서는
안 된다." 하였은즉 精은 분명 理를 말하는 것은 아니고 저 형체가 있는 心
이 오행의 빼어난 氣를 갖추고 있는 것을 가리킴이 사실이다. 생각건대 스
승과 제자가 서로 토론할 때 五臟 중의 心에 말이 미쳤고 선생이 이에 陽魂
과 陰魄의 精爽이 모두 일신 중에 모여 萬理가 머무는 집이 되는 것을 말했
을 뿐일 듯하다.
　　그런데 여기에 또 달리 설명할 근거가 있다. 주자는 일찍이 氣의 精英을
神이라 하였고 또 神은 氣를 타고 출입하는 것이라 하였으니 神은 비록 實
理의 妙用이나 氣의 精英이 될 수도 있으며, 心은 비록 天德의 전체이나 氣
의 精爽이 될 수도 있는 것이다. 대개 氣란 것은 자취가 있어 볼 수 있고
밝히기 쉬운 것이다. 따라서 性도 氣 위에서 세운 명칭이고 보면 心이라 하
여 유독 氣 위에서 인식하지 말라는 법이 있는가. 이제 이 단락을 가지고서
주자가 心을 氣로 간주하였다 한다면 心의 本原을 가리켜 말한 허다한 설들
은 모두 군더더기에 불과한 것이 되고 말 것이다. 대저 기록한 때의 初晚으
로써 말한다면 이 기록은 계축년(주자 64세)에 있었고 "心의 主宰가 곧 理이
니, 理 밖에 따로 心이 있는 것은 아니다."라는 것은 무오년(주자 69세)에 기
록된 것으로, 선생이 易簀하시기 2년 전이었다.[10]

---

10) 按程子性卽理也一語, 朱子嘗謂千萬世說性之根基, 兩先生拈出心性, 累累合說,
而未嘗一語及於心卽氣, 則心之不偏於氣, 固已明矣. 而語類中獨有此一段, 又極
簡當, 似非記錄之誤. 蓋其立言命意, 專在精爽二字上. 朱子嘗曰 "不可以氣之精
者爲性, 性之粗者爲氣." 則精固非所以言理, 實指那形體之心備有五行之秀氣也.
意其師友講確之際, 言及於五臟之心, 而先生因言陽魂魄陰魄精爽, 都聚居一身之
中, 爲萬理之宮耳. 然此有一言可明者, 朱子嘗以氣之精英者爲神, 而又謂神是乘
氣出入者, 神雖實理之妙用, 而不害爲氣之精英. 心雖天德之全體, 而不害爲氣之
精爽. 蓋氣也者, 有迹可見而易明者也, 性亦只是氣上標名, 則心獨不於氣上認取
乎? 今因此一段, 謂朱子亦將心做氣看, 則凡諸許多般指示本原, 皆爲贅談矣. 夫

한주의 고증을 다시 간략히 정리해 보자. 程朱는 한 번도 心卽氣라 분명히 말한 적이 없고, "心은 氣의 精爽이다." 한 이 기록만이 그나마 心卽氣에 가장 가까운 표현이라 할 수 있다. 性도 氣로써 형체를 이룬 뒤의 시점에서 세우는 명칭이고 보면, 心도 본래 氣를 떠나 따로 존재하는 것이 아니므로 당연히 氣의 측면에서 말할 수 있다. 그리고 心卽理에 해당하는 기록은 허다한데 그것을 모두 무시하고 이 기록만을 근거로 心을 氣로 단정해서는 곤란하다. 더구나 이보다 늦은 시기의 기록에서는 心을 理라고 단정했다.

한편 한주는 『孟子』「盡心 上」首章의 해석에서,

> 주자의 盡心說은 모두 세 번 바뀌어 도로 처음의 설로 돌아갔다. 『어류』에서 고찰해 보면 砥錄에서는 "내가 예전에 『맹자』의 盡心을 『대학』의 知至와 같은 것으로 보았는데 지금 생각해 보니 意誠으로 간주해야 옳을 듯하다." 하였으니, 이는 경술년에 들은 것이다. 淳錄·賀孫錄·道夫錄도 모두 이와 같은 시기에 들은 것이다. 순록은 무신년에 들은 것인데 性의 도리를 극진히 아는 것을 盡心이라 하였으니, 처음의 설과 같다. 廣錄은 갑인년 이후에 들은 것인데 知性을 格物로, 盡心을 知至와 같은 것으로 보았으니, 이는 또 가장 뒤에 도로 처음 설로 돌아간 것이며, 時擧錄 泳錄·震錄과 더불어 모두 集註와 부합되니 바로 정론이다.[11]

하여, 주자의 盡心說의 변천 과정을 고증하였다. 그리고 이를 근거로 한주는

> 사람이 性을 아는 것은 바로 心의 妙이다. 妙用의 心으로 본체의 心을 미

以初晚言, 則此錄在癸丑間, 而"心之主宰卽此理, 不是理外別有箇心." 在戊午錄, 去易簣兩年. 『전서』 2책, 112쪽, 『理學宗要』 8권.

11) 朱子盡心說, 凡三變而還尋初說, 而語類攷之, 砥錄曰 "某前以孟子盡心爲如大學知至. 今思之, 恐當作意誠說." 此庚戌所聞也. 淳賀孫道夫錄皆同時. 純錄在戊申而以盡知得其性之道理爲盡心, 則初說也. 廣錄在甲寅以後, 而以知性爲物格盡心爲知至, 是又最晚之還尋初說者也. 與時擧泳震錄皆合於集註, 乃定論也. 『전서』 2책 107쪽, 『理學宗要』 7권.

루어 아는 것이니, 이는 體·用의 근원이 하나이기 때문이다. 이미 性을 알
았고 보면 心의 體는 性이어서 心을 極盡하지 않음이 없게 될 것이다. …
六經 중에서 心과 性을 함께 말한 것은 이보다 상세한 곳이 없는데 정자는
맨 먼저 心性이 一理인 妙로써 말하였고 주자는 本心의 全體라는 뜻으로 말
하였은즉 후세에 心을 性에 상대시켜 兩體로 쪼개어 놓는 이들은 이러한 뜻
을 알지 못한 것이다.12)

하여, 「盡心章」에서의 心은 心의 妙用이고 性은 心의 본체이므로 心性이
一理라는 것을 밝힘으로써 위 인용문에서 "性은 太極과 같고 心은 陰陽과
같다." 한 朱子說을 근거로 心과 性을 상대시켜 보는 기호학파의 심설을
비판하였다.

3) 朱子「性圖」編入의 착오

『朱子語類』 55권과 『性理大全』 29권에는 주자 所作이라는 「性圖」가
실려 있는데, 한주는 고증을 통하여 잘못 편입된 것이라고 하였다.
한주는 『朱子大全』과 『주자어류』에서 자신의 주장의 근거를 찾았다.
『大全』의 郭沖晦(이름은 雍, 자는 子和)에게 답한 편지에서

지극한 本源에서의 善과 善惡이 나뉘는 末流에서의 善이 둘이 아니다. 단
지 性이 發했느냐 발하지 않았느냐의 차이를 가지고 말하는 경우가 다를 뿐
이다. 미발의 상태에서 이 善이 있을 뿐이며, 발하여 善惡의 善이 되는 것도
이 善이다. 이미 발한 뒤에야 不善이 섞여들지만 그 경우에도 善이란 것은
바로 지극한 본원의 善이 발한 것일 뿐이다. 性善의 善은 善惡의 善이 아니
라고 한다면 學者들의 의혹을 야기할까 두렵다.13)

---

12) 人之所以知得此性者, 乃此心之妙也. 蓋以妙用之心推認本體之心, 體用一原故
也. 旣知性則心之體是性而心無不盡矣. … 六經中互言心性, 莫相於此, 而程子
首以心性一理之妙言之, 朱子以本心全體之旨釋之, 則後世之將心對性, 判爲兩
體者, 其亦不達於此矣. 上同.

하였다. 즉 미발의 시점에서는 오직 性의 상태라 理만 드러나 純善할 뿐이
고, 性이 情으로 발할 때 기질과 물욕의 방해를 받아 不善하게 되는 것이
다. 따라서 不善은 본래 性이 가지고 있는 傾向性이 아니라 本然의 善이
기질과 물욕에 구속, 엄폐될 때 생기는 현상일 뿐이다. 따라서 已發의 시
점에 나타나는 善惡의 善도 그 내용은 性善의 善인 것이다.

또 『語類』에서는

　　만약 本然의 性을 논한다면 단지 한결같이 善일 뿐이니, 어디에서 惡이
나올 있겠는가. 사람이 스스로 性을 파괴하면 곧 惡이 되는 것이고, 惡이 있
으면 곧 이것이 善과 상대하게 되는 것이다. 지금은 도리어 惡과 상대하지
않는 善이 있고 또 惡과 상대하는 善이 있다고 하니, 근년에 본 郭子和의
「九圖」가 바로 이와 같았다. 上面의 圓圈에는 '性善' 자를 써 놓고 이로부터
이어 내려와서 兩邊에 善과 惡이 나란히 있었다.[14]

하였다. 여기서 곽자화의 「九圖」를 추측해 보면, 本性을 絶對性의 자리에
놓고, 그 하위 개념에 현실에 나타나는 相對性의 性을 놓았다고 볼 수
있는데, 이는 心中에 어떠한 상념이 일어나더라도 本性은 自若하다는 논
리로 발전할 가능성이 있다. 胡安國이 "일어나지 않고 사라지지 않는 것
은 心의 體이고 일어나고 사라지는 것은 心의 用이니, 늘 心을 잡아 보존
하면 하루 동안에 백 번 일어나고 백 번 사라질지라도 心은 自若하다."
한 것에 대해 주자는 心의 體·用을 둘로 나누어 볼 우려가 있다고 경계
하였다.[15] 호안국의 말은 독자에 따라서는 본체만 잡아 지키면 작용은

---

13) 極本窮源之善與善惡末流之善, 非有二也, 但以發與未發言之有不同耳. 未發之
前, 只有此善, 而其發爲善惡之善者, 亦此善也. 旣發之後, 乃有不善以雜焉, 而
其所謂善者, 卽極本窮源之發耳. 謂性善之善, 非善惡之善, 則竊頓起學者之惑
也. 『주자대전』 37권 答郭沖晦.
14) 若論本然之性, 只一味是善, 安得惡來? 人自去壞了, 便是惡, 旣有惡, 便與善爲
對. 今却說有不與惡對底善, 又有與惡對底善, 如近年郭子和九圖便是如此. 上面
一圈子寫性善字, 從此牽連下兩邊, 有善有惡. 『朱子語類』 101권 文蔚錄

아무리 일어나게 두어도 상관이 없다는 쪽으로 이해될 수 있다. 그렇게 되면 眞性은 어떠한 경우에도 번뇌에 오염되지 않고 늘 淸淨하다는 불교의 설과 같게 된다. 心의 본체를 返照하면 모든 공부가 그 속에 다 포함된다는, 達摩「血脈論」"觀心一法, 摠攝諸行."에 귀착될 수 있는 것이다.

그렇다면 주자의 「性圖」는 어떻게 되어 있는가?

性
善
不 性
善 無

善惡
無發是惡
往而不不
不中能可
善節善謂
卽從
偏善
於中
一直
邊下
爲來
惡只

여기서 "惡도 善으로부터 곧바로 내려왔다고 하지 않을 수 없다. 다만 善하지 못한 것은 한 쪽으로 치우쳐 惡이 되었기 때문이다." 한 것은 다소

---

15) 朱子答石子重書曰 … 偶記胡文定公所謂"不起不滅, 心之體, 方起方滅, 心之用. 能常操而存, 則雖一日之間, 百起百滅, 而心固自若."者, 自是好語. 但讀者當知所謂不起不滅者, 非是塊然不動, 無所知覺, 又非百起百滅之中, 別有一物不起不滅也. 但此心瑩然, 全無私意, 是則寂然不動之本體. 其順理而起, 順理而滅, 斯乃所以感而遂通天下之故者云爾.『心經附註』3권.

語病이 있다. 惡은 性이 直遂하지 못하고 기질과 물욕의 방해를 받아 側出한 것이므로, 그 내용은 性이 發한 것이지만 '善으로부터 곧바로 내려왔다.' 할 수는 없는 것이다. 이에 대해 한주는 다음과 같이 설명한다.

생각건대 곽자중의 설은 湖學에서 온 것인데 그가 傳受한 「九圖」가 『대전』 중의 性圖와 語意가 서로 비슷하니, 어쩌면 선생이 베껴두었던 것을 잘못 함께 인쇄하여 도리어 선생의 圖가 된 것은 아닐까. 미발과 이발이 단지 한 곳이고 이 善과 저 善이 한 가지인데 혹 善이 치우쳐 惡이 되기도 하는 것이고 보면 惡은 側出하는 것이지 正出하는 것이 아니다. 善과 惡은 진실로 동서로 대등하게 正對하는 것이 아니며 그 형세는 분명히 側對하고 그 명칭도 그야말로 相對한다. 그런데 胡氏는 "먼저 相對가 없는 善이 있고 뒤에 상대하는 善이 있다." 하였으니, 그 추론이 지나친 것이다.[16]

한주의 주장에 의하면, 性善說에 입각한 善·惡은 側對해야지 正對해서는 안 된다. 즉 善은 性이 正出, 즉 直遂한 것이지만 惡은 기질과 물욕의 저촉에 굴절되어 側出한 것이므로, 善은 性의 바로 아래에 직선으로 연결되고 惡은 性이 情으로 發하는 지점에서부터 斜線으로 연결되어야 하는 것이다. 한주의 견해에 의거하여 「性圖」를 다시 그린다면 다음과 같을 것이다.

性善
善惡

이는 한주의 性情論의 구조와 일치한다.

---

16) 按郭說從湖學來, 而所傳九圖, 與大全中性圖, 語意相似, 抑騰置之餘, 誤爲夾印, 反爲先生之圖歟? 蓋未發已發, 只在一處, 此善彼善, 只是一物, 而其或善之偏而爲惡, 則側出而非正出也. 善與惡固非東西之正對, 而其勢定自側對, 其名亦恰相對, 胡氏乃云 "先有無對之善, 後有相對之善." 則其亦推之過矣. 『전서』 2책 155쪽, 「이학종요」 10권.

2. 退溪說 연구

한주는 자신의 心卽理說이 주자의 晩年定論에 부합한다는 것을 고증하는 한편 자신이 속한 학파의 宗師인 퇴계의 定說에 위배되지 않는다는 것을 증명해야 했다. 그래서 한주는 奇高峯의 「四七往復書」『朱書節要』, 『聖學十圖』「心統性情圖」 등 퇴계의 주요 저술들을 정밀히 분석 연구하여 퇴계의 定論을 제시하였다.[17] 한편 한주는 퇴계의 설일지라도 철저한

---

17) 한주가 「心統性情圖」 연구에 얼마나 공력을 들였는지 잘 알게 하는 사건이 문집에 실려 있다. 퇴계가 金就礪와 心統性情中下圖를 논한 서찰 중 첫 번째 圖가 문집에서 누락됨으로 퇴계가 잘못된 것이라고 버린 圖를 개정한 圖로 만들어 놓았다는 것이다. 한주의 논변 과정은 「與李謹休別紙」에 상세히 실려 있는데, 여기서는 우선 그 내용을 간략히 요약해 놓은 「答宋康叟書」를 보기로 한다.
"『退溪集』의 간행에서 누락된 곳을 발견했다는 것은 어디에서 들었습니까. 그 내용을 대략 말해 보겠습니다. 퇴계가 金而精에게 답한 서찰 중 「心統性情中下圖」를 논한 첫 번째 편지에서 '(智와 禮의)위치가 도치되었으니, 의당 고쳐야 한다.' 하였고, 두 번째 편지의 뜻이 別紙의 圖說과 서로 어긋나기에 내가 읽다가 의심이 일어 참람되게 논변하여 李謹休에게 편지로 부쳐 보내어 草本을 고찰해 보게 했더니 과연 내 생각이 사실과 부합됨을 알았습니다. 그제야 나의 說이 어긋나지 않음을 믿게 되었습니다. 선생이 이 圖는 세 차례 개정하였으니, 처음의 圖는 智는 위, 禮는 아래, 仁은 왼쪽, 義는 오른쪽에 있었고, 두 번째 圖에서는 단지 禮와 智의 위아래의 位次를 바꾸었을 뿐이며, 세 번째 圖에서는 또 仁과 義의 왼쪽 오른쪽의 위차를 바꾸었습니다. 그리고 최후의 圖에서는 두 번째 圖를 그대로 定本으로 삼았은즉 지금 『聖學十圖』에 실려 있는 본입니다. 문집을 간행하기 전에 교감할 때 앞 편지에서 '뒤에 편지를 보낼 때 함께 보내겠다.'고 앞 편지의 별지를 그대로 뒤 편지의 아래에 수록하고 앞 편지 말미의 열녁 자 및 처음 圖의 면모를 刪削했기 때문에 앞뒤의 문맥이 서로 모순되고 위차가 끝내 분명치 않게 되었던 것이니, 이 일이 극히 의아합니다. 溪門의 諸賢들이 누차에 걸쳐 교감하고서도 오히려 이러한 흠을 남겨 마침내 河圖·洛書의 위차와 맞지 않는 今圖를 도리어 定本으로 만들고 지금에 이르러 나처럼 식견이 얕은 사람이 그 잘못을 발견하게 된 것

검정을 거쳐 경문의 本指에 어긋나면 과감하게 수정하였다.

1) 퇴계설 고증

(1)「心統性情中圖」에 나타난 퇴계의 高峯說 수용

퇴계와 高峯 奇大升의 「四七往復書」은 四七理氣論의 爭端을 제공하여 한국 사상사의 가장 큰 흐름의 始源이 되었다는 점에서 매우 큰 의미를 지닌다. 고봉의 학설은 대체로 栗谷이 계승 발전시켜 퇴계의 理氣互發說에 반대하는 기호학파 성리설의 근간이 되었거니와 영남학파의 학자들은 대체로 고봉이 결국 퇴계의 설에 승복하였다는 것으로만 결론을 내려왔

은 어찌된 일입니까. 그러나 초본이 매몰되지 않아 考據하고 단정할 수 있기에 謹休가 한 편의 글을 지어 이 사실을 밝히고자 하니, 그렇게 된다면 비록 本集에서 수정할 수야 없지만 그래도 후세에 사실을 전해 보일 수는 있을 터이니, 이 어찌 千古에 통쾌한 일이 아니겠습니까.[退陶集漏刊事, 何從而聞之也? 請略言之, 退陶答金而精書論心統性情中下圖第一書有倒置當改之云, 第二書意又與別紙圖說相左, 鄙人讀而生疑, 僭爲論辨, 寄示李謹休, 俾考之草本, 而果得其實, 方信鄙說之不謬. 蓋先生此圖三次改本, 初圖則智上禮下仁左義右, 次圖則只改禮智上下, 後圖則又改仁義左右, 最後仍以次圖爲定本, 則今十圖中所載本也. 校勘之際, 前書之隨後編送云者, 仍錄於後書之下, 而刪去前書末十四字及初圖面目, 故語脈互相矛盾, 位次終無段落, 此事極可怪也. 溪門諸賢屢次丁乙, 而猶未免欠闕, 遂使今圖之不合於河洛者反爲定本之歸式, 至今日수淺如震相者乃得發之, 何也? 然而草本不至埋沒, 猶得以攷據斷定, 謹休欲爲之作一文字, 若爾則雖不敢釐正於本集, 而亦足傳示於來世, 豈非千古之一快哉!]"『전서』1책 329~330쪽, 「문집」14권, 答宋康叟.
여기서 '앞 편지 말미의 열넉 자'는 이근휴가 초본을 고찰하고 답서에서 한주에게 알려준 것으로, "圖說의 개정을 논한 것은 지금 미처 써 보내지 못하니, 追後에 보내겠습니다. 함께 보시기 바랍니다.[論改圖說, 今未及寫, 隨後當送, 並照.]"라는 것이다.
지금 『退溪集』은 물론 『陶山全書』에도 최후에 수정한 圖를 舊中圖, 세 번째 圖를 今改中圖라 하여 수록해 놓고 있다.

다. 그러나 한주는 고봉이 대체로 퇴계의 주장을 승복했고 퇴계도 매우
중요한 쟁점에서 고봉의 설을 수용했다고 주장함으로써 「사칠왕복서」의
이해에서 기존 영남학파의 학자들과 결정적인 견해의 차이를 보인다.
「사칠왕복서」의 진행에 따라 한주의 견해를 살펴보자.

> ◦ 퇴계 : "사단과 칠정, 둘을 상대해 놓고 그 향상의 근원을 미루어 본다면
> 실로 理·氣의 다름이 있으니, 어찌 서로 다른 뜻이 있지 않다고 할 수 있
> 으리오." 하고, 또 "사단과 칠정이 비록 동일한 情이지만 所從來의 다름이
> 없지 않다. 만약 소종래가 둘이 아니라면 사단과 칠정은 무엇을 근거로 다
> 르게 말했겠는가." 하고, 또 "사단의 소종래가 이미 理이고 보면 칠정의 소
> 종래가 과연 氣가 아니고 무엇이겠는가." 하였다.18)
> ◦ 한주 : 생각건대, 이는 선생이 "과연 온당치 못한 듯하다." 한 곳이다. 사단
> 과 칠정의 감촉이 하나는 理를 따르고 하나는 氣를 따르는 것은 外面의 사
> 물에 감촉하는 것이다. 그 向上의 근원으로 말하자면 理가 大本이 될 따름
> 이다. 하나는 理가 性命을 말미암아 發하고 하나는 理가 形氣를 말미암아
> 發하는 것이니, 어찌 두 理가 있으리오.19)

위 퇴계의 설은 葛菴 李玄逸이 계승하여 율곡의 氣發一途說을 공격한 것
이며, 한편 율곡이 퇴계의 互發說을 공격한 단서가 되기도 하였다. 한주는,

> 살펴보건대 퇴계와 율곡의 설이 다르게 갈라지는 것은 전적으로 心 자를
> 보는 것이 다른 데서 연유한다. 퇴계는 心을 理·氣를 겸하는 것으로 보았
> 기 때문에 '理發氣隨' '氣發理乘'이란 설을 주장하였으니, 이는 心中에 나아
> 가 理·氣를 나눈 것으로 하나의 心 자를 들어서 말함에 理와 氣 둘이 함께
> 그 속에 포함되는 것이다. 율곡은 心을 氣로 보았기 때문에 心性에 두 가지
> 用이 없다는 말로 호발설을 공격하였다.20)

---

18) "二者對擧而推其向上根源, 則實有理氣之分, 安得爲非有異義耶?" 又曰 "雖同是
情而不無所從來之異, 若所從來本無二, 則言之者何取而有不同耶?" 又曰 "四之
所從來, 旣是理, 七之所從來, 果非氣而何?" 『전서』 2책 170쪽, 理學宗要 10권.
19) 按此則先生所謂果似未安者也. 四七之感, 從理從氣, 乃外面事物也. 若其向上根
源, 則理爲大本而已. 理由性命發, 理因形氣發, 豈有兩理耶? 上同.

하여, 퇴계와 율곡의 사단칠정설의 견해 차이가 벌어지는 원인이 心合理氣와 心卽氣라는 心을 보는 관점의 차이에 있다고 단정하였다. 퇴계가 과연 사단과 칠정의 소종래가 心中의 근본에서 이미 다르다고 했다면, 율곡의 비판이 옳다고 한주는 보았다. 그러나 한주는 이 단락은 아래 단락과 함께 퇴계가 고봉의 견해를 받아들여 수정하였다고 주장한다.

　▫ 퇴계 : 맹자의 기쁨과 舜의 노여움과 공자의 슬픔과 즐거움은 氣가 理에 순종하여 發하여 터럭만큼의 拘碍도 없었기 때문에 理의 본체가 고스란히 드러난 것이다. 일반 사람이 어버이를 보고 기뻐하고 喪을 만났을 때에 슬퍼하는 것 역시 氣가 理에 순종하여 발하는 것이다.21)

　▫ 한주 : 생각건대, 이 또한 선생이 "과연 온당치 못한 듯하다."고 한 곳이다. 무릇 여기서 인용한 것은 모두 『중용』 達道의 情에 해당하는 것이니, 大山先生이 "어찌 '形氣에서 생겨나 氣가 理를 순응하여 發한다'는 意思가 있으리오." 한 것이다.22)

한주는 이상의 퇴계의 설은 모두 고봉의 견해를 받아들여 수정했다고 본다. 여기서 한주가 입론의 또 다른 근거로 제시하는 대산 이상정의 설을 보고 넘어가자.

　　대산이 「答李天牖書」에서 "『중용』의 喜怒哀樂의 中節은 天性이 發한 것으로 천하의 達道이니, 어찌 '形氣에서 생겨나 氣가 理에 순응하여 발한다.'는 의사가 있으리오." 하였고, 「答李希道書」에서 "사단과 對擧하지 않을 경우에는 칠정의 善一邊을 氣質을 섞지 않은 중에서 찾아도 무방하다." 하였

---

20) 按退栗說之異趍, 專由於看心字各異, 退陶以心爲兼理氣, 故曰理發氣隨, 氣發理乘之說, 是就心中分理氣, 擧一心字而理氣二者兼包在這裏. 栗谷以心爲氣, 故以心性無二用, 攻理氣互發之說. 『전서』 4책, 458쪽, 『求志錄』 12권, 近思錄箚疑.

21) 孟子之喜, 舜之怒, 孔子之哀與樂, 氣之順理而發, 無一毫有碍, 故理之本體渾全, 常人之見親而喜, 臨喪而哀, 亦是氣順理之發. 『전서』 2책 170쪽, 理學宗要 10권.

22) 按此亦先生所謂果似未安者也. 凡此所引, 皆中庸達道之情, 大山先生所謂何嘗有生於形氣氣順理而發底意思乎者也. 上同.

고, 또 "「中圖」에는 하나의 圓圈 안에 칠정을 함께 써 놓았으니, 역시 理一
邊을 취하여 말한 것이다." 하였다. 그리고 立齋는 늦게 대산 문하에 들어가
서 직접 '七情도 理發이 있다.'는 말씀을 듣고 그 뜻을 발휘하여 내어 後人
들에게 開示했으니, 그의 「答金葛川書」는 명백하고 精暢하여 百世 뒤에 성
현이 다시 출현해도 이의를 제기하지 않을 것이다. 우리 학파의 전수해 온
宗旨는 본래 이와 같은 것이다.[23)]

대산이 七情理發을 인정했다는 증거가 있고, 그의 제자인 立齋 鄭宗老
도 대산의 설을 이어 七情理發을 분명히 주장했다는 것이다.

다시 「사칠왕복서」로 돌아와서 高峯이 퇴계에게 보낸 「四端七情後說」
을 보면,

> 보내온 서찰에서 '맹자의 기쁨, 舜의 노여움, 공자의 사랑과 즐거움은 氣
> 가 理에 순응하여 발하여 터럭만한 장애도 없었다.', '사단과 칠정이 각각
> 所從來가 있다.'는 등의 말은 모두 온당치 못하다고 생각합니다. 대저 發하
> 여 모두 절도에 맞는 것을 和라고 하니, 和는 바로 이른바 達道입니다. 만약
> 보내온 서찰의 말씀대로라면 달도를 '氣가 發한 것'이라 할 수 있겠습니
> 까?[24)]

하였는데, 이는 한주의 達道說에 부합한다.

> 奇明彦이 "子思가 혼륜하여 理‧氣를 겸하여 말했을 때에도 主氣라 할

---

23) 答李天牖書曰 "中庸喜怒哀樂之中節, 爲天性之發, 天下之達道, 何嘗有生於形氣
氣順理而發底意思." 答李希道書曰 "不與四端對擧, 則七情之善一邊, 不害求之
於不雜氣質之中.", 又曰 "中圖並書七情於一圈, 亦取理一邊而言." 立齋晚登湖
門, 親聞七情亦有理發之旨, 而發揮出來, 開示後人, 答金葛川書, 明白精暢, 百
世而俟而不惑. 吾黨之相傳宗旨, 本自如此.『전서』1책, 212쪽,「문집」9권, 答
李謹休.

24) 來書謂孟子之喜, 舜之怒, 孔子之愛與樂, 是氣之順理而發, 無一毫有碍, 及各有
所從來等語, 皆覺未安. 夫發皆中節, 謂之和, 和即所謂達道也. 若果如來說, 則
達道亦可謂是氣之發乎?『퇴계집』17권, 附奇明彦四端七情後說.

수 있습니까?"하고 묻자 퇴계가 "이미 '혼륜하여 말했다' 했고 보면 어찌 主
理·主氣의 구분이 있으리오." 하였다.25)

▫ 한주 : 생각건대, 子思가 희노애락을 말할 때에는 진실로 理·氣의 구분이
없었으나 未發을 中이라 했고 보면 이는 곧 天命之性이며, 中節을 和라 했
다 하면 이는 곳 率性之道이니, 어찌 理·氣를 겸했다 할 수 있겠는가. 선
생이 「心統性情圖說」에서는 이미 氣裏을 섞지 않고 단지 理만 가리켜 말한
情으로 확정해 놓았다.26)

　여기서 퇴계의 渾淪看과 한주의 竪看의 차이를 볼 수 있다. 혼륜간은
情의 본색에 주안점을 둔 것인데 여기서의 情은 理와 氣가 합한 상태여서
直遂하면 善이 되지만 惡이 될 가능성도 함께 가지고 있는 것이다. 반면
理와 氣가 합일된 상태에 나아가 資具가 되는 氣는 버리고 主가 되는 理만
가리켜 情의 本然을 摘示하는 것이 竪看이다. 한 쪽은 本色을 강조하고
한 쪽은 本指를 강조했다고 볼 수 있으나 퇴계의 설은 본색을 가리켜 말한
경우와 본지를 가리켜 말한 곳이 섞여 있어 한주와 같이 분명한 구분을
보여주지는 않는다. 이것이 한주와 여타 영남학파 학자 사이의 견해의
간격이 점처럼 좁혀지지 않았던 이유이다.

　　기명언이 "희노애락이 發하여 中節한 것은 理에서 발한 것입니까? 氣에
서 발한 것입니까? 발하여 中節해서 어느 경우에나 다 善하다는 善은 사단
과 같습니까? 다릅니까?" 하고 묻자 퇴계가 "비록 氣에서 발하지만 理가 氣
를 타고서 主가 되기 때문은 그 善은 같다." 하였다.27)

25) 奇明彦問 "子思渾淪而兼理氣言時, 亦可謂之主氣乎?" 李子曰 "旣曰渾淪言之,
安有主理主氣之分?"『전서』2책 170쪽, 理學宗要 10권.
26) 按子思說喜怒哀樂時, 固無理氣之分, 而纔說未發謂之中, 便是天命之性, 纔說中
節謂之和, 便是率性之道, 烏可謂兼理氣乎? 先生心統性情圖說, 已定作不雜氣
但指理之情. 上同.
27) 奇明彦問 "喜怒哀樂之發而中節者, 爲發於理耶? 發於氣耶? 發而中節無往而不善
之善, 與四端同歟? 異歟?" 李子曰 "雖發於氣而理乘之爲主, 故其善同也." 上同.

⸰ 한주 : 생각건대, 理에서 발하는 善은 어느 경우에나 다 善하지만 氣에서
　　발하는 善은 때로 不善이 있으니, 비록 우연히 맞는 善이 있다 하더라도 어
　　찌 達道의 善과 같을 수 있으리오.28)

　한주의 생각은 氣가 발한 것을 理가 주재하여 善한 것은 일시적인 善이
므로 時空을 초월하여 모든 사람의 도덕적 기준이 되는 達道가 될 수 없다
는 것이다.

　　　高峯 奇氏가 "氣가 理에 순종하여 發하여 터럭만큼도 拘碍가 없는 것은
　　곧 理가 발한 것입니다. 만약 이를 벗어나서 다시 理가 발한 것을 찾는다면
　　아무리 더듬어서 찾아도 그럴수록 더욱 찾지 못할 것이라 생각합니다.29)
　⸰ 한주 : 氣가 발하여 理에 순종하는 것은 주자가 "이것을 道心인 줄 알아서
　　는 안 된다."고 한 것인데 고봉이 이를 혼동하여 하나로 보았으니, 어찌 불
　　가하지 않겠는가. 고봉의 「後說」에는 이러한 뜻이 없다.30)

　氣가 理에 순종하여 發한나는 구질을 한주는 竪看할 곳에 橫看하였다
고 비판했는데, 이 점을 제외하고는 고봉의 달도설과 퇴계의 호발설을
합친 것이 한주의 설이라 하여도 무방할 것이다.
　한주는 퇴계가 고봉의 주장을 받아들여 자신의 설을 개정을 한 곳을
『聖學十圖』 중 「心統性情中圖」에서 찾을 수 있다고 한다.
　먼저 퇴계의 「心統性情圖」를 보면, 上圖에서는 "未發의 性은 心의 體가
되고 已發의 情은 心의 用이 된다."고 하였다. 中圖에서는 心을 '合理氣',
'統性情'이라 한 다음 性에 대해서는 "氣稟 중에 나아가 본성을 가리켜

---

28) 按發於理之善, 無往而不善, 發於氣之善, 有時而不善, 縱有偶合之善, 何可同於
　　達道之善. 上同.
29) 高峯奇氏曰 "氣之順理而發無一毫有碍者, 便是理之發, 若欲外此而更究理之發,
　　則吾恐其揣摩摸索愈甚而愈不可得矣." 上同.
30) 氣發而順乎理, 正朱子所謂不可認之爲道心者, 高峯混而一之, 無乃不可乎? 若後
　　說則無此意矣.

말하였다." 하고 虛靈・知覺과 仁義禮智를 포함하여 性을 말하였으며, 情
에 대해서는 "善惡의 기미[幾]에 나아가 善一邊을 가리켰다." 하고 喜怒
哀樂愛惡欲의 七情과 惻隱・辭讓・羞惡・是非의 四端을 아울러 情을 말
하였다.

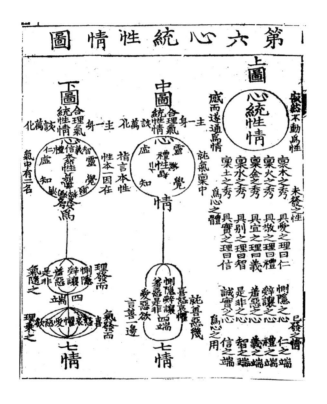

그리고 下圖에 가서는 "性은 본래 하나인데 氣 속에 있음으로 인해 本
然과 氣質 두 가지 이름이 있게 되었다." 한 다음 四端을 '理發而氣隨之'
라 하고 七情을 '氣發而理乘之'라 하였다. 여기서 문제가 되는 것은 性에
대해 '氣稟 중에 나아가 본성을 가리켜 말하였다.' 하고, 情에 대해 '善惡
의 기미[幾]에 나아가 善一邊을 가리켰다' 한 두 구절이다. 혼륜간하여

본색에 주안점을 두는 견해는 '기품'과 '선악의 기미'를 性情의 개념 속에 포함시키고 수간하여 본지에 주안점을 두는 견해는 本指가 '본성'과 '善一邊'에 있으므로 性情의 主가 되는 理만을 가리켜 입론하는 것이다. 그런데 혼륜간에만 의지했을 때는 분명 한주가 지적했듯이 근본이 둘이 될 우려가 없지 않다.

갈암 이현일은,

> 대개 사단과 칠정의 所從來가 따로 위주하는 바 있음은 그 근본으로부터 이미 그러한 것이니, 발하기 전에는 一途였다가 이미 발한 뒤에 그 선한 측면을 가려내어 사단으로 삼은 것은 애초에 아니다. 따라서 나는 '사단과 칠정은 그 立言한 뜻이 본래 서로 접속되지 않으니, 굳이 이 둘을 서로 끌어다 配合시켜서 본래 하나라고 주장해서는 안 된다.'고 주장하는 바이다.[31]

> 대개 인심・도심의 구별은 그 근본으로부터 이미 그러한 것이니, 어찌 미발의 상태에서는 천리와 인욕이 한 곳에 섞여 있다가 발한 뒤에 가서야 理와 氣가 비로소 나뉘어 서로 섞이지 않게 되리요.[32]

하였는데, 이는 고봉이 지적한 退溪說의 문제점과 같다. 한주는

> 고봉의 「총론」과 「후설」은 비록 竪看을 橫看에 적용하여 一氣發而循理一 단락이 분명치 않은 곳은 있지만 活看하여 보면 병통이 될 것이 없다. 사단은 확충해야 하고 칠정은 단속해야 한다는 것으로 理發・氣發의 증거를 삼은 것과 『中庸』의 達道를 단연코 理發로 보아 사단과 다르지 않다고 한 것과 칠정과 사단은 각각 一義를 발명한 것이라는 것은 참으로 그 설이 通透하고 灑落하여 조금의 하자도 없고 극히 정당하다.[33]

---

31) 蓋其所從來各有所主, 自其根本而已然, 初非發則一途, 而旣發之後, 擇善一邊而 爲四端也. 愚故曰 "四端七情, 立言命意, 自不相蒙, 不必牽引配合而强爲一說 也."『葛庵集』 18권 栗谷李氏論四七書辨.

32) 蓋人心道心之別, 自其根本而已然, 豈可謂"未發之前, 天理人欲混爲一區, 及其 旣發而後, 理氣始分而不相夾雜邪?" 上同.

33) 高峯總論後說, 雖不無將竪準橫段落不明之處, 而活看以通之, 則不做病. 其以四 之當擴七之當約爲理發氣發之證, 中庸達道之斷作理發與四端不異, 及七情四端

하였다.

퇴계는 「答金而精書」에서 "고봉의 후론은 한결같이 正見에서 나왔으며 그 중에 나의 辨說의 문제점을 지적한 곳도 일일이 다 이치에 맞다.[34]" 하였고, 「心統性情中圖說」에서는

> 中圖는 기품 중에 나아가 本然之性을 지적해 낸 것으로 기품을 섞지 않고 말하였으니, 자사가 말한 天命之性, 맹자가 말한 性善의 性, 정자가 말한 性卽理의 性, 張子가 말한 天地之性이 이것이다. 그 性을 말한 것이 이와 같기 때문에 발하여 情이 되는 것도 모두 善한 것만 가리켜 말하였으니, 자사가 말한 中節의 情, 맹자가 말한 사단의 情, 程子가 말한 "어찌 不善으로 命名할 수 있으리요."라고 한 情, 주자가 말한 "性에서 유출하여 원래 善하지 않음이 없다."는 情이 이것이다.[35]

하였으니, 고봉의 견해를 수용한 것으로 보인다.

한주의 견해에 따라 「心統性情圖」의 中圖와 下圖를 보면, 먼저 中圖에서는 心의 本體는 性이고 作用은 情인데 性은 理이므로 七情은 四端을 포함하여 모두 理가 發하는 것이고 이것이 心의 本然의 모습이라 하였으며, 下圖에 가서는 四端을 理發, 七情을 氣發로 나누었는데 여기서 理發·氣發은 실제로 心中의 理가 發하고 氣가 발하는 것이 아니라 心의 理이 發하는 지점에서의 苗脈, 즉 감응하는 대상이 理냐 氣냐를 가리켜 편의상 구분한 것일 뿐이다.

之各是發明一義者, 誠通透灑落絶滲漏極正當.『全書』5책 321쪽, 「구지록」 23권, 退溪集箚疑.

34) 明彦後論, 一出於正, 而其間指出某辨語病處, 亦一一中理.『退溪集』30권.

35) 中圖者, 就氣稟中指出本然之性不雜乎氣稟而爲言, 子思所謂天命之性, 孟子所謂性善之性, 程子所謂性卽理之性, 張子所謂天地之性, 是也. 其言性如此, 故其發而爲情, 亦皆指其善者而言, 如子思所謂中節之情, 孟子所謂四端之情, 程子所謂何得以不善名之情, 朱子所謂從性流出元無不善之情, 是也.『전서』2책 170쪽, 「이학종요」10권.

이에 한주는 자신의 견해가 퇴계의 정설과 일치한다고 확신하였다.

> 李子께서 "性・情이 하나의 理라 靜이 있고 動이 있다." 하셨으니, 참
> 으로 훌륭한 말씀이로다![36]

그러나 退溪說과 다르다는 논란의 여지는 여전히 남는다. 퇴계가 戊辰
年(68세)에 『聖學十圖』를 진상했고, 그 이듬해인 己巳年에 쓴 「答李平叔
書」에서,

> 칠정으로 말하자면 실로 公然平立한 명칭으로 一邊에 떨어진 것이 아니
> 다. 그러므로 『樂記』・『중용』・「好學論」에서 모두 四端을 포함, 渾淪하여
> 말하였다."[37]

하였다. 여기서 퇴계는 『樂記』・『중용』・伊川의 好學論을 모두 理・氣
를 혼륜하여 말한 것이라 하였으니, 이는 「答奇高峯論四端七情第二書」에
서 보여준 당초의 견해, 즉 "程子의 「호학론」과 주자의 「動靜說」은 모두
七情이 理・氣를 겸하고 있음을 밝혔다."[38]는 것과 다름이 없다. 그러나
寒洲는

> 「好學論」의 경우처럼 칠정만을 말하면 그 情은 四端을 포함하고 理氣를
> 겸하여, 理를 따르는 것은 道心이 되고 氣를 따르는 것은 人心이 되며, 『중
> 용』의 경우처럼 본성으로부터 推說하면 그 情은 四端을 아울러 理만을 가
> 리키는 것으로 道心에만 속하고 人心에는 속하지 않는다. 그러므로 朱子가
> '天命과 率性은 道心을 말하는 것이다.' 한 것이다. 대개 인심은 一身의 私
> 有이므로 천하 고금이 共有하는 道가 될 수 없다. 만약 또 「禮運」의 경우처

---

36) 李子曰 "性情一理, 有靜有動, 旨哉言乎! 『전서』 1책 154쪽, 「문집」 7권, 答柳
　　仲車別紙.
37) 至如七情, 則實是公然平立之名, 非落在一邊底, 故樂記中庸好學論中皆包四端
　　在其中, 渾淪爲說. 『퇴계집』 37권.
38) 程子好學論朱子動靜說, 皆明七情兼理氣. 『퇴계집』 16권.

럼 十義에 상대하여 칠정을 말하고 주자의 설처럼 사단에 상대하여 칠정을
말하면 理를 위주한 十義와 四端은 당연히 道心에 속하고 七情은 오로지 인
심에만 속해야 할 것이다.[39]

하여, 『중용』의 경우는 사단과 같이 善一邊을 가리켜 말한 것이므로, 「好
學論」과는 다르다고 보았다. 이 점이 『중용』 達道에 대한 퇴계와 한주의
견해 차이를 보이는 곳이다. 그리고 위 「答李平叔書」에서 "氣가 사람에게
있는 것을 기질지성이라 한다." 한 것에 대하여, 한주는

　　온당치 못할 듯하다. 氣가 어찌 性이 될 수 있으리오. 性이 기질에 의해
　변한 것이라야 기질지성이고 없어진 적이 없는 본체가 바로 천지지성이다.
　천지지성이 어찌 기질을 벗어난 적이 있으리오. 다만 氣를 섞지 않고 말했
　을 뿐이다.[40]

하였다. 이 역시 퇴계의 혼륜간과 한주의 수간의 차이를 보여주는 곳이다.
　퇴계의 혼륜간은 때로는 수간을 포함하기도 하지만 끝내 心合理氣라는
심의 本色에 중점을 두는데, 이는 下圖에서 설명할 분개간에 의한 互發說
의 논리적 근거를 마련해 두고자 했던 것으로 생각된다. 퇴계는 『중용』
首章의 '喜怒哀樂'도 發而中節할 경우에만 純善하므로 情의 일반적 개념
은 合理氣로 볼 수밖에 없다고 생각했던 듯하다. 즉 七情은 理氣가 함께
있는 것이라 善・惡으로 어느 쪽으로도 전개될 가능성을 다 갖고 있으므

---

39) 單言七情如好學論, 則包四端兼理氣, 從理者爲道心, 而從氣者爲人心, 從本性而
　推說如中庸, 則並四端單指理, 屬道心而不屬人心, 故朱子曰 "天命率性, 道心之
　謂." 蓋人心之爲一身私有, 不可爲天下古今所共有之道也. 若又對十義而言七情
　如禮運說, 對四端而言七情如朱子說, 則十義四端之主乎理者, 當屬之道心, 而七
　情專屬人心矣. 『전서』 2책 167쪽, 「이학종요」 10권.
40) 曰氣之在人者, 謂之氣質之性者, 恐未安. 氣安得爲性? 性爲氣質所變者, 方是氣
　質之性, 而本體之未嘗息者, 乃天地之性也. 天地之性, 何嘗離了氣質? 但不雜氣
　而言之耳. 『전서』 5책, 343쪽, 「구지록」 23권, 退溪集箚疑.

로 理發이라 할 수 없고, 사단은 發했을 때 이미 理가 直遂한 것이므로 氣가 함께 있으나 그 名義로 보아 氣를 개념 속에 넣어서는 안 된다고 생각했던 것이다. 이것이 퇴계와 한주의 견해의 차이이다.

따라서 한주가 퇴계의 혼륜간을 수간으로 바꾼 것은, 혼륜간만으로는 心의 本然인 大本과 達道를 분명히 드러낼 수 없고, 그러한 상태에서 분개 간을 강조하면 결국 理와 氣가 心中에서 두 개의 근본이 되어 各發하는 것으로 오인될 수 있다고 우려했기 때문이다.

(2) 『朱書節要』에서 본 퇴계 定論

『朱書節要』는 퇴계가 주자의 書簡을 刪節하여 엮은 編著로, 퇴계가 주자의 어느 설을 정설로 인정하였는지를 볼 수 있는, 퇴계학 연구에 매우 중요한 자료가 된다. 따라서 퇴계를 私淑했다고 자처하는 한주로서는 자신의 견해의 타당성을 입증할 근거를 『주서절요』에 찾는 것이 당연했다. 여기서는 영남학파 互發說의 핵심 논거가 되었던 주자의 「答蔡季通書」에 관한 한주의 견해를 살펴보기로 한다.

먼저 퇴계가 「答蔡季通書」에서 刪削한 부분을 인용하고, 한주의 설명을 통해 그 까닭을 살펴보자.

> 사람이 태어남은 性과 氣가 합한 것일 뿐이다. 그러나 이미 합해진 상태에 나아가 분석해 말한다면 性은 理를 爲主하여 形이 없고 氣는 形을 위주하여 質이 있다. 理를 위주하여 形이 없기 때문에 공정하여 善하지 않음이 없으니, 따라서 그 發하는 것이 모두 天理가 行하는 것이고, 形을 위주하여 質이 있기 때문에 사사로워 혹 善하지 않으니, 따라서 그 발하는 것이 모두 人欲이 짓는 것이다. 이것이 舜이 禹를 경계한 것이다. 따라서 천리와 인욕이 구별되는 것은 그 근본으로부터 이미 그러하다. 氣가 하는 바에 過·不及이 있은 뒤에 인욕으로 흘러드는 것이 아니다. 그러나 '人心'이라고만 했고 보면 진실로 모두 邪惡하다고 한 것은 아니며, 단지 '위태하다[危]'고만 했고 보면 진실로 곧바로 凶咎하게 될 수 있다고 한 것은 아니다. 다만 이미

理를 위주하지 않고 形을 위주했고 보면 사악한 쪽으로 흘러가서 凶咎하게 되는 것이 또한 어렵지 않을 터이다. 이 때문에 '위태하다' 한 것이니, 반드시 善하여 惡이 없고 안정됨은 있고 傾覆됨은 없으며 뚜렷한 표준이 있어 의거할 수 있는 道心과는 다른 것이다. 그러므로 반드시 이 兩者 사이에 精一을 극진히 하여 '공정하여 선하지 않음이 없는 것'이 늘 일신과 萬事의 主가 되고 '사사로워 혹 善하지 않은 것'이 끼어들지 못하게 하면 모든 言動이 굳이 過·不及을 가리지 않더라도 절로 中節할 것이다.[41]

『書經』「大禹謨」의 "인심은 오직 위태하고 도심은 오직 은미하니, 오직 정밀하게 하고 오직 전일하게 해야 진실로 그 中을 잡으리라.[人心惟危, 道心惟微, 惟精惟一, 允執厥中.]"에 대해 설명한 것이다. 여기서 "人心과 道心의 구별은 根本으로부터 그러하다.[人心道心之別, 自其根本而已然.]" 한 대목은 互發說을 주장하는 영남학파의 가장 핵심이 되는 입론 근거로, 葛菴 李玄逸 이후로 줄곧 의심 없이 사용해 왔던 것이다.

그러나 한주는 이에 반론을 제기한다.

이 편지의 분명치 못한 곳은 전적으로 이 단락에 있다. '혹 善하지 못하다'면 응당 善한 경우도 있을 터인데 이를 "모두 인욕이 짓는 것이다." 하였은즉 주자가 이 당시에는 인욕을 善할 수도 있고 惡할 수도 있는 것으로 보았다. 氣가 하는 바에 만약 過·不及의 차이가 없다면 인욕이 어디로부터 생기겠는가. 천리와 인욕이 근본으로부터 이미 그러하다면 胡氏가 '同體異用'이라 한 것이 그야말로 옳은 말이 될 것이며, 인욕의 根株가 천리와 나란

---

41) 人之有生, 性與氣合而已. 然卽其已合而析言之, 則性主於理而無形, 氣主於形而有質. 以其主理而無形, 故公而無不善, 以其主形而有質, 故私而或不善. 以其公而善也, 故其發皆天理之所行. 以其私而或不善也, 故其發皆人欲之所作. 此舜之戒禹, 所以天理人欲之別, 自其根本而已然, 非謂氣之所爲有過不及而後流於人欲也. 然但謂之人心, 則固未以爲悉皆邪惡, 但謂之危, 則固未以爲便致凶咎. 但旣不主於理而主於形, 則其流爲邪惡, 以致凶咎, 亦不難矣. 此其所以爲危, 非若道心之必善而無惡·有安而無傾·有準的而可憑據也. 故必其致精一於此兩者之間, 使公而無不善者, 常爲一身萬事之主, 而私而或不善者不得與焉, 則凡所云爲, 不待擇於過不及之間, 而自然無不中矣. 『朱子大全』44권.

히 서게 될 것이다. 인심과 도심을 가지고 말해 보더라도 性命은 大本이고, 형기는 旁緣이니, 이 둘을 함께 놓고 근본이라 해서는 안 될 것이다. 근래 『三山集』을 보니, 이 말을 매우 온당치 못하다 하였으니, 실로 공정한 말이다.[42)]

위 「答蔡季通書」에서 인심에 대해 '사사로워 혹 善하지 않으니, 따라서 그 발하는 것이 모두 人欲이 짓는 것이다' 한 것을 보면, 주자가 이 당시에 인심 그 자체가 善·惡, 양쪽으로 흘러갈 가능성이 모두 있다고 여겼다고 볼 수 있는데, 이렇게 되면 心 중에서 性命과 形氣가 나란히 근본이 되는 셈이 된다. 그리고 이어 '천리와 인욕이 구별되는 것은 그 근본으로부터 이미 그러하다. 氣가 하는 바에 過·不及이 있은 뒤에 인욕으로 흘러드는 것이 아니다.' 하였으니, 이는 未發의 心中에 천리와 인욕이 함께 있어 각각 따로 發出하는 것이 된다. 한주는 性命은 心中의 大本이고, 形氣는 旁緣, 즉 心中의 理가 發하여 直遂하지 못할 경우 이에 緣由하여 側出하는 곳일 뿐이므로 심중의 근본이 될 수는 없다고 했다. 위 胡氏는 五峯 胡宏이다. 그는 性은 본래 善惡이 없어서 天理와 人欲이 같이 同體異用, 즉 性을 본체로 하고 作用만 다른 것이며, 따라서 性은 體이고 心은 用이라 주장했는데, 주자는 이에 대해 「知言疑義」를 지어 극력 비판하였다.[43)] 주자가 호굉의 同體異用說을 비판한 이유를 보면, 한주의 中和說, 보다 구체적으로는 未發論과 그 의사가 일치한다는 것을 알 수 있다.

---

42) 此書之未瑩, 全在此段. 或不善則亦應有善者, 而謂皆人欲之所作, 則朱子此時以人欲爲可善可惡底物矣. 氣之所爲, 如無過不及之差, 則人欲何從而生乎? 天理人欲自根本而已然, 則胡氏同體異用之云, 正爲得之, 而人欲之根株, 與天理而竝立矣. 雖以人心道心言之, 性命是箇大本, 形氣則其旁緣, 不可竝謂之根本. 近見三山集, 深以此語爲未安, 實公案也.『전서』1책 238쪽,「문집」10권, 答李稚祥.
43) 性無善惡, 心以成性. 天理人欲, 同體異用, 同行異情, 指名其體曰性, 指名其用曰心. 性不能不動, 動則心矣云云. 朱子力詆其非, 至作知言疑義, 與呂祖謙及宏門人張栻, 互相論辨, 卽栻不敢盡以其師說爲然.『知言』「提要」

만약 善·惡이 동서쪽에서 상대하여 피차가 角立한다면 이는 천리와 인욕이 같이 한 근원에서 나오는 것으로 未發의 상태에 이미 천리와 인욕의 두 단서가 갖추어져 있는 셈이 된다. 이렇게 되면 이른바 天命之性이란 것 역시 매우 汚雜한 것이 되니, 이러한 견해는 바로 胡氏의 同體異用의 뜻이다.[44]

미발의 상태는 性이고, 이 시점에서는 天理만 드러날 뿐 인욕의 단서가 있지 않다는 것이다.

또 한주는 위 「答蔡季通書」의 인용문에 대해 "그 후에 주자 스스로 '말이 분명치 못하여 근거로 삼기에 부족하다.'고 했으므로 주자의 정설이 아니다."라고 단정하였다. 지금 『주자대전』 「答鄭子上書」에서 그 설을 찾을 수 있다.

정자상이 주자에게 보낸 편지에서

이 마음의 신령함이 바로 道心이니, 도심이 보존되고 이 마음 비어 있으면 알지 못할 바가 없을 것입니다. 어찌 이 몇 가지만 아는 데 그치겠습니까?

하니, 주자가 答書에서,

이 마음의 신령함이 理에서 지각하는 것이 도심이고 欲에서 지각하는 것이 인심이다. 昨日에 季通에게 답한 편지는 말이 분명치 못하니 근거하여 說을 삼기에 부족하다.[45]

하였다. 도심과 인심의 구별을 心性의 뿌리에서 나오는 것이 아니라 心이

---

44) 若以善惡東西相對, 彼此角立, 則是天理人欲, 同出一源, 未發之前, 已具此兩端, 所謂天命之性, 亦甚汚雜矣. 此胡氏同體異用之意也. 『주자대전』 59권, 答趙致道.
45) 此心之靈, 卽道心也. 道心苟存而此心虛, 則無所不知, 而豈知此數者而止焉? 此心之靈, 其覺於理者道心也, 其覺於欲者人心也. 昨答季通書, 語却未瑩, 不足據以爲說. 『朱子大全』 56권

지각하는 대상에 따라 생기는 것으로 본 것이다.

한주는 「答蔡季通書」의 說은 마치 본성 속에 善과 惡이 대립하여 공존하는 것처럼 될 수 있기 때문에 퇴계가 『주서절요』를 편찬할 때 人心을 人欲으로 본 부분과 함께 刪去했고, '舜戒禹' 이하는 명백하여 의심할 것이 없으므로 『주서절요』에서 채록하였으니, 퇴계의 取捨가 매우 정밀하다46)고 하였다. 그리고 한주는 互發을 결과적으로 各發로 보는 영남학자들의 견해는 퇴계의 정설에 위배된다고 개탄한다.

> 形氣에서 생기고 형기에서 發한다는 뜻으로 말하자면, 원래 心氣가 곧바로 發하는 것이 아니라 단지 理가 형기를 因하여 발하는 것일 뿐이다. 理가 형기를 인하여 발할 경우에는 氣가 작용하여 氣機가 도리어 理보다 重하게 되는 것이다. 여기서 두 가지의 氣가 있지 않다는 것을 할 수 있다. 그러나 그렇다고 어찌 이 때문에 그 界分마저 없애서야 되겠는가. 영남의 선배들이 各發을 주장하였으니, 그것이 과연 퇴계의 뜻에 부합되겠는가.47)

> 錦陽[葛菴] 이래 영남의 학자들은 왕왕 分開 쪽에 치중한 나머지 『주서절요』에서 刪去한 것을 다시 『講錄』에 싣기도 하였으니, 혹 正見에 누가 될까 두렵다. 湖上先生(大山 李象靖)의 간명한 정설도 미처 이 점을 감정하지 못하였다.48)

> '근본으로부터 이미 그러하다'는 一段은 朱先生이 스스로 '분명치 못하다'고 하였고 퇴계도 『절요』에서 刪去하였다. 그러나 그것이 分開說에 매우 가깝기 때문에 密庵과 大山이 서로 이어 그대로 사용하였다. 그러나 사실은 주자와 퇴계가 이미 버린 설이다.49)

---

46) 今謂根本已然, 則反有善惡在性中相對爲兩物之病, 故節要並刪去之. 若夫舜戒禹以下, 明瑩無疑, 可據而爲說, 故節要采錄之, 退陶取舍之精如此.『전서』1책 219쪽, 答姜耘父 別紙.

47) 至若生於形氣發於形氣之旨, 元非心氣之直發, 特理因形氣發耳. 理因形氣發者, 氣之作用, 其機反重, 正見其非有兩般氣. 然又豈可緣此而遂沒其界分也. 嶺中先輩, 爲此各發之說, 果合於退陶之旨乎?『전서』1책 220쪽,「문집」10권, 答姜耘父.

48) 錦陽以來, 往往於分開上占得多了, 節要所刪, 復載於講錄, 或恐反累於正見. 湖上先生兩下普說, 猶未及契勘於此.『전서』1책 223쪽,「문집」10권, 答姜耘父.

여기서 한주는 互發說의 '氣發而理乘之'의 氣發을 心氣가 실제로 발한
다고 보는 영남학파의 견해를 비판하였으며, 나아가서 율곡의 설을 공격
하느라 分開看 쪽에 치우친 나머지 마치 心性의 뿌리에 理와 氣가 공존하
여 각각 따로 發하는 것으로 互發의 뜻을 보는 견해도 잘못이라고 단정하
였다. 그리고 葛菴·密庵은 물론이고 한주가 퇴계 다음으로 尊信하던 大
山 李象靖조차도 互發을 各發로 보는 잘못을 면치 못했다고 하였다.[50]
그리고 나아가서는 당시 영남의 학문 풍토가 고루한 틀에 갇혀 조금이라
도 다른 설을 주장하면 곧 큰 비방을 받게 된다고 개탄하였다.[51]

한편 한주는 위「答鄭子上書」의 一段을 퇴계가『주서절요』에 수록하지
않은 것을 가지고 南塘 韓元震이 "取捨가 정밀하지 못하다."고 비판하는
것에 대해서 辨駁하였다. 즉 이 단락이 매우 정밀하고 簡約한데도 퇴계가
刪去한 것은 靈과 覺을 연이어 말한 것이 불교의 說과 비슷하게 보일 우려
가 있고 理와 欲을 상대하여 말한 것도 온당치 못하여 後學의 의혹만 불어
나게 할 소지가 있기 때문이었다는 것이다. 한주는 그러나 이 구절도 活看
하면 퇴계의 생각처럼 문제가 될 것은 없으므로 採錄해도 무방하다고 한
다.[52]

그리고 한편 한주는 위「答蔡季通書」의『주서절요』에 수록된 부분 중

---

49) 自其根本一段, 朱先生自以爲未瑩, 退陶又刪之於節要, 而以其式近於分開說, 故
密庵大山相繼遵用, 然實則朱李已棄之說也.『전서』1책 237쪽,「문집」10권,
答李稚蕭.

50) 大山先生分開後論亦曰 "私正之分, 自根本而已然."『전서』1책 219쪽,「문집」
10권 答姜耘父.

51) 今嶺學打成圈套, 頗傷膠固, 稍有異聞, 輒被厚訕.『전서』1책 237쪽,「문집」10
권, 答李稚蕭.

52) 答鄭子上書覺於理一段, 果似精簡, 而聯說靈覺, 嫌於佛旨, 對說理欲, 疑於數柱,
易滋後學之惑, 故節要不爲附入, 非出於未及契勘也. 近世韓南塘執此以攻節要以
爲取舍不精, 鄙嘗辨之. 然活看則不做病, 采錄無妨否?『전서』1책 218쪽,「문집」
10권, 答姜耘父 別紙.

에서 고쳐야 할 곳이 있다는 주장에 대해서도 반론을 제기한다. 먼저『주
서절요』에 문제가 된 단락을 보자.

　　이것이 舜이 禹에게 경계하신 본의인데 내가『中庸』서문에서 이미 서술
　　하였다. 形氣에서 發하는 것을, 보내온 편지에서 의심한 것처럼 죄다[盡]
　　不善하여 淸明純粹할 때가 있을 수 없다고 곧바로 간주한 것은 결코 아니
　　다. 단지 여기서 말하는 청명순수란 것이 이미 形氣의 偶然에 속하는 것이
　　고 보면 이 또한 단지 理를 막지 않고서 理가 발휘되는 것을 도울 수 있다
　　는 것일 뿐이다. 따라서 이를 대뜸 도심이라 하여 惟精惟一할 바탕으로 삼
　　아서는 안 된다.53)

　形氣에서 發하는 人心이라 해서 不善하기만 한 것이 아니고 때로 善하
지만 그것은 그 氣가 혹 淸明純粹할 때가 있어서 그러한 것일 뿐이므로,
순수하게 理를 가리켜 말한 것으로 惟精惟一할 대상이 되는 道心과는 다
르다는 것이다. 그런데 위 인용문에서 '죄다[盡]'의 '盡' 자와 '偶然'의
'偶'를 刪改해야 정론이 될 수 있다고 한 견해에 대해 한주는 다음과 같이
반박한다.

　　形氣에서 發한 것은 善도 있고 惡도 있으니, 善한 것은 上智에게도 없을
　　수 없는 것이요 惡한 것은 일반 사람에게 많은 것이다. 대개 그(人心) 정상
　　이 惡하기는 쉽고 善하기는 어려우므로 '盡' 자와 '偶然' 자를 붙여야 했던
　　것이다. 보통 사람의 情은 混濁駁雜한 것이 늘 發作하고 淸明純粹한 것은
　　그 우연한 곳일 뿐이다. 心이 未發한 시점에서는 진실로 인욕의 根株가 없
　　다. 그러다가 겨우 心이 발했다 하면 氣가 곧 用事하여 인욕의 사사로움이
　　이미 많이 싹트는 것이 마치 나무가 寄生하여 곁갈래로 자라나는 것과 같으
　　니, 형기에서 발하는 것에 어찌 善하지 않음이 없을 수 있겠는가? 이 한 단
　　락은 退陶가 이미『주서절요』에 넣은 것인데, 후학이 어찌 감히 빼낼 수 있

───────────────

53)　此舜戒禹之本意而序文述之. 固未嘗直以形氣之發, 盡爲不善而不容其有淸明純
　　粹之時, 如來喩之所疑也. 但此所謂淸明純粹者, 旣屬乎形氣之偶然, 則亦但能不
　　隔於理而助其發揮耳. 不可便以爲道心, 而欲拒之以爲精一之地也.『朱書節要』
　　10권.

겠는가? 退陶가 "氣에서 발한 情도 善하지 않음이 없다." 하였으니, 그대의 설은 진실로 여기에 근본했을 것이다. 그러나 退陶의 경우에는 情이 처음 발할 때를 말했고, 그대의 경우는 情이 발한 始終을 아울러 말했다.[54]

形氣에서 나온 情도 처음 발하는 시점에서는 다 善하지만 發했다 하면 기질의 방해를 받아 본연의 상태로 直遂하지 못하고 마치 기생하는 식물처럼 곁으로 삐쳐서 나갈 수 있으므로 죄다[盡] 善하다 할 수 없고, 혹 善한 경우는 우연히 그러한 것이니, 주자가 '盡' 자와 '偶然'를 쓴 것은 매우 적절했다는 것이다. 퇴계가 『주서절요』에서 이 단락을 수록한 것이 옳다는 주장이다.

(3) 互發과 各發의 차이

앞에서도 여러 곳에서 언급했듯이 四七互發의 '互' 자의 뜻을 어떻게 보느냐에서 四七說의 가장 큰 쟁점에 대한 해답이 나올 수도 있다. 그만큼 이 문제는 매우 중요한 것이다. 한주는 退溪가 互發이란 용어를 선택한 정미한 뜻을 학자들이 살펴 알지 못하고 지레 비판한다고 생각했다.

한주는 理發·氣發說의 핵심 논거가 되었던 주자의 "四端理之發, 七情 氣之發."도 活看하면 理·氣가 각각 主가 되어 發한다는 오해는 생길 수 없다고 생각했다.

다시 살펴보건대, 여기서 理·氣를 말한 것은 외면의 사물을 위주하여 말한 것이고 보면 '理之發'이란 理가 발한 바이고 '氣之發'이란 氣가 발한

---

54) 形氣之發, 有善有惡, 善者則上智之不能無, 惡者則衆人之所多有. 蓋其情狀, 易惡而難善, 故須著盡字偶然字. 常人之情, 昏濁駁雜, 常常發作, 而淸明純粹, 乃其偶然處也. 此心未發之前, 固無人欲之根株, 而纔發之際, 氣便用事, 人欲之私, 已多萌孼, 如木之有寄生側秀, 形氣之發, 安能無不善? 此一段退陶入節要, 後學何敢摘抉乎? 退陶言 "氣發之情, 亦無不善." 盛說固本乎此, 而彼則但言其始, 此則兼擧其終. 『전서』 1책 228쪽, 「문집」 10권, 答李稚肅.

바이니, 心中에 있는 理와 氣가 상대하여 각각 나오는 것을 뜻하는 것은 아
니다. 그러나 理를 좇아서 發하는 것은 理가 主가 되고 氣를 좇아서 發하는
것은 氣의 힘이 도리어 무거워지니, 心中에서 나누어 보면 역시 理와 氣의
구분이 있다.[55]

여기서 '리가 발한 바[理之所發]'와 '기가 발한 바[氣之所發]'는 보다
자세히 말하면 외면의 理·氣가 心의 감응 대상이 되어 性을 情으로 발하
게 한 것이라는 뜻이다. 따라서 '理에 의해 발한 바', '氣에 의해 발한
바'라고 하는 것이 오히려 분명한 표현일 듯하다.
　이 견해에 의하면, 理發·氣發의 理·氣는 心中의 理·氣가 아니라 心
中의 理가 발할 때 감촉하는 대상이 公正한 의리 쪽이냐 사사로운 形氣
쪽이냐에 따라 나눈 것이 된다. 이는 心의 근본에 理와 氣 둘이 있는 것이
아니라 心이 발할 때 감응하는 대상을 가지고 나눈 것으로, 心의 실상을
두고 말한 것이 아니라 心의 발현 양상을 구분하여 말한 것일 뿐이라는
뜻으로 이해할 수 있다. 즉 한 쪽은 理를 위주로 말하고 한 쪽은 氣를
위주로 말했을 뿐이므로, 사단·칠정의 실상이 判然히 나뉘어 한 쪽은
理이고 한 쪽은 氣라는 것이 아니라 사단·칠정을 말할 때 主理·主氣로
구분할 수 있다는 뜻일 뿐이라는 것이다. 그러나 이는 活看했을 때에 가능
한 설명이고 '理之發, 氣之發.'란 표현은 그냥 보아서는 분명 '理氣各發'
의 뜻으로 이해될 소지가 많다. 이에 대해 주자의 高足인 勉齋 黃幹이
"感物而動, 則或氣動而理隨之, 或理動而氣挾之." 하여 理·氣가 不相離한
채 發한다는 표현하였으나 여전히 理·氣의 主·資 관계가 분명히 드러
나지 않아 理와 氣가 각각 主가 되어 발한다는 의혹을 아주 없앨 수는
없었다. 퇴계는 면재의 이 표현을 바꾸어 "四端, 理發而氣隨之. 七情, 氣發

---

55) 更按此說理氣, 主外面事物而言, 則理之發者, 理之所發也, 氣之發者, 氣之所發
也, 非謂在心之理, 相對而各出也. 然而從理而發者, 理爲主, 從氣而發者, 氣反
重, 就心中分看, 亦固有理氣之分矣. 『전서』 2책 165쪽, 『理學宗要』 10권.

而理乘之."라 하고 사단·칠정에 互發이란 용어를 性理學史上 최초로 사
용하였다.

> 사람의 일신은 理와 氣가 합하여 생기는 것이다. 그러므로 이 둘이 상호
> 發用하며 살펴보건대 氣가 志를 움직이고 志가 氣를 움직이는 것이 호발이
> 다. 그 발함이 또 相須的인 관계에 있다. 상수적인 관계이고 보면 호발이지
> 각발이 아니다. 호발이고 보면 각각 위주하는 바가 있음을 알 수 있고 相須
> 的이고 보면 피차가 서로 상대 쪽 속에 있다는 것을 알 수 있다. 피차가 서
> 로 상대 쪽 속에 있기 때문에 渾淪하여 말하는 경우도 진실로 있고, 각각
> 위주하는 바가 있기 때문에 분별하여 말하더라도 안 될 것이 없다.[56]

전문은 퇴계의 글이고 註는 한주가 붙인 것이다. 여기서 퇴계가 말하고
자 하는 뜻은 理와 氣는 不相離를 전제한 不相雜의 관계에 있으며 이러한
理와 氣의 관계를 파악하는 관점은 渾淪看을 전제한 分開看이라는 것이
다. 이에 한주는 『맹자』「公孫丑 上」의 志·氣로써 理·氣를 설명하였
다.[57] 즉 志·氣의 관계와 같이 理·氣는 서로 相須的인 관계에서 發하지
각각 主가 되어 發하는 않으니, 이것이 바로 互發이라는 것이다.

한주는 互發의 의미를 자세히 설명하였다.

---

56) 人之一身, 理與氣合而生, 故二者互有發用(按氣動志, 志動氣, 是互發.)而其發又
相須也(相須則互發, 非各發). 互發則各有所主, 可知, 相須則互在其中, 可知. 互
在其中, 故渾淪言之者固有之, 各有所主, 故分別言之而無不可. 『전서』2책 168
쪽, 「이학종요」 10권.

57) 『맹자』「公孫丑 上」에 "志는 氣의 장수요 氣는 몸에 차 있는 것이니, 志가
으뜸이요 氣가 그 다음이다. 그러므로 '그 志를 잘 잡고도 또 그 氣를 난폭하
게 굴리지 말라.' 하는 것이다. 이미 '志가 으뜸이요 氣가 그 다음이다.' 해 놓
고 또 '그 氣를 포악하게 굴리지 말라.' 한 것은 어째서인가? 志가 專一하면
氣를 움직이고 氣가 전일하면 志를 움직이니, 예컨대 넘어지고 달리는 자는
氣가 그렇게 하는 것이지만 그 氣가 도리어 그 心을 움직인다.[志, 氣之帥也,
氣, 體之充也. 夫志至焉, 氣次焉, 故曰 '持其志, 無暴其氣.' 旣曰 '志志焉, 氣次
焉.' 又曰 '持其志, 無暴其氣.'者, 何也. 志一則動氣, 氣一則動志也. 今夫蹶者
趨者, 是氣也, 而反動其心.]" 하였다.

사단과 칠정이 사물에 감촉하는 것에는 본래 理·氣의 구분이 있다. 四端이 감촉하는 것은 義理에 관한 것이니, 仁이 父子에 있어서, 義가 君臣에 있어서, 禮가 賓主에 있어서, 智가 賢否에 있어서는 모두 그 대상이 사물이다. 칠정이 감촉하는 것은 形氣 쪽의 사물이니, 귀와 눈이 聲色에 있어서, 코와 입이 臭味에 있어서, 四肢가 勞逸에 있어서는 그 대상이 모두 사물이다. 理를 좇아서 발하는 것은 理가 主가 되므로 理發이라 하며, 氣를 좇아서 발하는 것은 氣가 도리어 重하므로 氣發이라 한다. 그러나 理는 氣 없으면 발하지 못하므로 '理發而氣隨'가 되는 것이고, 氣는 理가 아니면 발할 바가 없으므로 '氣發而理乘'이 되는 것이다.

理에 대해서는 乘이라 하고 氣에 대해서는 隨라 한 것은 어째서인가?『주역』大傳에 소를 부리고 말을 타는 이치를 隨卦에서 취하였는데 이를 해석하기를 "隨는 동작에 반드시 사람을 따르는 것이니, 이로써 멀리 갈 때에도 사람을 따르고 이로써 가까이 갈 때에도 사람을 따른다." 하였다. 대개 사람이 말을 타고 말이 사람을 따르는 것은 아래는 움직이고 위는 기뻐하는 象인데 아래가 움직인다는 것은 말이 사람을 따르는 것을 가리키고 위가 기뻐한다는 것은 사람을 말을 탄 것을 가리킨다. 사람이 말을 탔는데 말이 사람을 따르지 않거나 말이 사람을 따르는데 사람이 말을 타지 않은 때는 없고 보면 理는 사람과 같고 氣는 말과 같다. 理가 氣를 타고 氣가 理를 따르는 것이니, 어찌 둘로 나뉠 이치가 있겠는가.

이제 혹 理가 氣를 탄다고만 주장하고 氣가 理를 따른다고 말하기를 꺼리는 이가 있는데, 그렇다면 말이 사람을 가게 하는 것에 대해서는 말이 사람을 따른다고 하는 것을 꺼리지 않으면서, 氣가 理를 가게 하는 것에 대해서는 유독 氣가 理를 따른다고 하는 것을 꺼린단 말인가. 이는 퇴계의 立言의 精妙함이 절로 이치에 暗合한 것이다.[58]

---

58) 四七之所感於物者 本自有理氣之分 四端之所感 義理上事也 仁之於父子 義之於君臣 禮之於賓主 智之於賢否 皆是物也 七情之所感 形氣邊事也 耳目之於聲色 鼻口之於臭味 肢體之於勞佚 皆是物也 從理而發者 理爲主 所以謂理發也 從氣而發者 氣反重 所以謂氣發也 然而理無氣則不能發 故理發而氣隨 氣非理則無所發 故氣發而理乘 理曰乘 氣曰隨 何也 易大傳以服牛乘馬取諸隨而釋之者曰隨是動作必隨於人 以之遠則離於人 以之近則隨於人 蓋人乘馬隨 是下動上說之象 而下動是指馬隨 上說是指人乘 未有人乘而馬不隨馬隨而人不乘之時 則理猶人也 氣猶馬也 理乘氣隨 豈有二致哉 今或有獨主理乘而嫌言氣隨者 馬之行人 不嫌於爲隨 則氣之行理 獨嫌於稱隨耶 此退陶立言之妙 自有暗合於理致者也.『전서』2책 169쪽, 理學宗要 10권.

'理發而氣隨之'와 '氣發而理乘之'의 '隨' 자와 '乘' 자에 精妙한 뜻이 있다는 것이다. 理와 氣의 不相離·不相雜의 관계를 적절히 설명한 것으로는 주자의 사람과 말의 비유가 가장 잘 알려져 있다. 퇴계도 奇高峯과의 四七論爭에 이 비유를 차용한 적이 있다.

한주는 『주역』「繫辭 下傳」 2章의 "소를 부리고 말을 타서 무거운 물건을 끌고 오고 먼 곳에 이르게 함으로써 천하를 이롭게 하니, 이는 隨卦에서 뜻을 취했다.[服牛乘馬, 引重致遠, 以利天下, 蓋取諸隨.]"의 小註의 安定胡氏說을 근거로 '隨' 자와 '乘' 자의 미묘한 含意를 설명하였다. 즉 사람이 말을 타고 갈 때 "사람이 말을 탔다[乘]" 하고 "말이 사람을 따른다[隨]" 하는 것은 사람과 말이 하나가 되어 가는 상태에서 사람을 위주로 말하기도 하고 말을 위주로 말하지도 하는 것이므로, '二而一, 一而二.' 이고 '不相離, 不相雜.'인 理·氣의 관계를 설명하는 데에 더없이 적절한 표현이라는 것이다.

'互發' 두 글자를 세상에 의심하는 이들이 많다. 그러나 이 '互' 자는 두 사물이 相資相須하고 不離不雜하는 묘한 이치를 가장 잘 형용한 것이다. 陰·陽이 互藏하는 것은 陰 중에 陽이 있고 陽 중에 陰이 있기 때문이며, 動·靜이 互根하는 것은 動 중에 靜이 있고 靜 중에 動이 있기 때문이다. 動과 靜이 어찌 각각 두 사물에 뿌리를 두고 있을 리가 있으리오. 理·氣가 互發하는 것은 理가 발하는 곳에 氣가 곧 理를 따르고 氣가 발하는 곳에 理가 곧 氣를 타기 때문이다. 理·氣가 어찌 상대하여 두 근본이 되고 각각 나와서 두 갈래가 될 리가 있으리오.
예컨대 사람이 말을 타고 문을 나갈 경우 사람이 弔祭하거나 방문하기 위해 나간다면 主가 사람에 있으므로 "어느 사람이 나갔다." 하고, 말이 강물에 목욕하고 들판에서 풀을 뜨기 위해 나간다면 主가 말에 있으므로 "어느 말이 나간다." 하는 것이다. 오늘날 사람들이 各發의 뜻으로 互發의 뜻을 보아 혹은 존숭하고 혹은 배척하는 것은 모두 선생의 本旨가 아니다.[59]

---

59) 互發二字, 世多疑之, 然這互字最狀得相資相須不離不雜之妙. 陰陽之互藏, 以其陰中有陽陽中有陰也. 陰陽何嘗各藏於兩處乎? 動靜之互根, 以其動中有靜靜中有動也, 動靜何嘗各根於兩物乎? 理氣之互發, 以其理發處氣便隨氣發處理便乘,

‘互’ 자의 실제 내용인 乘 자와 隨 자의 含意를 자세히 살펴 보면, 情이
발한 상태에서 각각 위주하는 바를 구분하였으나 理와 氣가 主·資의 관
계에 있다는 것이 분명히 드러난다. 만약 理와 氣가 主·資의 관계에 있
지 않다면 사실상 二元이 되고 말 것이다. 한주는 "율곡 등 諸賢이 互發論
에 대해 의심한 것은 『퇴계집』이 당시에는 아직 간행 유포되지 못하여
퇴계의 학설을 깊이 읽어보지 못하고 단지 한두 집안에서 베껴 써 놓은
것에 근거했기 때문이다."60) 하여, 학자들이 ‘互’를 쓴 퇴계의 정미한 뜻
을 자세히 알지 못한 상태에서 호발설을 비판하였을 것으로 추측하기도
했다.

근대 이후로 퇴계의 심성론을 理氣二元論으로 규정하는 견해가 학계에
있어왔는데, 한주에 의하면, 이는 互發을 各發로 오인한 데서 빚어진 결과
일 뿐이고 호발의 의미를 이해한다면 二元이란 용어는 적절하지 않다.
주자와 퇴계 뿐 아니라 한주가 대표적인 主氣論者로 지목하는 남당 한원
진조차도 本原界에 있어서는 理先氣後를 인정하였고 보면, 주자학에서 있
어서 二元論은 현상계를 설명하는 데에는 혹 쓸 수 있을지 몰라도 그 이상
개념의 폭을 넓혀서 쓸 수 있는 없을 듯하다. 이미 理學이라 하였으니,
적어도 理學者 자신들이 理와 氣를 二元으로 보지 않았을 것임은 분명하
고, 理氣論이 이미 이러하다면 그 하위에 있는 心性論 역시 마찬가지일
것이다.

퇴계도,

理氣何嘗相對爲二本而各出爲兩岐乎? 如人乘馬出門, 只有一路, 而爲人弔祭訪
候而出, 則主在人, 謂之某人出. 爲馬之浴河放場而出, 則主在馬, 而謂之某馬出
也. 今人乃以各發之義看得互發之義, 或宗而或斥者, 皆非先生之本旨也.『전서』
2책 169-170쪽, 理學宗要 10권.
60) 竊疑栗谷諸賢之致疑於互發之論者, 似緣本集未及刊布, 讀之不熟, 而只據一二
家條謄者斷之.『전서』4책 457쪽,「구지록」12권,「近思錄箚疑」.

만약 理・氣가 不相離하다는 것 때문에 氣를 兼하여 말하고자 한다면 그 것은 이미 性의 本然이 아닐 것이다. 대저 子思와 孟子가 道體의 전모를 환히 꿰뚫어 보았으면서 이와 같이 立言한 것은 진실로 氣를 섞어서 性을 말하면 性의 本然을 볼 수 없게 되기 때문이다. 程子・張子 등 학자들이 출현한 뒤에 와서야 부득이 氣質之性이란 설이 있게 되었으나 가리켜 말한 主意는 사람이 기질을 받아 태어난 뒤에 있고 보면 순전히 본연의 性이라 말할 수는 없다.61)

하여, 理만 가리켜 말한 本然之性만을 진정한 性으로 인정하고 있으며, 四七說에서도,

七情이 理와 무관한 것이라는 뜻이 아니라 칠정은 외물이 우연히 마음에 와 닿음으로 해서는 생겨나는 것일 뿐이다.

하여, 칠정은 心中의 形氣가 스스로 발하는 것이 아님을 분명히 말한 곳이 있다.62)

2) 퇴계설 수정

한주는 退溪를 私淑하여 자신의 설을 반드시 퇴계의 설에 절충해 본 뒤에 주장을 폈다. 그러나 그는 퇴계의 설도 무조건 遵奉하지 않고, 반드시 經傳의 原義에 맞는지 검토한 뒤에 取捨하였다. 이는 주자 및 北宋諸儒에 대해서도 마찬가지이다.63) 여기서는 退溪說 중 세상에서 理發說

---

61) 若以理氣不相離之故, 而欲兼氣爲說, 則已不是性之本然矣. 夫以子思孟子洞見 道體之全, 而立言如此者, 誠以雜氣而言性, 則無以見性之本然故也. 至於程張諸 子之出, 然後不得已而有氣質之性之論, 所指而言者, 在乎稟生之後, 則又不得純 以本然之性稱之也. 『퇴계집』『전서』2책 163-164쪽, 『理學宗要』10권.
62) 先生再書又曰 "非謂七情不干於理, 外物偶相湊著而感動." 後人乃謂心中形氣發 爲七情, 決非先生之旨也. 『전서』2책 165쪽, 『理學宗要』10권.

의 근거가 된다고 알려진 理到說과 조선의 성리학 전개 向方에 지대한
영향을 끼친 '尊德性 道問學'의 본말 문제에 한정하여 퇴계설에 대한 한

---

63) 주 3) 참고.
　　한주는 『논어』 攻乎異端章의 해석에서도 주자의 견해와 배치되는 설을 주장
　　하였다.
　　"『집주』의 章句에서 주자가 '攻' 자를 '專治'의 뜻으로 풀이하고 小註에서 주
　　자가 '조금이라도 그것을 공부해서는 안 된다.' 하였는데 이 설대로 본다면
　　공자의 말이 느슨하여 절실하지 못한 것이 아니겠는가. 異端은 아마도 百家의
　　뭇 기예와 같은 것일 것이다. 이를테면 醫藥·卜筮·兵農·律曆 등이다. 이
　　는 진실로 군자가 두루 그 이치를 알아야 하는 것이지만 아무래도 늘 따를
　　수 있는 정도는 아니므로 專攻하여 깊이 알려고 들면 손해만 있고 이익은 없
　　게 되는 것이다. 佛老와 楊墨이라면 조금만 공부해도 해가 있는데 어찌 전공
　　한 뒤에 해가 되리요. 단지 후세에 이 이단 두 글자를 빌어서 불노와 양묵을
　　지목했기 때문에 집주에서 그에 따라 설을 낸 것이 아닐까. 공자 시대에는 아
　　직 佛老의 說이 왕성하게 일어나지 않아 도를 해치는 데 이르지 않았다. 그러
　　므로 공자께서 한 마디도 이단에게 대해 언급한 적이 없으니, 그렇다면 여기
　　서 이단은 楊墨을 가리키는 것이 아님이 분명하다.[朱子訓攻字以專治, 而又謂
　　'略去理會他不得.' 然則夫子之言, 無乃緩而不切乎? 異端恐是百家衆技之類, 如
　　醫藥卜筮兵農律曆等事, 是也. 此固君子之所可旁通, 而終非正道之可常由者, 固
　　專治而欲精之, 則有害而已, 無所利益也. 若佛老楊墨, 則略治之, 已有害, 何待
　　專治然後爲害耶? 只緣後世借此異端字以目佛老楊墨, 故集註依他說去耶? 孔子
　　之時, 佛老之說未熾, 不至於害道, 故夫子未嘗一言及之, 則此異端之非指楊墨,
　　明矣.]"
　　공자의 시대에는 다른 학문이 儒學을 해칠 정도로 기세가 왕성하지 않았고
　　또 공자가 다른 곳에서는 異端이란 말을 한 적이 없으므로 여기서 異端은 楊
　　朱·墨翟과 같은 학문이 아니고 百家의 일반적인 기예일 것이라 한 것이다.
　　『전서』 4책, 49쪽.
　　異端과 이와 관계가 되는 尊德性·道問學 등의 해석은 조선의 학계에서는 매
　　우 민감한 부분이었다. 이러한 곳에서 기존의 통념을 깨는 과감한 학설을 주
　　장할 수 있다는 것이 긍정적인 한주의 학문 자세로 인정할 만하다. 이 밖에도
　　주자의 『四書集註』와 다른 설을 한주는 주로 『求志錄』의 「四書箚疑」에서 많
　　이 보여주고 있으며, 기타 경전의 해석에서도 先儒의 설들을 비판적으로 검토
　　한 뒤에 자신의 견해를 제시한 곳이 많다. 주자의 설과 다른 주장을 가장 많
　　이 보이는 저술은 「論語箚疑」이다.

주의 견해를 살펴보기로 한다.

(1) '理到'의 '到' 자의 해석

한주는 『韻會』에 의하면 '格' 자에는 '窮究'와 '究極' 두 가지 뜻이 있다고 하면서 格物의 格은 窮究의 뜻으로 보아 나의 마음이 사물이 이치를 궁구하여 가장 심층에까지 이르는 것으로 보고, 物格의 格은 究極의 뜻으로 보아 사물의 이치가 지극하여 남음이 없이 드러나는 것으로 보았다.[64] 그리하여 그는 『大學章句』의 '物格'에 대한 정의인 '物格者, 物理之極處, 無不到.'에 대한 종래의 두 가지 견해인 '心到'와 '理到'를 모두 부정한다.

'極處無不到'에 대한 해석은 예로부터 '心到'와 '理到'의 논쟁이 있어왔는데, 이는 章句에서 '格' 자를 '至' 자의 訓으로 보고 '至'를 '到'로 바꾸었기 때문이다. 그래서 잘 보지 못하는 이들이 마치 내가 남의 집에 이르고 남이 나의 집에 이르는 것처럼 보았던 것이다. 그러나 物을 格하여 物이 格하는 것은 마치 家를 齊하여 家가 齊해지고 國을 治하여 國이 治해지는 것과 그 뜻이 같다. 家가 실로 스스로 齊해지는 것이지 家가 나를 齊하는 것이 아니요 國이 실로 스스로 治해지는 것이지 國이 나를 治하는 것이 아니다. 내가 여기에서 物을 格하는 것이지 애초에 내가 가서 物과 만나는 것이 아니고 보면 物이 저기에 스스로 格하는 것일 뿐 어찌 物이 와서 나의 손님이 되겠는가. 이제 밝은 거울을 가지고 비유해 보자. 거울이 결코 가서 物을 쫓아 간 적이 없고 物이 결코 와서 거울에 들어온 적이 없지만 거울이 物을 비춤에 크고 작음은 빠뜨리지 않으며, 物이 거울에 비침에 곱고 추함이 남김없이 드러나지만 거울과 物은 각기 한 곳에 있을 뿐이다. 다만 格物이라 하면 내가 主가 되고 物格이라 하면 物이 主가 되는 것이다. 그러므로 『或問』에서 格物을 해석하기를 "저 사물 가운데 나아가 이미 알고 있는 理를 통해서 推求하여 각각 그 極處에 이른다." 하였고, 物格을 해석하기를 "精粗와 隱顯이 究極하여 남음이 없다." 하였으니, 이는 사물의 이치를 궁구하여 극처에 이르는 것을 格物이라 하고 사물의 이치가 저마다 그 極處에 나아가 남음이 없는 것을 物格이라 한 것인즉 격물의 뜻은 心到와 비슷하고 물격의

---

64) 韻會格究也, 究有二義, 一則窮究也, 一則究極也. 以訓格物, 則吾心窮究到底, 以訓物格, 則物理究極無餘. 『전서』4책 15쪽, 「구지록」大學箚疑.

뜻은 理到와 비슷한 듯이 보인다. 그러나 心到라 하지만 단지 궁구하여 到
底한 것이고 理到라 하지만 단지 究極하여 到盡한 것일 뿐이다. 이 到 자는
단지 精到·懇到의 到와 같다. 게다가 여기서 "欲其物理之極處無不到."라
한 것은 바로 격물하는 사람이 그 物이 格해지기를 바라는 것과 같지 物에
格하는 것을 뜻하는 것이 아니다. 退陶가 이 문제에 있어 끝내 理到說을 주
장한 것이 대개 이 때문이었다. 더구나 위에 "궁구하여 사물의 理에 이른
다"는 구절에 이미 心到의 뜻이 있음에야. 그러나 지금 굳이 心到·理到를
구분하지 않는 것은 그렇게 되면 到 자의 의미를 너무 무겁게 보게 되기 때
문이다.65)

'物理之極處, 無不到.'를 心到로 보면 心이 사물의 理의 極處에 이르는
것이 되고 理到로 보면 사물의 理의 극처가 心에 이르는 것이 된다. 이는
『大學章句』에서 '格' 자를 '至' 자 뜻으로 보고 '至' 자가 다시 '到' 자로
바뀜에 따라 실제로 어느 지점에서 출발하여 어느 지점에 이르는 것으로
보기 쉽게 되었기 때문이다. 그러나 '格物'과 함께 『대학』 八條目에 들어
있이 같은 文理로 해석되어야 할 '齊家'·'治國'에 이어지는 '家齊'·'國
治'의 경우 사람이 家를 齊하고 國을 治하여 家가 家의 자리에서 齊해지
고 國이 國의 자리에서 治해지듯이 物格도 物이 物의 자리에서 格해진다

---

65) 極處無不到之訓, 古有心到理到之爭, 蓋緣章句訓格爲至, 變至爲到, 故不善看者
看得如我到人家人到我家之樣. 然格物而物格, 如齊家而家齊, 治國而國治, 其義
一般, 家實自齊, 非家之齊我, 國實自治, 非國之治我也. 我在此而格物, 初非往
與物會, 則物在彼而自格, 亦豈來爲我客耶? 今以明鏡比之, 鏡未嘗去逐物, 物未
嘗來入鏡, 而鏡之照物, 巨細無遺, 物之照鏡, 姸醜畢露, 鏡與物各只在一處耳.
但言格物則我爲主, 物格則彼爲主, 故或問釋格物則曰 "卽夫事物之中, 因其已
知之理(物理), 推以究之, 以各到乎其極." 釋物格則曰 "精粗隱顯, 究極無餘."
是以窮之而至於極言格物, 事物之理各有以詣其極而無餘言物格, 則格物之義,
似乎心到, 物格之義, 似乎理到. 然謂之心到, 而只是窮究到底, 謂之理到, 而只
是究極到盡, 這到字只是如精到懇到之到耳. 且此云 "欲其物理之極處無不到."
正如格物者欲其物之格也, 非謂格於物也. 退陶於此, 終主理到之論, 蓋以此也.
況上有窮至事物之理, 已有心到之意者乎? 今謂不必分心到理到者, 亦由看到字
太重. 『전서』 4책 15쪽, 「구지록」 大學箚疑.

고 보아야 한다는 것이다. 즉 거울에 사물이 환히 비출 때 비추는 거울과
비치는 사물이 동시에 각자 자기 자리에서 저마다의 일이 이루어지듯이
格物과 物格도 각각의 일의 주체에 따라 구분되는 것일 뿐 그 일이 일어나
는 시점은 동시이고 지점은 이동이 없다고 하였다. 그리하여 한주는 心到
와 理到의 '到' 자는 실제로 어느 지점에서 출발하여 어느 지점에 이르는
움직임이 있는 것이 아니라 '精到' '懇到'의 경우와 같이 到底, 또는 到盡
의 뜻으로 보아야 한다고 했다. 그리고 한주는 퇴계가 끝내 理到說을 주장
한 것은 格物의 주체는 사람이고 物格의 주체는 物이기 때문에 이를 구별
하기 위해서였지만, 그렇다고 해서 心到와 理到를 判然히 구분하면 '到'
의 의미를 너무 무겁게 보아 실제로 어느 지점에 도달하는 행위가 있는
것처럼 인식될 우려가 있기 때문에 한주 자신은 이러한 견해를 긍정할
수 없다고 하였다.

(2) 尊德性과 道問學의 本末

王陽明은 『朱子晩年定論』이란 小冊子를 편찬하여 주자 만년의 사상은
자신과 다르지 않다고 주장하였다. 즉 講學과 著述보다는 存心養性 쪽을
더욱 중시하게 되었다는 것이다. 조선에 와서는, 篁墩 程敏政이 『心經附
註』에서 "주자가 초년에는 陸象山을 좋지 않게 보다가 만년에야 비로소
悔悟하여 육상산과 견해가 합치되었다."고 한 것에 대해 퇴계가 「心經後
論」에서 강하게 반박, 尊德性·道問學, 博文·約禮를 수레의 두 바퀴·
새의 양 날개처럼 相須的인 관계에 있는 것으로 보아 어느 쪽을 버리거나
어느 쪽을 더 중시해서는 안 된다는 것이 주자의 定說이라고 주장하였
다.66) 그 뿐 아니라 퇴계는 王陽明을 이단으로 몰아 배척했기 때문에 그

---

66) 孔子曰 "博學於文, 約之以禮." 子思曰 "尊德性而道問學." 孟子曰 "博學以詳說
之, 將以反說約也." 二者之相須, 如車兩輪, 如鳥兩翼, 未有廢一而可行可飛者,
此實朱子之說也. 吾有家法, 本自如此. 老先生一生從事於斯二者, 纔覺有一邊偏

후로는 조선의 학계에서는 尊德性을 더 중시하면 마치 禪學이나 陽明學에 빠진 것으로 간주되어 혹독한 비판을 받을 수밖에 없었다.

그러나 한주는 이와 배치되는 주장을 폈다.

> 천하의 사물은 本은 크고 末은 작으며 體는 중하고 用은 가벼운 법이니, 어찌 그 末에는 厚하고 그 本에는 薄하며 그 用은 얻고 그 體는 잃는 자가 德에 들어가고 도를 모을 수 있겠는가. 더구나 이 章은 要旨는 至德을 위주하고 있은즉 德性은 도리어 가볍게 보고 問學을 중시하는 것이 어찌 지극한 것이겠는가. 子思의 이 두 마디 말씀은 바로 어느 한 쪽에만 편중하여 道體에 결손이 있을까 근심해서일 뿐이다. 나는 그러므로 "주자가 만년에 尊德性을 위주하고 道問學으로 이를 보완하고자 했던 것이 定論이요 本旨이니, 오로지 一時의 폐단을 고치려는 의도에서만 나온 것은 아니다."라 한다.[67]

『중용』경문을 보면 "진실로 지극한 덕이 아니면 지극한 도는 모이지 않는다.[苟不至德, 至道不凝焉.]" 하여 德을 먼저 말하고 이어 尊德性과 道問學을 말했으므로, 文理로 보더라도 당연히 德性은 本이 되고 問學은 末이 되어야 옳다고 했다. 그리고 그것이 주자의 만년정론이니, 陽明學이나 禪學을 비판하는 데 주력한 나머지 『중용』의 本旨를 잘못 보아서는 안 된다 주장했다. 德性은 本이요 問學은 末이므로 本인 德性을 중시하되 末인 문학도 소홀히 해서는 안 된다는 것이 주자의 본의라고 본 것이다. 당연한 견해로 보일 수 있지만 퇴계의 주장에 배치된다는 것만으로도, 당시로서는 매우 과감한 주장이 아닐 수 없었다.

重, 則猛省而痛改之. 故其見於書尺往復之間者, 互有抑揚, 此乃自用吾法而自相資相捄, 以趨於大中至正之道耳. 豈初年全迷於文義之末, 及見象山, 然後始悟而收歸本原乎哉?

67) 天下物事, 本大而末小, 體重而用輕, 豈有厚其末而薄於本, 得其用而失其體者, 可以入德而凝道也? 況此章之要, 至德爲主, 則德性反輕而問學爲重者, 其至者耶? 子思之兩下普說, 正憂其有所偏重而道體有虧欠耳. 愚故曰 "朱子晚年, 欲以尊德性爲主而道問學輔之者, 此定論也, 本旨也, 非專出於一時救弊之意."『전서』4책 154쪽,「구지록」中庸箚義.

제 5 장

한주 성리설의 사상사적 의의

　성리학 연구에 있어서는, 朱子 또는 기타 先儒가 말하지 않은 새로운 학설을, 그것도 성리학의 發展線上에서 찾는 것을 매우 의미 있는 작업으로 속단해서는 안 될 것이다. 한국의 사상사에 있어 성리학은 각 학파의 학설들이 혼류하고 충돌하면서, 학자들 자신이 처한 시대의 학문 상황에 따라 각자 주안점을 두는 곳이 달랐을 뿐 心合理氣와 理發·心卽氣와 理無爲와 같은 영남·기호 兩學派의 기본 宗旨는 그야말로 鐵案이 되어 오랜 세월 전혀 변동이 있을 수 없었으며, 속속 발견되는 반론의 근거에 대응하여 자기 논리의 타당성을 입증하기 위해 자기가 속한 학파의 학설을 더욱 정교하게 다듬을 수밖에 없었을 뿐이었다. 이도 논리의 발전임은 분명하지만, 애초에 자신이 속한 학파의 기본 학설의 범주를 크게 벗어난 것은 아니었다.

　理의 動靜 여부와 같은 문제만 해도 주자는 여러 곳에서 理에 動靜이 있다, 없다, 理가 동정한다, 동정하지 않는다고 언급해 두었기 때문에 주자의 晩年定說이 어느 쪽이었는지를 먼저 究明하는 작업은 주자 연구의 차원에서 필요하겠지만, 성리학의 認識論의 특성을 충분히 이해하지 않은 상태에서 단순히 理의 동정 여부를 오늘날 학문의 이론 또는 상식의 잣대를 가지고 쉽게 판단하여 어느 한 쪽 학파의 견해에 쉽게 동조해서는 안 될 것이며, 어느 학자가 이러한 문제에 新義·新說을 내어 놓았다고 쉽게 주장해서도 안 될 것이다. 영남학파의 理發論과 기호학파의 理無爲論 역시 두 학파가 가지고 있는 인식론의 바탕 위에서 이해해야 할 것이며, 상대 학설을 辨破하고 자기 학설을 논증하기 위해 정교해진 이론을 새 학설로의 발전으로 쉽게 단정해서는 안 될 것이다.

　玄相允은

> 　葛庵에게서 시작한 호발설 옹호의 이론이 密庵에 와서는 氣의 작용을 기다리지 않고 理만으로도 日用事爲의 體用이 기본적으로 本具하였다는 것을 말하게 되었고 大山에게 전해져서는 理가 단순히 無爲無力한 정지체가 아니요 理 자신으로 능히 발휘운용할 수 있는 活物이라는 것을 말하게 되었고, 또 다시 定齋에 전해져서는 理에 能動能靜하는 神用이 있을 뿐 아니라 이 자발직 동정으로부터 음양오행의 氣가 출생한다는 것을 말하는 동시에 理는 우주의 주체 心의 본체가 된다는 것을 지적하였는데, 이 같이 발달한 理의 개념을 더한층 확충하여 '心卽理'라고 단언하여 主理說의 절정을 지은 것은 이진상의 성리설이 이것이다.[1]

하여, 한주의 성리설을 영남 주리론의 발전선상에서 이루어진 것으로 파악하였으며,[2] 기타 사상사와 논문에서도 이러한 학맥을 대체로 인정하고 있다. 그러나 그 이전에 晦峯 河謙鎭은 그의 編著『東儒學案』에서 定齋와 寒洲를「坪浦學案」으로 묶고, 그 안에서 정재 계열을 坪學, 한주 계열을 浦學으로 나누어 학맥의 서술 구도에서 한주가 정재를 스승으로 섬겼으나 학설을 계승한 것은 아님을 보여 주고 있다.[3] 또 重齋 金榥은 퇴계의

---

1) 현상윤,『조선유학사』, 현암사, 1982, 359~360쪽.
2) 退溪晩年定論曰 "無情意無造作, 此理本然之體也, 能發能生無所不到, 此理至神之妙也."『后山集』3책, 156~157쪽.
3) 晦峯은「坪浦學案」의 서문에서 "定齋之學, 一遵退陶成說, 初未有創立一言, 是

心說을 主理・合理氣・主氣로 나눈 다음 主理論은 東岡 金宇顒이 계승하여 寒洲로 이어지고, 合理氣論은 鶴峯 金誠一이 계승하여 定齋 柳致明으로 이어지고, 主氣論은 栗谷 李珥가 계승하여 艮齋 田愚로 이어진다고 정리하였다.[4] 이는 너무 도식화된 구분일 뿐 동강으로부터 주리론이 이어졌다는 증거는『東岡集』어디에서도 찾을 수 없다. 그러나 이 역시 정재와 한주의 학맥을 구분해 놓고 있음은 분명하다. 한주는 주로 주자의 정설 연구를 통하여 자신의 학설을 세우고 퇴계의 설에 절충했으므로 한주의 학맥은 퇴계에 곧바로 잇거나 평소 大山 李象靖의 설을 많이 인용했다는 사실을 근거로 대산에 이을 수는 있을 것이다.[5]

似退陶之篤信朱子而無所失焉. 西山・寒洲・晩求, 皆定齋之門人, 而寒洲始創心卽理說・四端七情發者理發之者氣之說. 於是, 嶺中學者譁然攻之, 不遺餘力. 定齋居大坪, 西山・晩求主之, 是名坪學. 寒洲居大浦, 后山・膠宇・俛宇・晦堂主之, 是名浦學. 其事與韓南塘・李巍巖同出於權遂庵, 而爲湖洛二黨之分者同焉. 湖說爲遂庵所與, 而西山・晩求又定齋所與也."라 하여 한주가 정재를 스승으로 섬겼으나 학설은 오히려 서로 배치되었음을 밝히고 있다. 河謙鎭『東儒學案』中編, 13권, 1쪽.

정재가 한주를 차음 만나 두고 호걸지사라 평했던 것도 일정한 師承 없이 학문을 성취했다는 점을 말한 것으로 이해될 수 있을 것이다. 柳先生語人曰 "豪傑之士不待文王而起者, 其李某乎!"『전서』1책, 813쪽, 年譜.

4) 금장태・고광식 共著,『續儒學近百年』, 여강출판사, 1989년 9월, 146쪽.

5) 與後生說理學處, 多引大山李先生說. 1책 837. 行錄.

한주의 학맥을 정재를 뛰어넘어 대산에 이어야 한다고 주장할 수 있는 근거는 또 있다. 정재와 한주의 문답에서 그것을 찾을 수 있다.

한주 : 理氣互發論은 退陶가 주자의 설에 근본하여 立言한 것인데 그 후 李文成(栗谷 李珥)이 근본이 둘이라고 비판하였으니, 호발 두 자에는 各發의 뜻이 있습니까?

정재 : 사단과 칠정이 발출하는 苗脈이 분명히 다르니, 하나는 理를 위주하고 하나는 氣를 위주한다. 그러므로 호발이라 하는 것이다. 대개 사단이 발할 때에는 天理가 왕성히 流出하여 心이 그것을 감싸둘 수 없고 氣가 손발을 붙일 수 없다. 그러므로 理發이라 한다. 칠정이 발할 때에는 形氣가 격발되어 나와 理가 역시 그것을 통괄할 수 없다. 그러므로 氣發이라 한다. 理發할 때도 있고 氣發할 때도 있으니, 이 어찌 호발이 아니겠는가.

그리고 한주가 숙부인 凝窩 李源祚의 학맥을 이었다고 보는 견해에도 문제가 있다. 한주 자신 뿐 아니라 한주의 아들 大溪 李承熙도 응와와 한주의 師承을 인정하는 언급은 하지 않았다. 성리설에 있어서는 응와가 오히려 한주의 영향을 받았을 가능성도 있다.

한주만큼 韓·中 성리설 전반에 걸쳐 방대하고 체계적인 연구를 보여

한주 : '心이 그것을 감싸둘 수 없고 氣가 손발을 붙일 수 없다'는 대목은 錦翁(갈암 이현일)이 지은 四七辨에서 인용한 주자의 말이 아닌지요?

정재 : 그렇다.

한주 : 주자의 말 중에는 원래 '氣가 손발을 붙일 수 없다'는 구절은 없습니다. 그러므로 『大山集』에서도 그 출처를 의심했던 것입니다.

정재 : 그런가. 비록 주자의 말이 아닐지라도 이치는 진실로 이와 같다.

[問 "理氣互發之論, 退陶本朱子說而立言者也. 其後李文成以二本譏之, 互發二字微有各發之嫌歟?" 答曰 "四七發出之苗脈, 灼然不同, 一主乎理, 一主乎氣, 故謂之互發, 蓋四端發時, 天理藹然流出, 心包畜不住, 氣着脚手不得, 故謂之理發. 七情發時, 形氣激越出來, 理亦管攝他不得, 故謂之氣發. 有理發時者, 有氣發時者, 豈非互發乎?" 曰 "心包畜不得, 氣着脚手不得, 乃錦翁所作四七辨中引用朱語者否?" 答曰"然." 曰 "朱語中元無氣着脚手一段, 故大山集亦疑其出處." 答曰 "然乎? 雖非朱語, 理固如此."] 『한주집』 초간본, 한적, 40권 7판.

앞에서 살펴보았듯이 한주는 갈암의 「栗谷李氏論四七書辨」이 너무 分開看에 치우쳐 마치 호발을 各發인 것처럼 오인하게 만들어 놓았다고 비판하였다. 특히 "人心과 道心의 구별은 根本으로부터 그러하다.[人心道心之別, 自其根本而已然.]"이라는 주자의 말은 주자 자신이 이미 문제가 있다고 생각했고 퇴계도 『朱書節要』에서 이미 刪削했는데 갈암이 자신의 논거로 잘못 사용했다는 점을 지적하였다. 여기서도 사단이 발할 때 氣가 손발을 붙일 수 없다는 것은 너무 지나친 표현으로 理發과 氣發을 各發로 인식하게 만들 소지가 있는 것이다. 주자가 이러한 말을 한 적이 없는데 갈암이 주자의 말을 인용하면서 자신이 이 말을 더 만들어 붙였던 것이다. 대산 이상정은 영남학파의 학설이 分開看에 너무 치우친 점을 우려하여 渾淪看을 많이 주장했던 학자이므로 갈암의 표현이 지나치다고 생각했을 수 있는 것이다. 그러나 정재는 이 구절을 자신의 저술인 「理動靜說」에 그대로 사용하여 갈암의 견해를 그대로 계승하였고, 한주는 주로 대산의 설에 의거하였다. 성리학의 핵심이 되는 心說에서 서로의 견해 차이가 분명히 드러나는 것이다.

주는 학자는 없었다. 한주의 성리학은 亂脈으로 전개되는 기존 성리설들을 회통하는 이론을 만들고, 주자의 만년정설을 추출하여 복잡다단한 논쟁의 해결점을 모색했다는 데에서 우선 그 일차적인 의의를 찾을 수 있을 것이다. 특히 離看·合看, 渾淪看·分開看이란 용어가 오해를 일으킬 소지가 있다고 파악하고, 이를 竪看·橫看·倒看의 인식 방법과 順推·逆推라는 推論法으로 재구성한 것은 주자학 이론의 발전이라 평가할 수 있을 것이다. 이러한 한주의 연구 성과는 조선의 성리학 연구가 거의 절정에 이르렀음을 보여주는 것이며, 주자 연구 자체만으로도 큰 의의를 지닌다고 생각한다.

그리고 퇴계 학맥의 系譜上에서 본다면, 한주는 거의 최초로 기존 영남학파의 학설을 비판적으로 검토하고, 퇴계의 학설을 새로운 시각에서 재구성하여 발전적으로 계승한 학자라 할 수 있다. 현상윤이 한주를 조선 性理學 六大家의 한 사람으로 꼽은 것도 이러한 측면에서 이해할 수 있을 듯하다.[6] 퇴계는 渾淪看 속에 竪看의 개념을 포함시켜 사용하였으므로, 『중용』首章의 未發의 情도 合理氣로 말하기도 하고 理만 가리킨 것으로 말하기도 하였다. 요컨대 퇴계는 最晚年에 高峯의 견해를 수용하여 자신의 학설을 개정하고 미처 정리해 놓지는 못하여 자체 모순을 보이는 듯한 곳을 남겨 두었는데, 한주가 이러한 점을 명료히 파악하여 자신의 학설 속에 넣어서 체계화했다고 볼 수 있는 것이다. 그러나 퇴계가 工夫論을 중시하여 分開看에 중점을 두어 心性論을 전개한 것과 한주가 本體論을 중시하여 竪看에 중점을 두어 심성론을 전개한 것은 그 주안점이 분명 다르므로[7] 한주를 단순히 퇴계의 계승자로만 볼 수는 없을 것이다. 이러

6) "近世 儒學을 참으로 代表할 만한 學者는 三人이 있으니, 日 奇正鎭, 李華西, 李寒洲 三人이다. 그 중의 蘆沙와 華西는 별로 傳受한 淵源이 없이 獨力으로 平地에서 堀起한 篤學者들이다. 그리고, 그런 中에도 特히 蘆沙는 觀察이 非凡하고 硏究가 篤實하여 花潭, 退溪, 栗谷, 寒洲, 鹿門으로 더불어 理學의 六大家라고 指稱된다."(현상윤, 위의 책, 368쪽).

한 관점의 차이를 이 두 학자가 자신이 처한 시대 학문의 時宜를 달리 보고 있었다는 것으로 이해할 수는 있다. 즉 퇴계 당시에는 아직 성리학의 이론이 학계에 제대로 溶解되지 못했기 때문에 理・氣를 분명히 구분하여 인식시킬 필요가 있었는데, 한주의 시대에 와서는 理・氣 논쟁이 오랜 세월 지속되면서 理와 氣의 主資 관계가 혼동되고 나아가서는 心의 本原이 불분명해졌기 때문에 程子가 '性卽理'라 한 것처럼 '心卽理'를 주장할 필요가 있었다는 것이다.

한주를 극단적인 主理論者로 평가하는 견해도 학계에 있었다. 한주가 主理論者임은 분명하나 그의 心說에서 알 수 있듯이 竪看・橫看・倒看이란 세 가지 관점을 다 인정하여 卽理・合理氣・卽氣로 心을 정의할 수 있는 가능성을 모두 열어 놓고 있다는 점에서, 그를 會通論을 추구했던 학자로 평가할 수도 있을 것이다. 다만 주자의 만년설에 주로 의거하여 心卽理說을 특히 주장하고 心卽氣說을 미숙한 학설로 비판했다는 점에서 竪看에 치우쳤다는 느낌을 줄 수 있으나 이는 合理氣와 主氣로 대립하느라 心의 本原이 모호해졌으므로 이를 밝히는 것이 자신의 처한 학계의 時宜라 생각했기 때문이라고 볼 수 있다. 즉 根源者로서의 理의 존재를 분명히 밝히지 않으면 理學이 설 수 있는 근거가 없어지고 만다고 우려했던 것이다.

한주의 心卽理說은 왕양명의 심즉리설과 명칭은 서로 같지만 그 내용은 오히려 상반된다. 한주가 心의 본체인 理를 밝힌 것은 心의 理로써 사물의 理를 관찰하여 알기 위한 것이었다. 반면 왕양명은 心의 본체를 理로 파악하였으나 本然의 良知를 밝히고자 했을 뿐 理와 氣를 구분하지 않았다. 또 같은 심즉리설을 주장했지만 실제 공부 있어서는 그 방향이, 한주는 내면에서 외면으로 전개되어 주관인 心이 객관인 사물의 이치를

---

7) 不言其機, 則無以致省察之工, 祛惡而從善也. 不言其實, 則無以爲保守之地, 主內而除外也. 『전서』2책 175쪽,『이학종요』10권.

주체적으로 파악하는 경향을 보이는 반면, 왕양명은 외면에서 내면으로 수렴되어 사물의 이치를 내면에 끌어들여 心과 사물 사이에 일어나는 모순과 갈등을 일거에 해결하는 경향을 보인다. 극명한 대조를 이루는 것이다. 심즉리를 주장하여 性・情을 나누어 心中의 氣를 다스려 理를 회복하는 방식인 종래의 공부를 지양하고 性・情을 통합한 心의 주재성과 능동성을 밝혔다는 점에서는, 한주와 왕양명의 설이 상통하는 점이 있지만 그 목적은 또한 판이하게 다르다. 한주는 종래의 학설이 多岐하여 합일점을 찾지 못하는 것을 염려하여 기존 성리설을 주자의 정설로 절충하려 하였던 것이고, 왕양명은 주자학의 번쇄한 理論化 경향이 실제의 공부에 오히려 방해가 된다고 인식하여 모든 문제의 해결점을 자신의 一心 속에서 찾는 간명한 방법을 선택했던 것이다. 또 자신의 입론 근거를 주자의 만년정설에서 찾았고 또 '주자가 만년에 尊德性와 道問學을 本末 관계로 파악했다.'고 주장한 것은 兩者가 같았으나 결과는 또한 상이하게 나타난다. 즉 왕양명은 주자가 만년에는 講學과 저술을 지양하고 靜坐存心과 같이 德性을 함양하는 공부를 중시하였다고 하였으며, 한주는 주자는 만년으로 갈수록 主理 쪽을 주장한 설이 많아졌다고 하였다.

한국의 성리학은 오랜 논쟁을 거쳐 각 학파가 이론 무장을 정비해 왔기 때문에 각 학파의 학설 자체만을 분석하여 이론의 결함을 찾기는 쉽지 않다. 각 학파가 상이한 학설을 주장하게 된 원인과 입론의 근거, 및 관점의 차이를 먼저 究明하고, 그러한 차이가 초래할 수 있는 문제점은 어떠한 것인가를 추론해보는 것이 오히려 좋은 연구 방법이 될 것이다. 오랜 세월에 걸쳐 생명력을 유지해 온 학문은 그 자체 논리의 정합성을 확보하고 있을 터이므로, 곧바로 그 학설을 분석 비판하고 사상사적의 의의를 운위하기 보다는 먼저 그 학설의 主指가 무엇이며 나아갈 방향이 어떠한 것인지를 살펴보는 것이 탐색의 유리한 단서가 될 수 있다는 것이다.

따라서 복잡하게 전개되는 학설일수록 오히려 가장 간결하고 핵심 쟁점이 되는 명제를 놓지 말고 이것에서 파생된 설들을 다시 이것을 기준으로 검토한 다음 그 학설들의 논거와 그것을 주장한 의도 등을 함께 놓고 비교 분석해야 어느 학설이 前代의 어느 학설의 맥을 잇고 있는지 파악할 수 있을 것이다. 그리고 그 학설 자체를 연구함과 동시에 그 학설을 주장하는 학파의 학문 성향, 현실 인식 등 오랜 세월에 걸쳐 지속적으로 나타나는 현상에 주목하여, 하류에서 상류로 거슬러 올라가는 방식으로 연구하는 것이 효과적일 수 있다. 한주의 심즉리설과 왕양명의 심즉리설의 차이점도, 그 학설 자체를 정밀히 분석함으로써 밝혀질 수도 있겠지만 두 학파의 학문 성향에서 오히려 극명하게 드러난다. 결론부터 말하면 心合理氣, 心卽氣를 주장한 학파보다 한주학파가 양명학파와 더욱 대조적인 학문 성향을 보인다. 한주학파는 기존 성리학파 중에서 가장 사변적 분석적, 논리적인 성향을 보인다.

조선 후기 성리학에 있어서는 心說의 차이점을 근거로 각 학파의 학설의 성향을 구분할 수 있다. 心卽氣說은 心을 낮추고 性을 높인 것으로, 이 경우 心의 氣는 극복해야할 대상이 되고 性의 理은 회복해야 할 대상이 된다. 이것이 공부의 기본 지침이 될 수 있다. 이 학파의 심성론은 程子의 "聖人本天, 釋氏本心."이란 설은 근거하여 艮齋 田愚에 와서는 性師心弟說로 발전하며, 心·性을 구분함으로써 異端을 극단적으로 배격한다. 이 학파의 경우 철저히 理無動靜을 주장함으로써 理의 無爲性을 잘 지키고 있지만 그 理는 자칫하면 단순히 氣의 운동법칙에 불과하게 되어 理의 주재성을 상실하게 될 우려가 있다. 주자가 부정했던 '理體氣用'에 가깝다는 비판을 받을 소지가 있는 것이다. 그리고 구한말 국권을 상실했을 때 보여준 현실대응도 일체 외부와의 타협을 배제하고 儒者로서의 본분을 지키는 길을 선택하는 경향이 비교적 뚜렷하다. 淵齋 宋秉璿, 心石齋 宋秉珣, 艮齋 田愚 등이 그 대표적인 학자이다.

合理氣說은 情이 발할 때의 분기점에 착안한 것으로, 실제 心性 공부를

중시한 학설로 볼 수 있다. 따라서 이 학설을 주장하는 학파는 특히 敬
공부를 강조하는데, 定齋 柳致明와 西山 金興洛 등이 「敬齋箴集說」과 같
은 敬에 관한 저술을 많이 남긴 것이 그 대표적인 例이다. 이 학설의 경우
分開看을 중시하여 情을 理發과 氣發로 구분함으로써 心性 공부의 단서
를 분명히 볼 수 있게 한다는 長處가 있으나, 心이 근본을 理 · 氣 둘로
나누어 인식하게 할 수 있고 또 자칫하면 理가 실제로 作爲하는 것으로
誤認하게 할 수도 있다. 心의 근본이 모호해질 우려가 있는 것이다. 현실
대응에 있어서는 심즉리설과 심즉기설의 특성을 함께 보여 儒者로서 본
분을 지켜 自靖하는 쪽과 의병 활동 · 독립운동 등 현실에 적극적으로 참
여하는 쪽이 다 있다.

心卽理說은 性 · 情을 통합한 心의 主宰性, 能動性을 강조한 학설로 현
실 대응의 길을 가장 폭넓게 열어놓았다고 볼 수 있다. 한주가 東萊에
있던 일본공관에 찾아가 화륜선을 타고 일본 승려와 대담하였으며, 그
제자 면우 곽종석이 파리장서사건을 주도하고 서양의 철학서를 읽고 일
본어를 알았으며, 또 면우의 제자 李仁宰, 重齋 金榥 등이 서양철학의 서
적을 읽었다는 사실은 당시 다른 학파에서는 찾아볼 수 없는 개방적인
사고가 아닐 수 없다. 또한 한주의 性理說에 대한 적극적인 관심은 그가
도학자로서는 드물게 時務에도 밝아 『畝忠綠』을 저술하여 당시의 제도
개혁안을 제시하고 『春秋集傳』, 『春秋翼傳』 등을 저술하여 현실 대응의
길을 모색했던 것과 같은 연장선에서 볼 수 있을 것이다. 즉 지식인으로서
현실참여의 길의 일환이었던 것으로 평가할 수도 있는 것이다.

한국 성리학은 數世紀에 걸친 장기적인 논쟁을 통하여 認識論 · 心性論
에 큰 발전을 이루었는데 그 정점에 한주가 있다고 할 수 있다. 특히 한주
의 인식론은 한주의 제자인 俛宇 郭鍾錫의 제자 李仁宰가 그의 저술 『哲
學考辨』에서 서양철학의 학설들을 분석하는 데 사용하기도 하였고, 蘆沙
學派의 鄭載圭, 奇宇萬, 孔學源 등이 사용한 흔적도 보인다.8) 그러나 한주

의 주기설 비판은 주자 만년설을 연구한 결과에 의해 나온 것이긴 하지만
異端 배척에까지 그 폭을 넓혀간 것은 지나친 우려였던 것으로 생각된다.
한국의 성리학은 학파의 간극을 초월하여 格物致知와 같은 주자학의 공
부 방법론을 온전히 受用하고 있어 內觀에 치중하는 頓悟的 성향에 빠질
우려가 거의 없었으며, 主氣論은 性尊心卑·性師心弟說로 발전하여 主理
論보다 더욱 강경하게 이단을 배척하는 경향을 보였기 때문이다.

---

8) 李炯性, 「한주 이진상 성리학설의 방법론에 관한 연구」, 성균관대학교 석사학
   원논문, 90~91쪽 참조.

결 론

한국의 經學은 義理學 쪽에 자료가 압도적으로 많고 그 중에서도 性理說과 관련된 것이 대다수이다. 따라서 한국의 경학 연구는 성리설과의 연관 위에서 진행하는 노력이 많아야 할 것이다. 특히 寒洲의 학문은 성리설이 경학에 절충되어 이 兩者가 유기적으로 잘 연결되어 있다.

19C 조선의 학계는 주류를 이루어 오던 주자학에서 큰 변화가 일어나고 있었다. 특히 華西 李恒老, 蘆沙 奇正鎭과 한주가 지역과 학파의 間隙을 초월하여 主理論을 주장한 것은 영남과 기호 양대 산맥으로 대립하던 기존 학계의 구도가 무너져 가는 조짐으로 그 사상사적 의미가 크다. 특히 화서와 한주는 그 心說이 거의 일치한다. 이는 외적으로는 主氣論, 또는 主氣論에 포함시킬 수 있는 서양 학문의 침입에 대한 대응의 일환으로 이해될 수도 있지만, 내적으로는 수백년에 걸친 조선의 주자학 연구가 완결되어 가는 시점에서 나타날 수밖에 없었던 필연적인 현상이라 생각한다. 즉 이 시기에는 주자 初晚說의 同異, 『語類』說의 誤錄 여부 등 주자의 저술, 語錄 자체의 복잡한 문제점, 또는 이러한 문제점과 관계가 없으면서 학자들을 곤혹스럽게 만드는 주자 학설의 자체 논리의 모순 등 주자학 연구의 난맥과 갈등의 양상들이 차츰 해소되어 소위 朱子定論이 그 실체를 드러내고 있었기 때문에 주자의 정설에 위배되는 기존의 학설

들은 어떤 식으로든 수정되지 않을 수 없게 되었을 것이다.

　이러한 시기에 살았던 한주는 당시의 학계 현실에 대해 심각한 우려와 비판적 시각을 보였다. 기호학파에 대해서는 南塘 韓元震의 『朱子言論同 異攷』를 논거로 한 主氣說의 팽배를 깊이 우려하고, 영남학파에 대해서는 無批判的이고 안이한 학문 풍토를 통렬히 비판하였다. 이 두 가지가 한주 의 현실 인식의 핵심 축이며 또한 한주의 성리학 연구의 직접적인 動因이 되었다.

　한주 성리설의 핵심은 인식의 방법론인 竪看·橫看·倒看의 三看, 順 推·逆推의 二推와 心性情論을 집약한 心卽理說로 요약될 수 있다. 한주 가 기존의 合看·離看, 渾淪看·分開看을 더욱 정밀히 다듬어 三看·二 推로 재구성한 것은 離·合, 渾淪·分開라는 용어가 가져올 수 있는 폐단 을 지양하고 나아가서는 난맥으로 전개되던 당시의 성리설들을 회통하는 데 그 목적이 있었다. 즉 分開看 쪽을 중시하다 보면 실제로 理와 氣가 心中에 각각 근본을 두고 발출하는 것처럼 오인되기 쉽고, 渾淪看 쪽을 중시하다 보면 理는 氣의 운동법칙에 그쳐 유명무실한 존재가 되고 말 우려가 있다는 것이다. 그리고 한주가 倒看이란 용어를 사용한 것은 성리 학 史上 매우 특기할 만하다. 한주에 있어 도간은 처음 窮理할 때 事物上 에 인식의 출발점을 두어야 한다는, 즉 格物과 상통하는 개념으로 쓰이기 도 하고, 인식의 시선이 形迹에만 그쳐 있다는 의미로 쓰이기도 한다. 다 만 한주는 이 도간이란 용어를 心卽氣說을 비판하는 데 주로 사용하였기 때문에 그의 삼간이 종래의 성리설들을 회통하는 논리가 될 수도 있지만, 도간은 竪看이 가장 수승한 인식론임을 증명하기 위해 동원된 것일 뿐이 라는 느낌을 줄 수도 있다.

　二推는 三看의 각 看法이 한 관점에만 고정되어 있을 경우 사물의 전체 를 온전히 파악할 수 없게 될 단점을 극복하기 위해 고안된 것으로, 이를 테면 삼간의 실제 운용법이라 할만하다. 즉 倒看에만 머물면 사물의 形迹

을 보는 데 그칠 수밖에 없고, 倒看을 거치지 않은 竪看은 공허한 관념에 빠지기 쉬우며, 橫看이 빠지면 현상의 內外, 本末을 구별하지 못해 실제 공부에 착수할 단서를 찾을 수 없게 되는 것이다.

삼간은 한주의 心說에서도 그대로 적용된다. 한주의 대표적인 학설인 心卽理說은 心의 본체를 가리켜 그 主宰性을 밝힌 것으로, 心合理氣, 心卽氣의 가능성을 열어 놓은 바탕 위에서 입론된 것이다. 그러나 이 학설은 心卽氣를 주장하는 기호학파는 물론 心合理氣를 주장하는 영남학파의 주류로부터 혹독한 비판을 받았는데, 그 이유는 七情은 氣發이라는 퇴계의 설에 위배된다고 판단되어졌기 때문이었다. 心의 本色을 합리기로 보는 견해에는 한주와 영남학파 사이에 이견이 없지만 心의 本然의 體用, 性情의 本然을 氣를 배제하고 理로 정의할 수 있느냐 여부가 쌍방의 쟁점이 되었던 것이다.

한주는 자신의 심즉리설은 왕양명의 심즉리설과 명칭은 같지만 실상은 서로 다르다고 주장한다. 그는 왕양명의 설을 분석하여 왕양명이 주장하는 심즉리의 理는 실상은 氣를 理로 오인한 것이므로 心의 본체를 가리켜 말한 자신의 心卽理와는 다르다고 하였다. 한주와 왕양명의 학설의 차이는 실제 공부에서 극명하게 드러난다. 왕양명은 모든 공부를 一心 속에 수렴하려는 경향을 보이는 반면 한주는 靜坐 存心과 같은 內觀보다 사물의 번다한 이치를 밝히는 일에 주력하여 복잡다단한 기존 학계의 성리설을 정리하는 등 활발한 저술활동을 벌였다.

한주는 理와 氣를 對待하여 말한 것은 六經에는 보이지 않고 단지『周易』의 '精氣爲物.' 한 마디 뿐이며『中庸』에서는 31장의 '凡血氣者莫不尊親.' 한 구절뿐인데 맹자에 와서야 氣 자를 상세히 말하였고 程朱가 맹자의 뜻을 발휘하여 理와 氣를 對待하여 말하였다고 한다.[9] 그리고 程朱가

---

9) 理氣字對待說去, 不見於六經, 易只有精氣爲物之一言, 庸只有血氣尊親之一言, 而說得皆粗淺了. 至孟子而後, 言氣字始詳, 程朱由是而發揮對說, 則子思之作中

자주 理氣를 자세히 나누어 말한 것은 불교와의 차이를 밝히기 위한 것이
었을 뿐 子思 이전에는 理에 주안점을 두었지 氣를 강조하지 않았다고
한다. 이어서 그는 理無動靜論과 같이 氣에 주안점을 두는 것은 聖賢의
本指가 아니며, 이렇게 되면 리가 단순히 氣의 운동법칙에 불과하게 되고
理는 死物이 되어 그 주재성을 상실하게 된다고 우려하였다. 성리학은
어디까지나 理學이지 氣學이 아니라고 주장한 것이다.

한주는 『주역』「繫辭傳」의 "易有太極, 是生兩儀."와 "形而上者謂之道,
形而下者謂之器."를 해석하면서 現象界에서 보면 理氣의 先後가 없지만
本原界에서 보면 '理先氣後'요 '理生氣'라 했다. 그리고 그는 『중용』의
"鳶飛戾天, 魚躍于淵, 言其上下察也."를 해석하면서 현상계에서는 理와
氣의 선후가 없으나 聖賢의 주안점은 氣 자체를 말하는 데 있는 것이 아니
라 氣에 나아가 理를 말하는 데 있다고 주장하였다.

한주는 性情을 통합한 心說의 경학적 근거로 『대학』의 明德說과 『중용』
의 中和說를 제시했는데, 이 두 說은 名義만 각각 다를 뿐 그 내용은 실상
심즉리설과 일치한다. 여기서 한주는 주로 『朱子語類』에서 주자의 晩年
說을 추출하여 자신의 입론의 근거로 제시하였다.

한주는 명덕을 理라고 하면서도 명덕의 虛靈不昧가 氣에 의해 결정되
는 것으로 보는 남당 한원진의 설은 실상 명덕을 氣로 보는 것으로 간주하
여 비판하였다. 그리고 영남학파에 대해서는 허령불매의 본색은 合理氣이
지만 主指는 理임이므로 명덕은 어디까지나 理로 정의되어야 한다고 주
장하였다.

그리고 한주는 중화설에서도 竪看의 관점에서 '性發爲情'의 명제를 적
용하였다. 중화설에서 한주와 영남학파의 견해 차이는 역시 일반적으로
心合理氣와 心卽理로 각각 정의되는 心說의 기본 입장 차이에서 생긴다.

庸, 始終言一理而已, 元未說到氣上. 『전서』 1책 111쪽. 문집 5권.

여기서 특히 문제가 되었던 것은 未發 상태에 氣가 있느냐 없느냐의 문제
인데, 한주는 미발 상태에도 氣가 없는 것은 아니지만 氣가 用事하지 않아
흡사 氣가 없는 것과 마찬가지이므로, 미발은 氣를 포함시키지 않고 理만
가리켜 命名한 것이라 하였다. 미발의 상태를 性으로 규정하여 本然之性
의 순수성을 지키고자 한 것이다.

心·性·情 각각의 개념을 정의함에 있어서도, 한주의 견해는 역시 명
덕설과 중화설의 연장선상에서 전개된다. 한주는 心을 先秦儒家의 경서에
보이는 天·上帝의 개념과 연계시켜 그 主宰性을 강조하였다. 그리고 "『
맹자』7편에는 원래 氣를 겸하여 心을 말한 곳은 없다." 하였으며, 心을
理라고 볼 수 있는 근거를 『논어』의 '七十而從心所欲不逾矩.'와 '回也其
心三月不違仁.' 등에서 찾았다. 여기서 한주는 자신이 말하는 心은 心의
本然을 가리킨 것임을 분명히 밝혔다.

그리고 한주는 儒家의 性은 本然之性만 가리킨 것이고 氣質之性은 본
연지성이 기질에 의해 구속 엄폐된 상태일 뿐이지 기질 그 자체가 性이
될 수는 없다고 하였다. 그리하여 그는 『서경』湯誥의 "惟皇上帝, 降衷于
下民, 若有恒性."과 『禮記』樂記의 "人生而靜, 天之性.", 그리고 『중용』의
"天命之謂性."과 『맹자』의 "道性善言, 必稱堯舜." 등을 先秦 古經을 통하
여 本然之性은 우주의 보편적인 理에서 온 것으로 氣質이 섞이지 않은
純善한 것임을 천명하였다.

그리고 한주는 性이 발출한 것이 情이므로 情 또한 그 本然은 理라
하여, 理發一途說을 주장하였다. 그는 『禮記』「樂記」의 "人生而靜, 天之
性也."를 위시하여, 경서의 여러 곳에 理發의 근거를 제시하여 설명한 다
음 경서에서 理發의 근거는 많이 찾을 수 있지만 氣發의 근거는 찾기 어렵
다고 한다. 儒家 경서의 本指는 어디까지나 理를 밝히는 데 있다고 본
것이다.

한주 성리설의 가장 큰 特長은 역시 기존의 많은 학설들을 종합한 다음

다시 이를 비교 분석하는 과정을 통하여 자신의 논거를 분명히 제시한다는 점에 있다. 특히 주자와 퇴계의 학설은 그가 평생에 걸쳐 연구한 것으로, 기왕의 학자들의 연구 결과와 다른 참신한 주장이 많다. 주자 연구에서 한주가 주력한 것은 소위 晩年定論을 추출하는 것이었는데, 그는 이러한 과정을 통하여 주자의 心說이 초년에는 主氣에서 출발하여 만년으로 갈수록 主理를 많이 주장했다고 주장하였다. 그는 퇴계가 互發說의 결정적인 근거로 제시했고 율곡 이래 기호학파에서 誤錄일 것이라고 주장해온 『朱子語類』孟子篇의 輔廣錄 "四端理之發, 七情氣之發."이 주자의 감정을 거친 기록임을 밝혔으며, 이 밖에 互發說이 주자의 정설이라는 근거가 될 수 있는지 논란의 여지로 남았던 『중용』서문의 人心·道心說에 대하여, 기호학파의 주장처럼 虛靈知覺을 만약 形氣과 상대시킨다면 허령지각이 포괄하는 또 하나의 心인 道心은 상대를 잃고 말게 되며, 형기와 상대하는 개념은 어디까지나 性命이 될 수밖에 없다고 하여 기호학파의 辨駁을 再辨駁하였다.

한주가 주자설 연구에서 가장 역점을 둔 곳은 역시 心說이었다. 주자의 심설은 南軒 張栻과의 中和說 논쟁을 계기로 已發 상태만 가리키는 것에서 未發과 已發을 포괄하는 것으로 견해가 바뀌었다는 것은 이미 널리 공인된 사실인데, 이는 心 속에 性·情을 모두 넣은 것이므로, 이렇게 되면 心의 개념 속에는 자연 理와 氣가 모두 포함될 수밖에 없게 된다. 이 시점에서부터 주자의 심설이 心卽氣에서 心合理氣 또는 心卽理 쪽으로 변해 간다는 것이 한주의 견해이다. 특히 "性은 태극과 같고 心은 음양과 같다."고 한 주자의 설은 기호학파에서 心卽氣說의 결정적 논거로 삼는 것인데, 한주는 이 설을 주자가 "무릇 心이라 한 것은 모두 이발을 가리켜 말한 것이다.[凡言心者皆指已發而言.]" 한 程伊川의 설을 근거로 心을 已發로 보고 性을 未發로 보아 미발의 性이 항상 이발의 心을 타고 있다고 생각했던 中和舊說의 견해라고 반박하였다. 그리고 주자가 만년에는 주로

心의 본체를 가리켜 理와 주재성을 강조했다고 주장했다.

『朱子語類』55권과 『性理大全』29권에는 주자 所作이라는 性圖가 실려 있는데 한주는 고증을 통하여 잘못 편입된 것이라고 하고, 한주는 『주자대전』과 『주자어류』에서 그 근거를 찾아서 제시하였다. 한주가 이 性圖를 수정한 것을 보면, 性이 直遂한 것이 善이고 惡은 未發의 본성에서 나오는 것이 아니라 본성이 발출하는 과정에서 氣에 의해 굴절된 상태임을 분명히 보여준다.

한주는 자신의 心卽理說이 주자의 만년 定說에 근거한 것임을 고증하는 한편 자신이 속한 학파의 宗師인 퇴계의 定說에 위배되지 않는다는 것을 증명하고자 했다. 그래서 한주가 연구에 주력한 것이 퇴계의 가장 만년 저술인 『聖學十圖』 중 「心統性情圖」였다.

한주는 퇴계와 高峯 奇大升의 「四七往復書」를 정밀히 연구한 끝에 종래 영남학파 일반에서 대체로 고봉이 결국 퇴계의 설에 승복하였다는 것으로만 결론을 내려왔던 것을 수정하여 고봉이 대체로 퇴계의 주장을 승복했지만 퇴계도 매우 중요한 쟁점에서 고봉의 설을 수용했다고 주장함으로써 사칠왕복서의 이해에서 영남학파와 결정적인 견해의 차이를 보인다. 한주는 퇴계가 고봉의 설을 수용한 견해를 「心統性情圖」에서 찾을 수 있다고 주장하였다.

한주는 「心統性情圖」의 中圖에서는 心의 本體는 性이고 作用은 情인데 性은 理이므로 七情은 四端을 포함하여 모두 理가 氣의 장애를 받지 않고 곧바로 發하는 것인 바 이것이 心의 本然의 모습이라는 것을 밝혔고, 下圖에 가서는 四端을 理發, 七情을 氣發로 나누었는데 여기서 理發・氣發은 실제로 理가 發하고 氣가 발하는 것이 아니라 心의 理가 發할 때의 苗脈, 즉 감응하는 대상이 理냐 氣냐를 가리켜 편의상 구분한 것일 뿐이라 하였다.

퇴계의 혼륜간은 때로는 수간을 포함하면서도 心合理氣라는 心의 本色

에 중점을 두는 견해를 아주 버리지는 않았다. 한주가 퇴계의 혼륜간을 수간으로 바꾼 것은 혼륜간만으로는 大本과 達道를 분명히 드러낼 수 없고, 그러한 상태에서 분개간을 강조하면 결국 理와 氣가 心中에 나라히 서서 두 개의 근본이 되어 各發하는 것으로 오인될 수 있다고 우려하였기 때문이다.

주자가 「答蔡季通書」에서 "人心과 道心의 구별은 根本으로부터 그러하다.[人心道心之別, 自其根本而已然.]" 한 구절은 互發說을 주장하는 영남학파의 입론 근거가 되어 葛菴 李玄逸 이후로 의심 없이 遵奉해 왔던 것이다. 그러나 寒洲는 "그 후에 주자 스스로 '말이 분명치 못하여 근거로 삼기에 부족하다.'고 했으므로 주자의 정설이 아니다."라 하고 '퇴계도 이 구절을 『朱書節要』에서 刪削하였는데, 영남학파에서 갈암 이후로 다시 사용한 것은 잘못'이라고 주장하였다.

四七互發의 '互' 자의 뜻을 어떻게 보느냐는 四七說 논변에서 爭端을 해소할 수 있는 중요한 관건이 될 수 있다. 한주는 退溪가 互發이란 용어를 선택한 정미한 뜻을 학자들이 살피지 못하고 지레 비판한다고 생각했다. 그는 勉齋 黃幹이 "感物而動, 則或氣動而理隨之, 或理動而氣挾之." 하여 理發·氣發의 관계를 잘 표현하였으나 여전히 理와 氣의 相須的인 관계가 분명히 드러나지 않아 理와 氣가 각각 主가 되어 發한다는 의혹을 아주 없앨 수는 없었는데, 퇴계가 이 구절을 고쳐서 "四端, 理發而氣隨之, 七情, 氣發而理乘之."라 하여 그 조리가 더욱 정밀해졌다고 하였다. 그리고 이 구절에서 '隨' 자와 '乘' 자에 精妙한 뜻이 있다고 보았다. 한주는 『周易』「繫辭 下傳」2章의 "服牛乘馬, 引重致遠, 以利天下, 蓋取諸隨." 小註의 安定胡氏說을 근거로 '隨' 자와 '乘' 자의 미묘한 함의를 설명하였다. 즉 사람이 말을 타고 갈 때 "사람이 말을 탔다[乘]" 하고 "말이 사람을 따른다[隨]" 하는 것은 사람과 말이 하나가 되어 가는 상태에서 사람을 위주로 말하기도 하고 말을 위주로 말하기도 하는 것이므로, 二而一 一而

而이고 不相離·不相雜인 理·氣의 관계를 표현하는 데에 '隨' 자와 '乘' 자가 더없이 적절한 표현이라는 것이다.

한주는 일반적으로 퇴계 理發說의 중요한 논리적 근거가 된다고 보는, 理到說에 대해서도 새로운 견해를 제시하였다. 그는 『韻會』에 의하면 '格' 자에는 '窮究'와 '究極' 두 가지 뜻이 있다고 하면서 格物의 格은 窮究의 뜻으로 보아 나의 마음이 사물이 이치를 궁구하여 가장 심층부에 까지 이르는 것으로 보고, 物格의 格은 究極의 뜻으로 보아 격물을 통하여 사물의 이치가 지극하여 남음이 없이 드러나는 것으로 보았다. 이를 근거로 한주는 '物理之極處無不到'에 대한 종래의 두 가지 해석인 '心到'와 '理到'에서 '到'의 의미를 너무 무겁게 보아 어느 한 쪽에서 다른 한 쪽으로 도달한다고 보는 견해를 부정하고, 격물과 물격을 주체와 객체의 지점에서 동시에 일어나는 각각의 일로 보았다.

王陽明이 소위 『朱子晚年定論』을 발표하고, 篁墩 程敏政이 『心經附註』에서 "주자가 초년에는 陸象山을 좋지 않게 보다가 만년에야 비로소 悔悟하여 육상산과 견해가 합치되었다."고 주장한 것에 대해 퇴계가 「心經後論」에서 강하게 반박, 尊德性·道問學, 博文·約禮를 수레의 두 바퀴, 새의 양 날개와 같아 어느 쪽을 버리거나 어느 쪽을 더 중시해서는 안 된다고 경계한 뒤로 조선의 학계에서는 尊德性을 더 중시하면 마치 禪學이나 陽明學에 빠진 것으로 간주되어 매우 혹독한 비판을 받을 수밖에 없었다. 이에 대해 한주는 尊德性이 本이고 道問學이 末이라고 보는 것이 주자의 만년정론이며 『중용』經文의 本指라 하고, 이어 陽明學이나 禪學을 비판하는 데 주력한 나머지 『중용』의 本旨를 잘못 보아서는 안 된다고 과감하게 주장했다.

지금까지 사상사에서는 주로 한주의 성리설을 영남 주리론의 발전선상에서 이루어진 것으로 파악하였다. 그러나 한주는 주로 주자의 정설 연구를 통하여 자신의 학설을 세우고 퇴계의 설에 절충했으므로 한주의 학맥은 퇴계에 곧바로 잇거나 평소 大山 李象靖의 설을 많이 인용했다는 사실을 근거로 대산에 이을 수는 있을 것이다. 특히 정재 유치명과는 핵심 쟁점에서 서로 견해의 차이를 극명하게 드러내고 있으며, 숙부인 凝窩 李源祚도 성리설에는 큰 관심을 두지 않았고 한주 자신 뿐 아니라 한주 아들 대계 이승희도 凝窩와의 師承을 인정하는 언급은 하지 않았으므로, 이들에 학맥을 연결할 수 없다고 나는 생각한다.

한주의 성리설은 亂脈으로 전개되는 기존 성리설들을 회통하는 이론을 만들고, 주자의 만년 정설을 추출하여 복잡다단한 논쟁의 해결점을 모색했다는 점에서 우선 그 학문적 의의를 찾을 수 있다. 특히 離看・合看, 渾淪看・分開看이 용어상 문제를 일으킬 소지가 있다고 파악하고, 이를 竪看・橫看・倒看의 인식 방법과 順推・逆推라는 推論法으로 재구성한 것은 성리학의 이론의 발전으로 인정될 수 있을 것이다. 그리고 퇴계 학맥의 系譜上에서 본다면, 한주는 거의 최초로 기존 영남학파의 학설을 비판적으로 검토하고 퇴계의 학설을 새로운 시각에서 발전적으로 계승한 학자라 평가할 수 있다.

부 록

한주행록寒洲行錄

자子 승희承熙

　조부 진사부군進士府君은 문장이 해박하고 흉금이 넓었으며, 게다가 음덕陰德을 베풀기를 좋아하고 이익을 꾀하거나 명예를 얻는 데 뜻을 두지 않았다. 오직 문사文史와 산수山水 및 어진 사우士友를 매우 좋아할 뿐이었다.

　조모 김부인金夫人은 성품이 방정하고 엄격하여 예법禮法이 있었고 게다가 경사經史에도 밝아 자녀를 의방義方*으로 가르쳤다. 고모부 이공李公 휘 철彙徹과 송공宋公 인호寅濩가 늘 말하기를 "선친의 성기性氣가 온화하고 평이平易한 곳은 왕고王考를 닮았고 방정하고 엄격한 곳은 조비祖妣를 닮았다." 하였다.

> *의방義方 : 춘추시대 석작石碏이 "신은 듣건대 자식을 사랑하되 의방으로 가르쳐 사특한 데 들어가지 않게 해야 한다고 했습니다.[臣聞愛子 教之以義方 弗納於邪]" 하였다. 의방은 의義로운 일을 하는 방도이다. 『소학小學 계고稽古』

　김부인은 아들인 부군을 몹시 사랑하였으나 의복과 음식에 대해서는 반드시 통렬히 절제하였다. 그래서 부군은 어릴 때 왕왕 배고픔을 참으면서 감히 말하지 못하였다.

불초가 예전에 본 일이다. 점성가占星家가 괘운卦運으로 부군의 운명을
점치니 진괘震卦 구사九四의 진수니震遂泥*에 해당하였다. 부군은 서글픈
기색으로 말하기를 "이는 주선생朱先生 주자朱子의 명운命運이다. 주선생이
남송南宋의 치우친 땅에서 태어나 강양剛陽한 덕으로 낮은 지위에 머무른
채 뜻을 이루지 못하고 도를 펼치지 못하여 천고千古의 한이 되고 말았다.
나 같은 말학비재末學非才가 어찌하여 다시 이러한 운명을 만났단 말인가."
하고 한참 동안 탄식하였다.

*진수니震遂泥 : 『주역周易』 진괘震卦 구사九四의 효사爻辭로 "진동함이 마침내 빠
져 있다."라는 말이다. 이는 양효陽爻 하나가 음효陰爻 둘 사이에 빠져서 스스
로 진동하여 분발하지 못함을 뜻한다. 주자朱子가 "진괘 구사는, 예전에 안노
자顔魯子가 납갑納甲으로 추산하여 나의 운명이 이에 해당한다고 하였다." 했
다. 『주자대전朱子大全 36권 답진동포答陳同甫』

어릴 때부터 영특하고 위엄이 있어 함께 놀던 아이들이 대다수 두려워
하였다. 그래서 부군이 오는 것을 보면 혹 눈물을 흘리며 용서해 달라고
애걸하는 아이도 있었다. 그러나 성품이 인자해 언제나 사람들을 불쌍히
여겼고 한 사람도 때려 다치게 한 적이 없고 한 물건도 때려 부순 적이
없었다.

아이 때 뜻이 고매하고 기운이 드높아 천고千古를 뛰어넘는 기상이 있
고 일점一點도 소극적이고 위축되어 나약한 생각이 없었다. 헛되이 시일을
보내려 하지 않아 비록 장난을 치며 놀지언정 반드시 날마다 무언가 하는
일이 있었다.

아이 때 때로 이웃 마을 학구學究에게 글을 배웠는데 반드시 무릎을
꿇고 가르침을 받았으며 나태한 기색을 보이지 않았다. 어떤 사람이 혹
조롱하여 "저런 사람을 네가 이처럼 공경하느냐?" 하니, 부군은 "저 분이

비록 신분은 보잘 것 없지만 나에게 글을 가르쳤은즉 스승이다. 어찌 공경
하지 않을 수 있겠는가?" 하였다.

　종조숙부從祖叔父이신 침랑공寢郞公은 부군보다 열 살이 많아 부군을 이
끌어주고 가르쳤다. 하루는 부군이 지은 글을 보고 깜짝 놀라 말하기를
"네가 어떻게 이런 글과 이런 뜻을 아느냐?" 하니, 부군이 대답하기를
"우연히 중부仲父의 책문策文 중에 이것이 있는 것을 보았습니다." 하였다.
침랑공이 크게 놀라 말하기를 "네가 이제 나의 스승이다." 하였다.

　15, 6세 때에는 천하 사물의 이치를 모두 망라하고 추측하여 고원高遠한
것이라 하여 혹시라도 게을리 하지 않고 영쇄零瑣한 것이라 하여 혹시라도
빠뜨리지 않았다. 세속의 학자들이 간약簡約 쪽으로만 공부하다 스스로
비루해지고 편리한 것만 찾아서 스스로 좋아하는 것을 가장 싫어하였다.
늘 소자邵子의 "이목이 총명한 남자의 몸이니 홍균이 부여한 것이 가난하
지 않아라.*[耳目聰明男子身 洪勻賦與不爲貧]"와 "일월성신은 높이 빛을 비추
고 황왕제패*는 크게 정치를 폈도다.[日月星辰高照耀 皇王帝覇大鋪舒]"라는 시
를 외며, 외진 나라에 태어나 천하를 두루 보지 못하는 것을 한스럽게
여겼다. 그래서 손수 남승도覽勝圖를 그려 복희헌원씨伏羲軒轅氏·문왕文
王·무왕武王·공자孔子·맹자孟子·정자程子·주자朱子의 유적 및 시인詩
人·도류道流 등 제가諸家들이 유람하고 서식棲息하던 곳들을 그려놓고 문
우文友들과 술을 마시며 그 사적을 시로 읊음으로써 흥을 달랬다.

　*이목耳目이 … 않아라 : 북송北宋의 학자 소옹邵雍의 관물음觀物吟에 보인다. 홍
　　균은 하늘을 가리킨다. 하늘이 만물을 만들어내는 것을 도공陶工이 질그릇을
　　굽는 데 비긴 것이다. 진晉나라 장화張華의 답하소答何劭에 "홍균은 만물을 빚
　　어내고 대지는 뭇 생명을 받는다.[洪鈞陶萬類 大塊稟羣生]" 하였다.
　*황왕제패皇王帝覇 : 삼황오제三皇五帝와 왕도王道·패도覇道의 왕들을 가리킨다.

어릴 때부터 경서經書를 읽을 때는 반드시 먼저 본문의 대의大義를 파악한 다음 대두뇌大頭腦에 해당하는 곳부터 미루어 아래로 내려오며 의미를 이해했고, 자잘한 글과 뜻도 반드시 그 곡절을 남김없이 이해했다. 그런 뒤에야 그 경서에 주석을 단 제가諸家의 글을 보아서 참고하고 절충折衷하되 대체로 정자程子·장횡거張橫渠·주자朱子·이퇴계李退溪의 설로써 귀결을 삼았다. 세상의 학자들이 거꾸로 후현後賢의 설을 가지고 지레 주장을 펴서 억지로 자기의 설에 끌어다 붙이고 둘러댐으로써 자기를 속이고 남을 속이는 것을 가장 싫어하였다.

어릴 때부터 경서를 공부하며 문장을 아울러 익혔다. 『상서尙書』를 읽기를 좋아하여 이 책을 술작述作의 조종祖宗으로 삼고 매우 익숙하게 송습誦習하여 만년에 이르러서도 전편全篇을 다 외울 수 있었다. 문장을 지을 때에는 인류引類에 뛰어나 지은 글에 변화가 층출層出하였다. 또 난삽한 구절이나 글자를 많이 사용하였다. 그래서 지금 남아 있는 습작 원고 중 15,6세 때 지은 글을 사람들이 구두도 떼지 못하는 경우가 많다. 20세 이후로는 "글은 뜻을 전달하면 그만이다." 하고 오로지 평순平順하고 이치에 맞는 것으로 법칙을 삼았다. 고모부 송공宋公 인호寅濩와 문장을 논한 서찰이 있는데 그 내용은 대체로 후세의 문장가들이 고행척립孤行隻立*하는 것을 단양무음單陽無陰*의 증거로 삼고 『주역周易』 계사繫辭 등을 지극한 문장으로 삼는 것이다.

*고행척립孤行隻立 : 음陰이나 양陽, 홀수[奇數]나 짝수[偶數]만 외롭게 홀로 것이다. 세상의 만물은 음과 양, 홀수와 짝수의 조화에 의해 이루어진다. 따라서 음이나 양 어느 하나만 있고 홀수나 짝수 어느 하나만 있어서는 만물의 조화가 이루어질 수 없는 것이다. 『주역상사周易象辭 18卷』
*단양무음單陽無陰 : 양陽만 있고 음陰은 없는 것으로 원래는 학질의 일종인 단학癉瘧에 대한 말로 양기만 강하고 음기가 없음으로 해서 생기는 병이라는 뜻이다. 한주寒洲가 송인호宋寅濩에게 답한 서찰에서 문장을 논하면서 고인의 글은 천지의 조화와 같이 음과 양, 기수奇數와 우수偶數의 조화가 잘 이루어졌으

며, 그 대표적인 예例가 『주역周易』계사繫辭이고 육경六經과 사서四書도 대체로
그러한데 전국시대 말엽부터 문장이 사람들의 이목을 놀라게 하는 기이함만
추구하여 대우對偶가 없어지고 말았다고 했다. 이것을 양만 있고 음은 없어서
생기는 병에 비긴 것이다. 『한주집寒洲集 14권 답송강수答宋康叟』

일찍부터 세상에 나아갈 뜻을 가졌다. 그래서 15, 6세 때부터 대과大科
의 문자를 많이 지어 이미 세상에 명성이 알려졌기에 국내에서 책문가策文
家를 헤아리는 사람은 반드시 부군을 엄지손가락으로 꼽았다. 그리고 소
과小科의 문자도 곧잘 지어 그 글이 극히 정련精練하였다. 부군이 왕왕 등
잔불 아래에서 수십 편의 글을 지으면 세상의 백발이 되도록 붓을 잡고
장옥場屋의 글을 지어온 사람들도 모두 어깨를 겨룰 수가 없었다. 동방공
부책東方貢賦策과 성균관成均館에 있을 때 지은 경의經義 1편은 당세의 공령
가功令家 과거 공부를 하는 사람들이 모두 전송傳誦하며 모방하였다.

15세 때 기삼백朞三百의 수數를 추산推算했는데 옛사람들의 방법을 따르
지 않고 자신의 방식대로 계산해 내었다. 정헌定軒 이공李公 종상鍾祥이 그
방법을 보고 "천하에 참된 재주가 있지 참된 법은 없다는 것을 이제야
알았다." 하였다.

어릴 때 질환에 걸려 의약을 써도 효험이 없자 몸소 『소문素問』・『입문
入門』 등의 책을 읽고 처방을 써보니 효과가 좋았으며, 두루 써보니 역시
대체로 즉시 효험이 있었다. 그래서 세상 사람들이 혹 의술에 밝다고들
했으나 그 후에는 의술을 하지 않으며 말하기를 "정밀하지 못하면 사람을
해칠까 두렵다." 하였다. 또 일찍이 자미성법紫微星法으로 사람의 운명을
추산하여 정련精練한 경지에 이르자 부절符節을 합치듯 맞았으나 만년에는
그것도 탐탁찮게 여겨 하지 않았다. 불초가 일찍이 그 방법을 묻자 부군은
"정력을 허비할 것 없다." 하셨다.

15, 6세 때 자호自號를 산교汕嶠라 했다. 이는 대개 산수汕水* 하나에서 천하의 물을 다 알 수 있고 교산嶠山* 하나에서 천하의 산을 다 알 수 있으니, 천하의 사물도 이와 마찬가지라는 뜻으로, 뜻을 박학博學에 둔 것이다. 얼마 뒤에는 동교東嶠라 했다. 이는 해동海東의 교남嶠南에 태어났기 때문에 땅이 협소하여 큰 일을 할 수 없음을 말한 것이니, 마음에 한스럽게 여기는 바이다.

20세 이후에는 정와定窩라 했으니, 지지유정知止有定*의 뜻을 취하여 자신을 반성한 것이다.

*산수汕水 : 조선에 있는 물을 뜻한다. 『사기史記』 조선전주朝鮮傳注에 "조선에 습수濕水가 있으니, 열수洌水와 산수汕水이다." 하였다.

*교산嶠山 : 경상북도 문경聞慶의 조령鳥嶺을 가리킨다. 한주가 교남嶠南, 즉 영남에 살았기 때문에 이 말을 쓴 것이다.

*지지유정知止有定 : 『대학大學』 경經 1장에 "그침을 안 뒤에 정해짐이 있다.[知止而后有定]" 한 대목을 가리킨다. 이는 사람이 그쳐야 할 곳, 즉 지선至善이 무엇인지를 안 뒤에 마음속에 정향定向이 있게 된다는 뜻이다.

30세 때에는 서재의 편액을 조운헌도祖雲憲陶라 걸었다. 이는 멀리로는 운곡雲谷 주자朱子을 조술祖述하고 가까이로는 도산陶山 퇴계退溪를 본받는다는 뜻이니, 위로는 전성前聖을 고찰하고 아래로는 후현後賢을 이어받아 비로소 스승을 얻은 것이다.

만년에는 한주寒洲라 하였으니, 표방標榜을 없애고자 한 것이다.

천품이 이미 높고 입지立志가 원대했으며, 일찍부터 가학家學의 영향을 받았고 게다가 당시의 어진 사우師友들과 서로 강마講磨하고 질정質正하여 옛 성현의 심법心法을 찾았다. 그리하여 천하의 모든 사물이 단지 일리一理임을 보았으니, 몸으로 닦아서 덕행德行이 되고 입에서 나와 언사言辭가 된 것이 이 리理를 따른 것이 아님이 없다.

어릴 때부터 산증疝症을 앓아 누차 위태한 지경에 이르렀기에 왕고王考
가 혹 깊이 염려하셨다. 그 때문에 부군은 늘 애써 병을 참고 위로하여
마음을 풀어드려 병세가 위중하다는 것을 왕고는 알지 못하게 하였다.

조부는 생업을 관심을 두지 않아 집안 형편이 극도로 기울었다. 이에
부군은 농사에 힘써 몸소 들일을 보살폈다. 당시 정헌공定憲公이 이미 이경
貳卿의 지위에 오른 터라 혹자가 위로하며 "어찌 공의 집안 위신을 생각하
지 않소?" 하면 부군은 "나는 일개 빈한貧寒한 선비일 뿐이오." 하였다.
조고祖考와 조비祖妣가 모두 세상을 떠나자 부군은 불초不肖에게 말씀하기
를 "내가 이제 누구를 위해 농사를 하겠는가?" 하고는 마침내 농사를 돌
아보지 않았다.

조부는 빈객을 접대하는 것을 좋아하였다. 그래서 부군은 집안 형편이
비록 군색해도 손님이 오면 음식을 반드시 넉넉하고 깨끗하게 대접했다.

조부는 남에게 베풀기를 좋아하였는데 향리에 사는 최씨崔氏 어른이 와
서 "냉질冷疾을 앓고 있는데 밤중에 요강이 없어 괴롭다."고 말하였다. 당
시 집안에는 요강이 하나 밖에 없었는데 전비前妣인 박씨朴氏 집안에서 온
것으로 부군이 매우 아끼는 것이었다. 왕고가 "나는 질병이 없으니, 이
요강을 이 분에게 주는 것이 좋겠다." 하니, 부군은 분부대로 요강을 그
어른에게 갖다 드리고 아까워하는 기색을 얼굴에 나타내지 않으셨다.

소작농 이씨李氏란 사람이 비가 많이 올 때 자신이 제방을 터뜨려 놓고
서 논이 복사伏沙에 덮였다는 핑계로 싼 값에 논 두 이랑을 왕고에서 샀다.
다른 사람이 그 간교한 짓에 분개하여 부군에게 제 값을 돌려받을 것을
권하자 부군은 그렇게 할 수 없다고 하니, 이씨가 그 말을 듣고 부끄러워

하고 두려워하였다. 그 후에 그 논 근처에 왕고의 묘소가 들어가게 되자 이씨가 머리를 조아리며 3두락의 전답을 스스로 바쳐 묘전墓田으로 삼아 줄 것을 청하니, 부군은 그 값을 쳐서 주었다.

왕고가 불초를 몹시 사랑하였기 때문에 불초가 왕고 곁에 있으면 부군은 불초에게 매를 때리거나 꾸짖은 적이 없었다.

조부의 병세가 위중하실 때 중부仲父가 손가락에 피를 내어 조부의 입에 흘려 넣으려 하자 부군이 울며 말렸다.

조부가 금산錦山에 유람하러 가셨다가 곤양昆陽의 조 진사趙進士 집에서 병에 걸렸다. 조 진사가 성심을 다해 조부를 간호하였다. 그래서 부군은 말씀 중에 조 진사 얘기만 나오면 눈물을 흘리셨다.

조부가 잉어국을 좋아하니, 부군은 잉어국을 감히 먹지 않으셨다. 조부가 세상을 떠난 뒤에도 잉어국을 차마 먹지 못하셨다.

조모 김부인金夫人은 성품이 엄격하였다. 부군은 김부인이 노여운 기색을 보이면 곧바로 그 앞에 나아가 갖은 방법으로 웃으며 얘기하여 김부인의 안색이 누그러지시면 그제야 그만두었다. 혹 부군 때문에 노여워하면 부복俯伏하여 대죄待罪하고 노기가 풀리신 것을 보아야 감히 물러나셨다.

김부인은 친가親家가 가난했기 때문에 그 친부모의 기일忌日 및 성묘省墓 때에는 반드시 제수를 갖추고 부군 형제를 시켜 번갈아 가서 일을 보살피게 하였다. 부군은 그 제수를 반드시 집안의 제사와 같이 장만하고 감히 소홀히 하지 않았다.

　　김부인이 임종하실 때 "내가 죽고 종손從孫도 조금 형편이 넉넉하니 명년부터는 제수를 보내지 말라." 하였다. 부군은 그래도 3년 동안을 김부인이 생존하실 때와 같이 제수를 보내고 그 이듬해에 표종손表從孫에게 서찰을 보내 이제부터 스스로 힘써 제사를 모시라 하고는 이어 눈물을 비 오듯 흘렸다.

　　중고仲姑인 김씨부金氏婦가 일찍 과부가 되자 김부인은 하루라도 그 소식을 듣지 못하면 침식寢食이 편안치 않았다. 김씨부의 집은 우리 집과 거리가 70리이고 게다가 배를 타고 물을 건너야 했다. 부군은 종을 보내면서 닭이 울면 출발하여 밤중까지 돌아오기로 약속했는데 종도 그 약속대로 시간을 지켰다. 몇 달이 지난 뒤에야 매일 종을 보내지 않고 간간이 종을 보냈다.

　　김부인은 고사古史에 박통하였다. 그래서 만년에는 자질子姪들과 성현聖賢의 사적 및 전대前代 역사의 흥망성쇠를 얘기하기를 좋아하였으며, 부군이 곁에 모시고 앉아 역사를 외워서 얘기해 드리는 것을 낙으로 삼았다. 부군이 일이 있어 곁에서 모실 수 없으면 부군의 아우나 아들을 시켜 대신 얘기하게 하였다. 그리고 혹 언문 역사책을 널리 구해 직접 읽기도 했으며 밤에 깊어도 책 읽기에 지칠 줄 몰랐다.

　　김부인은 냉증冷症을 앓았으며, 만년에는 위장이 허虛하여 육식肉食이 조금이라도 부족하면 음식을 편안히 들지 못하였다. 그래서 부군은 김부인을 봉양하기 위해 사흘에 한 마리씩 개를 잡았고 간간이 어육魚肉들 드렸다. 혹자가 "어버이를 섬기는 것도 집안 형편에 맞게 해야 한다."고 하면 부군은 쓸쓸한 기색으로 말을 하지 못하였다.

조부모가 세상을 떠나신 뒤로 부군이 후생後生에게 『시경詩經』을 가르치시다가 육아蓼莪*편에 이르면 눈물을 흘리며 해설하지 못하셨다. 그래서 후배들이 『시경』을 읽다가 이 편에 이르는 것을 보면 불초가 반드시 다른 편으로 바꾸고 감히 이 편을 부군 앞에 올리지 못하게 하였다.

매양 왕고비의 기일忌日이 오면 눈물을 흘리며 사모思慕하셨고 아무리 추운 겨울, 더운 여름일지라도 반드시 몸소 제 때에 제사를 모셨으며, 병이 들어도 부축을 받아 몸소 제사를 모셨다.

> *육아蓼莪 :『시경』 소아小雅의 편명으로 부모님을 제대로 봉양하지 못한 자식이 부모님을 생각하며 슬퍼하는 마음을 읊고 있다. 진晉 나라 무제武帝 때 왕부王裒는 아버지 왕의王儀가 억울하게 죽은 것을 슬퍼하여 『시경詩經』을 가르치다가 육아편에 이르면 언제나 슬피 울어서 제자들이 『시경』을 배울 때 육아편은 아예 없애고 배우지 않았다 한다. 『소학小學 선행善行』

경술년에 종조부 정헌공定憲公이 경주부윤慶州府尹으로 있다가 모종의 일로 어사御使의 논계論啓에 올라 치대置對에 나아가게 되었다. 당시 부군은 과거에 응시하러 한양에 가 있다가 그 소식을 듣고는 즉시 서둘러 고향으로 내려와서 '대감待勘할 때까지 지체하고 있을 수 없다'는 뜻을 정헌공께 말씀드렸다. 이에 정헌공이 즉시 사직하고 여장을 꾸려 향리로 돌아왔으며, 늘 의리를 봄이 명백하다고 부군을 칭찬하였다.

만년에 중부仲父와 한 방에서 기거하셨다. 중부가 형님인 부군을 두려워하여 혹 위축된 모습을 보이기도 하니, 부군은 온화한 안색을 보이며 온갖 방법으로 애써 중부를 편안하게 해 주셨다. 중부는 시를 읊기를 좋아하셨다. 부군은 평소 한가하게 시구를 짓는 것을 좋아하지 않았으나 왕왕 짐짓 중부를 위해 시를 창수唱酬하고 논평하며 즐기셨다.

특별한 음식이 있으면 반드시 중부와 함께 맛보았다. 흉년이 들어 온 집안이 모두 죽을 먹을 때에도 부군은 반드시 중부를 불러 함께 식사를 했으며 중부를 잊은 적이 없었다.

부군이 임종하실 때 불초가 슬피 울며 불러도 응답하지 못하고 중부가 형님이라 부르면 응답하였다.

큰고모[伯姑] 이씨부李氏婦가 궁핍하게 살았다. 부군은 해마다 곡식과 무명을 수확하면 반드시 먼저 큰고모에게 보낼 것을 따로 떼어놓았다. 그리하여 곡식과 무명이 다 바닥이 나도 감히 소홀하지 않았다.

김씨부金氏婦인 중고仲姑가 과부가 되자 부군은 누차 집으로 맞아들여 정성껏 잘 위로하였으며, 생질을 거두어 교육하여 성년이 된 뒤에야 집으로 돌려보냈다.

부군은 종숙부從叔父 침랑공寢郎公을 부형처럼 섬겨 매사를 반드시 여쭈어 보고 크게 도리에 어긋나지 않으면 반드시 침랑공의 말씀을 따랐다.

인의引儀 종숙부從叔父가 심한 병을 앓은 적이 있는데 부군은 하루에 서너 차례 문병을 갔으며, 밤에도 반드시 서둘러 일어나 문병하러 갔다. 여러 달이 되도록 그렇게 하였다.

선비先妣 이씨李氏는 사리에 밝고 민첩하고 효성과 공경이 지극했으며 예의禮儀에 신중하였다. 그래서 부군은 선비를 공경하고 믿어 평소 집안이 마치 조정처럼 정숙整肅하였다. 그래서 세상에서 부부 사이의 화목과 공경이 함께 지극한 훌륭한 배필을 일컫는 이들은 반드시 부군과 선비를 준칙으로 꼽았다.

수숙嫂叔 사이의 분별에 엄격하여 비록 손자 항렬일지라도 여인을 대할 때는 반드시 용모를 엄숙히 가다듬고 간격을 두고 앉아서 공경히 안부 인사만 나눌 뿐이었으며, 높은 항렬의 족숙모族叔母나 대모大母는 오직 세시歲時로 문을 열어 한 번 뵐 뿐이었다. 질부姪婦들이 알현할 때에도 반드시 용모를 가다듬고 단정히 앉고 쓸데없는 얘기는 하지 않았다. 자매들과 함께 있을 때에는 즐거운 분위기가 가득했으나 역시 간격을 두고 떨어져 앉았다. 불초가 지각이 들고부터 부군이 불초를 아끼고 귀여워하는 기색으로 대해주는 것을 본 적이 없다.

불초가 여덟 살 때 『강씨통감江氏通鑑』*을 배웠는데 태만하게 놀다가 간신히 외울 수 있었다. 당시 좌중에 손님이 있다가 과분하게 칭찬하기를 "글이 백 줄이나 되는데 네가 아직 동자로서 이렇게 외우다니 …" 하기에 불초는 자랑스러워했다. 부군은 천천히 말씀하기를 "비록 겨우 외기는 했으나 이처럼 입에 설게 외서야 무슨 소용이 있겠느냐?" 하고 즉시 불초를 세우고는 회초리로 종아리를 쳤다. 이에 불초는 몹시 부끄러워 조금 잘못을 고치게 되었다.

  *『강씨통감江氏通鑑』:『통감절요通鑑節要』를 가리킨다. 이 책은 송宋나라 때 강지江贄가 방대한 『자치통감資治通鑑』을 절략節略하여 만든 것으로 우리나라에서 교재로 널리 읽혔다.『소미통감少微通鑑』이라고도 한다.

불초가 처음 장가들어 경주慶州의 처가로 갈 때 부군이 단단히 당부하기를 "부부夫婦는 처음을 신중히 하고 붕우朋友는 마침을 신중히 해야 하는 법이다. 너의 지금이 바로 너의 일생 과정의 출발이니, 유념하라." 하였다.

불초가 성년成年이 되어 고을의 강회講會에 갔는데 부군이 강회에서 문답한 말을 베껴서 보내라고 명하였다. 그래서 문답을 베껴서 보내니 부군이 서찰을 보내 꾸짖기를 "네가 답한 말을 보니 애초에 깊이 생각해 보지도 않고 임시변통의 말재주로 둘러댄 것일 뿐이다. 비록 그 말이 우연히 맞다 하더라도 공부에 무슨 도움이 되겠느냐. 너는 너의 아비가 네게 바라는 마음을 헤아리지 못하느냐?" 하였다. 이에 불초가 크게 두려워 조금 학문에 힘을 쓸 줄 알게 되었다.

불초가 약관 때 대청에서 다른 사람과 농담을 주고받고 있는데 부군이 외출하고 돌아와서 준엄히 꾸짖기를 "한가하게 쓸데없는 얘기를 하며 좋은 광음光陰을 보내고 있으니, 학문에 뜻이 없음을 알겠다." 하였다.

불초가 집안일을 맡은 뒤로 집안은 가난하고 어버이는 연로한 것을 근심하여 잡무에 마음을 쏟다 보니 점차 마음과 용모가 황폐해졌다. 하루는 모시고 앉은 자리에서 부군이 조용히 말씀하기를 "내가 소루疏漏하여 너를 해치고 말았구나. 너는 생각해 보라. 고인古人이 말씀하신 '닭이 울면 일어나 부지런히 이익을 꾀하는 자'가 누구의 무리인가?*" 하니, 불초가 그 자리에서 온 몸에 땀이 나 오랫동안 감히 고개를 들지 못하였다.

*고인古人이 … 무리인가 : 맹자가 "닭이 울면 일어나서 부지런히 선행을 하는 사람은 순임금의 무리이고 닭이 울면 일어나서 부지런히 잇속을 추구하는 사람은 도척의 무리이니, 순임금과 도척의 구분을 알고자 한다면 다른 것이 없고 잇속과 선행의 사이일 뿐이다.[雞鳴而起 孶孶爲善者 舜之徒也. 雞鳴而起 孶孶爲利者 跖之徒也. 欲知舜與跖之分 無他 利與善之間也]" 하였다. 『맹자孟子 진심盡心 상上』

불초가 사소한 이해利害를 만나도 반드시 생각하니, 부군이 "이해를 따지면 반드시 기심機心이 생긴다." 하였다.

불초가 매사에 계획만 세워 놓고 이루지 못하는 것이 많으니, 부군이 "그렇게 머뭇거려서야 무슨 일을 이루겠느냐?" 하였다.

불초가 집안에서 조급하여 노하는 일이 많으니, 매양 경계하시기를 "너무 일을 독찰督察하면 덕성을 해치게 된다." 하였다.

불초가 혹 어지럽게 마구 글씨를 쓰면 부군은 "나는 이러한 모양을 매우 싫어한다." 하셨다.

불초가 과거에 누차 낙방하고 세도世道는 날로 땅에 떨어졌다. 그래서 마음속으로 과거를 그만 둘 것을 작심하고 있다가 하루는 은근히 말씀드리니, 부군은 "네 좋아하는 바대로 하거라. 영광스러운 일이 꼭 과거 뿐만은 아니다. 게다가 과거에 대해 마음이 풀어졌은즉 억지로 해도 이루지 못할 것이다." 하셨다.

어떤 사람이 과장科場에서 불초에게 서찰을 보내기를 "유사有司가 그대를 찾으니, 가면 손쉽게 급제할 수 있을 것이다." 하니, 집안사람들이 다투어 권하였다. 그러나 부군은 "거취去就는 자기 뜻에 따라 결정해야 한다. 어찌 남의 말에 따르리오." 하셨다. 그 후에 또 한 유사가 고을에 와서 원님을 시켜 서찰을 보내 불초를 과거 보러 나오게 권하였다. 불초가 당시 외출하고 없었는데 부군이 답하기를 "아이가 밖에 있으니, 불러서 과장科場에 가게 하더라도 아마 시험 기간까지 갈 수 없을 듯합니다. 억지로 할 수 없습니다." 하였다.

부군은 집안일을 불초에게 넘긴 뒤로는 한 가지 일에도 관심을 두지 않았으며, 비록 시급하여 이해에 관계된 것이라도 돌아보지 않았다. 혹 일처리가 크게 잘못된 것을 보면 "내 생각에는 이럴 듯하구나. 네가 다시 생각해 보아라." 하실 뿐이었다.

부군은 만년에 저술한 글들을 모두 목록으로 정리해 불초에게 보여주며 말씀하기를 "이것이 나의 일생의 조박精粕이다." 하고, 이어 『직지심결直指心訣』을 가리키며 말씀하기를 "주자朱子께서 임종하실 때 문인門人에게 말씀하시기를 '천지天地가 만물을 생성하는 것과 성인聖人이 만사에 접응하는 것은 직直일 뿐이다.' 하셨다. 나는 이 한 글자는 요순堯舜이 전수傳授한 중中자*와 하나로 관통되어 내려오는 것이니, 응당 천고의 성현들이 서로 전수한 심법心法으로 삼아야 할 것이다. 젊을 때 망령되이 전현의 말씀을 모아서 이 책을 만들었으나 도를 본 것이 분명하지 못해 그 뜻을 천발闡發하지 못했으니 아쉽다. 네가 후일에 벗들과 그 뜻을 밝혀라." 하셨다.

　*요순堯舜이 … 자 : 요堯임금이 제위帝位를 물려주면서 전하고 순舜임금이 받은 심결心訣이다. 요堯임금이 "아! 너 순아. 하늘의 역수의 너의 몸에 있으니, 진실로 그 중을 잡으라.[咨爾舜 天之曆數在爾躬 允執厥中]" 하였다. 중中은 주자朱子의 주註에서 지나침과 모자람, 즉 과過와 불급不及이 없는 것이라 하였다.『논어집주論語集註 요왈堯曰』

　을유년에 장손이 태어나니, 부군은 성동聖童이라 이름을 지었다. 그리고 겨우 귀가 뚫려 소리를 듣자 날마다 삼강三綱·오상五常·삼재三才·오행五行 등의 글자를 외워서 들려주었으니, 유아乳兒 때부터 교육을 받게 하고자 한 것이었다. 아이가 좀 자라 말을 하려 할 때에 이르러서는『소학小學』·『사서四書』 등의 격언들을 날마다 들려주었으니, 묵묵히 감화되게 하고자 한 것이었다. 부군은 병환이 위중할 때에도 손주를 안고 오게 하고는 웃는 낯빛을 지으며 연이어 몇 자를 외어 들려주고는 그만두었다.

　부군은 평상시 종족의 모임 및 잔치의 술자리에서는 사람들과 어울려 즐겁게 담소하며 조금도 격의를 두지 않았지만 교제하는 사람은 신중히 가렸다. 특히 시기심이 많고 음험하며 허랑하여 항심恒心이 없는 사람을 가장 싫어하였다. 그러나 마음이 마치 빈 배처럼 넓어 함부로 대드는 사람이 있어도 그 일이 지나가면 이내 잊었으며 그 사람이 오면 반가워하였고 거절하여 못 오게 하지 않았다.

부군은 늘 말씀하기를 "사람의 집은 의리義理로써 종자를 삼고 근졸謹拙로써 혈맥을 삼아야 하니, 문화文華와 부귀 같은 것은 모두 말단이다. 예컨대 깨끗하게 마른 나무는 혹 다시 움이 돋기도 하지만 뿌리를 떠난 무성한 나무는 한 번 썩으면 반드시 죽고 마는 것과 같다." 하셨으며, 매양 족인族人들과 얘기할 때 "이 이치가 부절符節과 같이 틀림없이 맞다." 하시고 한숨을 쉬며 탄식하곤 하였다.

부군은 종족을 거두어 보살피는 일에 매우 마음을 썼다. 그래서 정헌공定憲公이 생존할 때 부군이 은밀히 일을 도운 것이 많았는데, 대개 종안宗案을 세워서 규모를 통일하고 월강月講을 하여 유술儒術을 진흥하는 한편 장방長房은 서파庶派에도 허용하고 해마다의 진휼賑恤은 반드시 궁핍한 족인族人을 가려서 줌으로써 종족을 화합하는 방도를 극진히 갖추었다.

한 족조族祖 부처夫妻가 모두 세상을 떠나고 딸 하나만 남아 의지할 데가 없으니, 부군이 거두어 10여 년 동안 양육하고 사족土族인 김씨金氏 집안의 사람을 가려서 혼인시키기를 마치 친누이처럼 하였다. 그래서 불초에게 족고族姑가 되는 그 딸이 늘 부군의 은혜를 말할 때면 "죽어도 갚을 수 없다." 하였다.

부군은 동당同堂 및 종족 자제들에게 대해서는 현우賢愚를 막론하고 누구건 배우러 오면 거두어 가르쳤다. 그래서 매일 해가 뜨면 앉아서 글을 가르치기 시작하여 해가 기울 때에 이르면 기운이 부족해 말소리가 잘 나오지 않을 정도가 되는데도 사양하지 않았다. 밤에는 정좌靜坐하는 것을 좋아하였으나 남이 책을 읽고 싶어 하면 옆방에서 글을 읽는 것을 싫어하지 않았다.

여름에는 날씨가 아무리 더워도 자제들이 공부를 하겠다고 하면 부군은 실내로 들어가고 마루를 내어주었다. 자제들이 혹 미안해하면 부군은 "나는 책을 좋아하니, 더워도 괴롭지 않다." 하였다. 매월 초하루에는 친히 학생들의 학업 정도를 점검하고는 자상한 말씀으로 얘기해 주었다. 일찍이 문중의 돈 백금百金을 떼어 학계學契에 충당하여 후생들을 성취시킬 자본으로 삼게 하였다.

부군은 일찍이 탄식하기를 "백불암百弗庵의 부인동夫仁洞 규약*은 '한 지방에 징험徵驗했다.*'고 할 만한데 나는 뜻만 가졌고 성취하지 못했구나." 하였다. 그래서 불초가 재종제再從弟 덕희德熙와 더불어 도사형都事兄에게 의논, 대포의사大浦義社를 세워 봉공奉公・휼빈恤貧의 자본으로 삼으니, 시행한 지 몇 해 동안 마을 사람들이 이에 힘입었다.

*백불암百弗庵의 부인동夫仁洞 규약 : 백불암은 최흥원崔興遠(1705~1786)의 호이다. 그는 자는 태초太初, 본관은 경주慶州이며, 성호星湖 이익李瀷, 대산大山 이상정李象靖 등과 교유했던 학자이다. 그는 35세 때 자신이 살던 대구大邱 부인동夫仁洞에 남전향약藍田鄕約을 바탕으로 한 동약洞約을 만들어 실행하였다. 『백불암문집百弗庵文集』 7권에 부인동동약夫仁洞洞約이 실려 있는데 그 조목을 보면 강사절목講舍節目, 선공고절목先公庫節目, 휼빈고절목恤貧庫節目, 강회시신약講會時申約으로 되어 있다.
*한 지방에 시험했다 : 이상적인 제도를 온 세상에 두루 시행하지는 못하고 자신이 사는 지역에만 시행했다는 뜻이다. 북송北宋의 학자인 횡거橫渠 장재張載가 '인정仁政은 반드시 경계經界, 즉 정전법井田法에서 비롯한다.'고 생각하여 "비록 이 법을 천하에 시행하지는 못할지라도 한 고을에 징험할 수는 있다. [縱不能行之天下 猶可驗之一鄕]" 하고서 땅을 사서 정전을 구획하여 고대의 이상적인 사회를 만들어 보려 했으나 뜻을 이루지는 못했다. 『근사록近思錄 9卷』

부군은 고을 안에서 오로지 화합하고 공경하는 마음으로 일관하였다. 그래서 평소에 부집父執에게는 감히 자字를 부르지 않고 동배同輩에게도 대뜸 자네[君]라 부르지 않았으며, 고을의 모임이 있을 경우에는 병환 중이 아니면 반드시 가서 참석하셨다.

고을이 예전부터 남南·북北으로 나뉘어 걸핏하면 분열하였다. 그래서 정헌공定憲公이 학계學契를 세워 선비들의 추향趣向을 합일하고 양로소養老所를 세워 봉양의 예禮를 합일하였는데, 이 일에 부군이 실로 그 규모를 도왔다. 이에 분열을 주도하는 사람들이 모두 부군을 비난하여 좋지 못한 여론이 무더기로 일어났으나 부군은 간곡히 이들을 일깨우고 타일러 마침내 일을 이루었다.

만년에는 또 고을의 사우士友들과 약속, 온 고을이 함께 향음주례鄕飮酒禮를 행하는 한편 향약을 세우고 손수 그 규례를 작성하되 여씨향약呂氏鄕約의 옛 법을 본받고 퇴계退溪의 예안향약禮安鄕約의 약조를 참조하여 장차점차적으로 시행하려 하였다. 그 내용은 대체로 착한 풍속을 진흥하고문화를 돈독하게 하는 것으로 근본을 삼되 중요한 목적은 분열하는 고을사람들을 모아서 화합을 보전하는 데 있었다.

무흘서당武屹書堂은 한강寒岡 정선생鄭先生이 학문을 강론하던 곳이다. 그런데 중간에 서당이 본손本孫의 차지가 된 채 세월이 오래 흐르자 규약規約이 해이해지고 건물이 퇴락하여 서당을 유지하기 어렵게 되었다. 그래서고을의 도움을 받아서 서당을 보호하고자 했는데 고을의 여론은 곤란하다는 것이었다. 이에 부군이 "이 어찌 본손의 행위를 보고 결정할 일이겠는가. 응당 선사先師를 존모하는 것으로 구경의 목적을 삼아야 할 것이다."하니, 의론이 마침내 결정되었다. 부군이 그 일에 관해 서문을 썼는데 그내용은 현인賢人을 존모하고 도道를 보위할 것을 깊이 바라는 뜻이었다.

임술년壬戌年에 고을의 백성들이 관리官吏를 원망하여 무리를 지어 소요를 일으키며 정헌공定憲公께 고을의 폐단을 바로잡아 줄 것을 청하였다. 그리하여 백성 수만 명이 밤중에 동네에 들어오니 정헌공은 동네 밖에 나가 있으며 부군에게 명하여 집을 지키게 하였다. 완악한 자들이 집안으로 몰려와 소리치며 정헌공을 찾으니 집안사람들은 모두 도망쳐 숨었다. 그러나 부군은 촛불을 밝히고 단정히 위좌危坐를 하고 앉아 동요하지 않았다. 집 안채 가까이로 들어오는 사람들이 있자 부군은 느릿한 음성으로 그 중 우두머리가 되는 사람에게 타이르기를 "공公 등은 폐단을 바로잡으려 하면서 이처럼 체례體禮를 모르시오?" 하였다. 이에 완악한 백성들이 물러가고 끝내 감히 함부로 움직이지 못하였다.

신사년辛巳年에 고을 백성들이 또 크게 소요를 일으켜 목사牧使를 고을 밖으로 쫓아내고 이어 떼를 지어 마을 안으로 들어와 행패를 부렸는데 마을에 들어올 때 서로 당부하기를 "조심하여 독서讀書 이진사李進士 댁에는 들어가지 말라." 하였다.

정 참판鄭參判 현덕顯德이 어릴 때 유락流落하여 몹시 곤궁하였다. 부군이 강릉江陵에 있을 때 그와 벗으로 사귀어 강해江海에서 시문詩文을 창수唱酬하며 서로 의기가 잘 맞았다. 부군이 그를 정헌공께 배알하게 하니, 정헌공이 누차 그를 구휼해 주셨다. 그러나 그가 현달하게 되자 부군은 한 번도 찾아가 만나지 않았다.

후배나 제자들이 선善과 의義로 나아가는 것을 보면 자기 일보다 더 기뻐하며 칭찬하였다. 그리고 모르는 글이나 어려운 일을 질문하면 자상하게 가르쳐 주는 것이 자기의 의문을 풀 때보다 더했으며, 경서經書를 가지고 배우러 오는 사람이 있으면 기쁜 기색으로 설명해 주시는 것은 자신이 설명을 받는 것보다 더했다.

김공金公 기진岐鎭은 호학湖學의 법문法門*을 평소에 익히 들어왔는데 경신년庚申年에 부군께 와서 『주서朱書』를 배웠다. 부군이 날마다 그에게 이기理氣의 대원大原을 설명해 주시니, 김공이 처음에는 자못 의심하였다. 그러나 세월이 오래 지나면서 김공이 마침내 구견舊見을 버리고 부군의 말씀을 받아들였다.

*호학湖學의 법문法門 : 율곡栗谷 이이李珥의 학통을 계승한 기호학파畿湖學派의 학설을 가리킨다.

김우근金佑根은 진잠鎭岑 사람으로 부군께 와서 과거 공부로 책문策文을 배웠다. 부군이 공부 방법을 가르쳐 주시고는 말씀하시기를 "공은 농암農巖*의 가학家學이 있는데 어찌하여 내면을 향해 공부하지* 않는가?" 하시고 이어 농암의 견처見處를 매우 상세히 말하시니, 김우근이 무안하여 '물러가서 가학을 공부해보겠다'고 하였다.

*농암農巖 : 조선시대의 거유巨儒 김창협金昌協(1651~1708)의 호이다.
*내면을 향해 공부하지 : 자신의 인격을 도야하는 진정한 학문인 위기지학爲己之學를 하라는 뜻이다.

운봉雲峯 최씨崔氏 어른이 와서 학문의 가장 요긴한 지결旨訣을 물기에 부군이 "리理 자이니, 치지致知하여 리를 밝히고 독행篤行하여 리를 따르는 것입니다." 하니, 최씨 어른이 시원히 의문이 풀려 "삼가 알겠습니다." 하였다.

충주忠州 허모許某가 학문에 어느 것이 중요한지 물으니, 부군이 "우선이 리理를 궁구하라." 하였다.

제주濟州 장성규張性奎가 "어떻게 독행篤行합니까?" 하고 물으니, 부군이 "지知·행行은 병진竝進해야 한다. 만약 사람이 눈을 감는다면 어떻게 한

걸음인들 나아갈 수 있겠는가?" 하였다.

금강산의 승려 기인琪印이 치지致知를 물으니, 부군이 "실리實理 상에서 찾아야 한다. 아버지가 나와 어떠한 관계이며 임금이 나와 어떠한 관계인지 생각해 보라." 하였다.

부군께 제자들을 많이 받아들여 문호를 세울 것을 청한 사람이 있었다. 부군이 "내가 받아들이고자 한들 누가 오겠는가." 하였다. 폐백을 가지고 제자가 되고자 찾아온 사람이 있으면 부군은 겸손한 말로 사양하기를 "나는 남의 스승이 될 만한 사람이 아니오." 하였다. 불초가 "고인이 폐백을 받아들인 이가 있는 것은 어째서입니까?" 하고 물으니, 부군이 "옛날에는 서로 만날 때 모두 폐백을 주게 되어 있으니, 의당 받아야 한다. 그런데 지금은 폐백을 스승을 뵙는 예禮로써 삼으니, 스승이 이름에 있는 것인가?" 하였다.

곽종석郭鍾錫 · 김진호金鎭祜가 부군의 서사書舍에 계契를 하나 만들자고 하기에 불초가 그렇게 하자고 하였다. 그래서 막 안본案本을 만들었는데 부군이 아시고 "동지同知들이 서로 사귀는데 계를 만들 필요가 어디 있겠는가. 너는 허물을 나에게 전가시키려 하는구나." 하시고 준엄히 꾸짖었다.

김공金公 태응台應, 여공呂公 영회英會 등 제공諸公이 부군 계신 곳에 계契 하나를 만들어 의지하고 흠모하는 바탕을 삼기로 의논하였다. 이에 불초가 말씀드리니 부군이 준엄히 거절하며 말씀하시기를 "자주 찾아와 나를 만나면 박주薄酒라도 마시며 환담을 나누면 될 것이다. 계契를 만들 필요가 어디 있겠느냐. 그대들은 어찌하여 내 입장을 생각해 주지 않는가?" 하였다.

부군은 가르치는 범위가 매우 넓어 도의道義로 가르칠 경우도 있고 경
술經術로 가르칠 경우도 있고 문장으로 가르칠 경우도 있고 공령功令 과문
科文으로 가르칠 경우도 있었으며, 심지어 어린 아이가 배우는 자학字學이
라도 가르침을 청하는 사람이 있으면 모두 싫어하지 않고 가르쳤다. 그리
고 질문하는 사람이 단서를 들어서 말하면 부군은 첫머리부터 한바탕 죽
설명해 주셨다. 불초가 일찍이 불분불계不憤不啓*의 뜻을 여쭈니, 부군은
"분비憤悱는 공부의 경지가 이미 좋다. 전혀 알고 깨달은 것이 없다면 분비
가 어디로부터 생겨나겠는가." 하였다.

> *불분불계不憤不啓 : 분憤은 마음속으로 뜻을 알고 싶어하는 것이다. 공자孔子가
> 학생을 가리치는 법을 말하기를 "분해하지 않으면 열어주지 않으며 애태우지
> 않으면 틔워주지 않되 한 귀퉁이를 들어서 말해주었는데 나머지 세 귀퉁이를
> 반증反證하지 못하면 다시 더 말해주지 않는다.[不憤不啓 不悱不發 擧一隅不以三隅反
> 則不復也]" 하였다. 『논어論語 술이述而』

부군은 평생을 포의布衣로 늙었지만 임금을 사랑하고 나라를 걱정하는
마음은 지성至誠에서 우러났다. 그래서 나라에 큰 경사가 있거나 어질고
뛰어난 인재가 등용되었다는 소문을 들으면 기쁨이 얼굴빛에 나타났고
역병이나 권간權奸이 기세를 부린다는 소문을 들으면 근심하여 탄식해 마
지않았다.

일생 동안 1각刻도 쓸데없이 보낸 적이 없었고 한 마디도 쓸데없는 얘
기를 한 적이 없었다. 아침이 되면 반드시 세수하고 두건과 관을 쓰고
사당에 배알하였으며, 손님을 접대하는 경우가 아니면 반드시 잠시 선비
先妣의 거실로 가서 문안을 드린 뒤 곧바로 경서를 가르치거나 책을 보거
나 글을 베끼는 일로 종일을 보냈다. 밤이면 눈을 감고 단정히 위좌危坐하
였고 일이 없으면 촛불을 켜지 않았으며, 혹 촛불을 켜면 반드시 하는
일이 있었다.

평소에 피곤하면 혹 어깨를 꼿꼿이 세운 채 잠시 동안 단정히 위좌危坐
하다가 다시 책을 보거나 일을 하였다. 몹시 피곤하면 잠시 눕거나 조용히
잘 때도 있지만 역시 오랜 시간은 아니었고, 집 뒤로 걸어가 나무와 바위
사이를 거닐며 시를 읊조리기도 하였다. 그리고 잠시 뒤에는 다시 하던
일을 하였다.

혹자가 "쓸데없고 잡된 생각들을 어떻게 몰아냅니까?" 하고 물으니,
부군이 "이미 쓸데없는 생각임을 알았으면 마땅히 생각해야 할 것을 생각
하면 쓸데없는 생각이 자연 물러갈 것이다. 억지로 쓸데없는 생각을 없애
려 하면 도리어 그러한 생각을 붙잡을 수 없어 더욱 마음이 어지러워질
것이다." 하였다.

부군은 일 없이 찾아오는 사람을 좋아하지 않았다. 그래서 아무리 친한
벗이라도 오래 머물러 있으면 반드시 무언가 일이건 공부건 하게 하였고,
하는 바가 없으면 머물러 있지 못하게 하였다. 동네 친구가 찾아오면 인사
를 나누고는 하는 바와 의논할 일을 묻고는 반드시 하던 것을 다시 하였으
며, 얘기를 하면 잠시 대답할 뿐이었다. 혹 남들이 거만하다고 지목해도
아랑곳하지 않았다.

속된 세상사에 대한 생각은 한 번도 가슴 속에 둔 적이 없고 일을 만나
면 평탄하게 응할 뿐이었다. 이 때문에 세상 사람들이 소루疏漏하고 오활迂
闊하다고 지목하였다. 그러나 불초가 찬찬히 살펴보니, 소루하고 오활한
게 아니라 그러한 일에 억지로 마음을 쓰지 않을 뿐이었다. 그래서 세상의
이해에 골몰하는 사람의 관점에서 보면 소루하고 오활한 점이 있는 것으
로 보일 뿐이었다.

　교리校理 숙부가 일찍이 말씀하시기를 "형님은 일생 동안 남에게 돈을 빌려 달라 하신 적이 없었다. 일찍이 동당시東堂試에 장원하여 대과大科를 보러 가실 때 나에게 20민전緡錢을 빌려 가신 적이 있는데 즉시 땅을 팔아서 갚으셨다. 나와는 이 한 가지 일 뿐이나 나머지는 미루어 알 수 있다." 하였다.

　자신에게 닥치는 공구恐懼와 우환憂患을 만나면 그 일에서 그치고 나머지는 방임해 버렸다. 그리고 사생과 화복에 이르러서는 마치 산악과 같이 늠름하여 터럭만큼도 동요하지 않았다.

　평소에 비록 원하시는 것이 있어도 마음을 써서 이루지는 않았고 싫어하시는 것이 있어도 마음을 써서 없애지는 않았다. 희노喜怒는 크게 드러낸 적이 없었으며, 또한 가슴에 오래 남겨 둔 적도 없었다. 의리義理를 논변할 경우에는, 의견이 합치하면 마음을 열고 기뻐하셨고 의견이 어긋나면 혹 준엄한 말로 반박하기도 하였으나 그 때문에 의도적으로 상대방을 나쁘게 또는 좋게 대하지는 않았다.

　평소에는 엄연儼然하여 절로 사람을 두려워 복종하게 만들지만 가까이 다가가 얘기해 보면 도리어 온화하여 친근감이 들었다. 평상시에 마음을 내어 용모를 꾸민 적이 없었으며 또한 방종하고 해이할 때가 없었다. 손님을 만나면 반드시 용모를 가다듬고 상대하다가 시간이 오래 흐르면 다시 온화하게 안색을 낮추었으며, 존장尊丈을 만나면 반드시 용모를 움츠렸고 감히 방자한 모습을 보이지 않았다. 예사禮事가 있으면 시종 한결같이 공경스러웠고 그러한 모습을 바꾼 적이 없었으며, 상사喪事를 만나면 비록 친하지 않은 사람의 일일지라도 반드시 슬퍼하는 빛을 띠셨다. 제사에는 숨을 죽이고 기운을 조심하여 마치 마음이 향하는 바가 있는 듯했고, 친족이나 친구와 함께 있을 때는 편안한 모습을 보였다.

　부군은 예사禮事를 만나 빈좌賓座에 앉으시면 반드시 단정히 위좌危坐하
여 어깨와 등이 꼿꼿하였으며, 평상시 거처할 때는 혹 책상다리를 하고
앉았다가 피곤하면 조금 기대어 줄곧 위좌하지는 않았다. 그리고 고요한
곳을 만나면 다시 빈객을 만날 때처럼 위좌하였다. 누울 때는 침의寢衣를
단단히 여미고 신체를 방만하게 두지 않았으며, 깊이 잠들었어도 조금만
기척을 내면 반드시 깼고 정해진 시간에 일어나야 할 일이 있으면 반드시
그 시간에 이르면 절로 깼다. 설 때는 반드시 반듯하게 서고 기울어진
자세를 보이지 않았다. 다닐 때는 곧은 자세로 시선은 앞을 향한 채 천천
히 걸었는데 허리와 어깨가 꼿꼿하였으며 주위를 돌아보지 않고 애써 모
습을 꾸미지도 않았다.

　배읍拜揖할 때는 반드시 공경을 다하였으며, 제사에서 절하실 때는 반드
시 손을 모아 절하고 이마를 조아렸다.

　스스로 "말이 어눌하여 생각을 형용하지 못한다." 하였지만 문사文辭에
이르러서는 도리어 자유자재로 뜻을 곡진히 표현하였다. 일찍이 말씀하기
를 "내 혀가 붓의 혀만 못하다." 하였다. 그러나 불초가 매양 자세히 살펴
보면, 부군은 대수롭지 않은 일에는 그다지 생각하시지 않기 때문에 말이
생삽生澁한 경우가 많지만 의리를 논변하고 경전의 뜻을 해석할 때에는
마치 구슬을 꿴 듯이 조리가 있고 대나무를 쪼개듯이 분명하여 막히거나
부족한 곳이 없었다.

　언어는 꾸며서 한 적이 없고 곧바로 나오는 대로 할 뿐이었다. 일생
동안 몰래 의논하거나 대화하신 적이 없었으며, 또한 남의 낯을 보아 말을

바꾼 적이 없었다. 그러나 남의 은밀한 일이나 부녀자의 과실 같은 것은 입에 올린 적이 없었다.

부군은 음성이 크게 울리고 말의 끝은 반드시 높였다. 매양 불초에게 말씀하기를 "말 꼬리가 낮은 것은 어른의 곁에서 하는 말로 마땅하지 않고, 또한 이를 통해 심기心氣가 확고하지 못하다는 것을 볼 수 있다." 하였다.

매양 맑은 가을에 달빛이 밝을 때나 여름 저녁에 서늘한 바람이 불어올 때면 예전에 읽으신 글을 한가히 외었는데 그 소리가 맑고 높아 마치 허공에서 학이 우는 것처럼 음향이 멀리 울려 퍼졌다.

희노喜怒가 모두 가슴 속에서 바로 나와 안팎이 없었으며, 진심을 그대로 드러내고 터럭만큼도 거짓으로 꾸민 적이 없었다.

일생 동안 침을 뱉지 않았다. 불초가 그 까닭을 여쭈어 보니 말씀하기를 "소싯적에 가래가 많기에 뱉지 않고 참았더니, 지금은 침을 뱉지 않게 되었다." 하였다.

부군은 음식에 있어서는 반드시 잘 익힌 것과 푹 익힌 것을 먹고 조금이라도 덜 익은 것은 먹지 않았으며, 색깔과 맛이 조금이라도 이상하면 먹지 않았다. 굳이 맛이 좋은 것을 찾지 않았고 특별히 좋아하는 것도 적었다. 평소에 떡국[餠湯]과 가는 국수[細麵]를 좋아하였으나 역시 많이 들지는 않았다.

성품이 술을 좋아하였으나 일생 동안 파는 술을 사서 마시지는 않았으며, 집에서 담근 술이라도 반드시 절제해 마셨다. 혹 약간 취하면 음성이 더욱 낭랑하였다.

집에서 기르는 소, 염소, 개, 돼지는 먹지 않았다. 혹 집에서 기른 닭을 잡아 드릴 경우에는 그 닭이 죽을 때의 소리를 들었으면 먹지 않았다. 소는 비록 다른 집에서 기른 것일지라도 그 죽을 때의 소리를 들었으면 먹지 않았다.

의복은 사치하고 화려한 것을 입지 않았다. 일찍이 유정재柳定齋*를 배알하셨는데 정재가 사람들에게 말씀하기를 "이경貳卿의 조카가 속옷을 명주로 해 입지 않다니, 가상하다." 하였다. 만년에는 창의氅衣를 입었는데 역시 무명으로 된 것이고 명주로 된 것이 아니었다. 다만 옷이 완전하고 깨끗하면 그만이었으며, 낡고 때가 묻으면 바꾸었다.

  *유정재柳定齋 : 퇴계학파退溪學派를 대표하는 학자였던 유치명柳致明(1777~1861)
   의 호가 정재定齋이고 자는 성백誠伯이다.
  *이경貳卿 : 옛날 중국에서 상서尚書를 경卿이라 불렀기 때문에 그 부관副官인 시
   랑侍郎을 이경이라 불렀다. 조선에서는 참판參判에 해당한다.

부군은 개연慨然히 옛날 삼대三代의 의관을 상상했다. 그래서 만년에는 여러 전적들에서 채집하고 참고하여 치관緇冠과 심의深衣를 만들어 평상복으로 삼았는데 치관은치관은 무武을 이어서 달고 또 양쪽 가는 막아서 머리에 쓰기 편하게 하였다. 심의深衣는 『가례家禮』에 따라 액봉腋縫을 꿰맴으로써 고경古經 예기禮記를 가리킴에 준거準據하고 신체에 알맞게 하였다. 그리하여 평상시에는 엄연儼然한 모습이 마치 삼대三代의 인물을 보는 듯하였다. 이윽고 또 『예기禮記』의 심의深衣·옥조玉藻 등 편의 내용을 모아서 그에 따라 온 몸을 감싸서 아래로 내려오고 따로 아랫도리[裳]가 없는 옷, 즉 심의를 복원하였다. 이는 한당漢唐 이래 복원하지 못했던 심의를 다시 만든 것이었으나 부군은 자신이 감히 마음대로 판단할 수 없다고

하여 자신은 감히 옷을 지어 입지는 않았다. 다만 불초에게 심의를 입혀서
순후한 고대의 물색物色을 드러나게 했을 뿐이었다.

부군은 세상 사람들이 입는 도포道袍와 대소 창의氅衣는 법도에 맞는
옷이 아니라 여겨 평소에 좋아하지 않았으나 당시 사람들이 입는 것이었
기 때문에 입으셨다. 두루마기는 비록 옛날의 갖옷[裘]을 본뜨서 만든 것
이지만 호복胡服과 비슷하기 때문에 입지 않았다. 배자背子는 혹 착용하였
으나 그 근본이 좋지 못한 것이기 때문에 좋아하지 않았다. 양포사洋布紗와
금단錦緞 같은 것은 입지 않았다.

사미헌四未軒 장선생張先生*이 처음 작위爵位를 받을 때 부군께 무슨 옷
을 입어야 할지를 물으셨다. 그리하여 평상복으로는 심의深衣를 입고 외출
할 때는 시속時俗을 따라 탕건宕巾을 쓰고 창의氅衣를 입기로 두 분이 결정
하셨다. 부군이 제명除命을 받으셨을 때도 그와 같이 하셨고, 평소 탕건
위에 현관玄冠을 쓰셨다. 어떤 사람이 세상 사람들이 착용하는 갓의 갈고
리 끈[銀鉤纓]을 드리니, 부군은 "국제國制에 제한이 있으니, 감히 착용할
수 없다." 하셨다.
*사미헌四未軒 장선생張先生 : 한주의 벗인 장복추張福樞의 호가 사미헌이다.

갑신년에 조정이 의제衣制를 바꾸니, 부군은 평상시에는 치관緇冠을 쓰
고 심의를 입었으나 이 차림으로는 절대로 밖에 문 밖에 나가지 않았고
조정의 금령이 조금 느슨해지니 그제야 외출하였다.

부군은 의복에 있어 겨울에는 따스하고 몸에 맞는 것을 좋아하고 겹으
로 많이 입는 것을 좋아하지 않았다. 여름에는 날씨가 더워도 홑옷을 입지
않았다. 관대冠帶는 단단히 여몄으나 그렇다고 하여 지나치게 단정하게

꾸며 모양을 내지는 않았다. 병이 들어도 관을 쓰지 않고는 문 밖을 나가
지 않았다. 병이 위중하실 때 입은 말을 할 수 없는데도 문 밖을 나갈
때는 반드시 한 손을 관을 잡고 한 손으로 옷을 잡으셨으니, 떨어뜨리거나
흘러내려 신체를 드러낼까 염려해서였다.

부군은 평소 집안에서 거처하시는 곳이 일정하여 잠깐 사이도 바꾸지
않았으며, 혹 바꾸면 잠자리가 불편하였다. 배에 냉증冷症이 있어 따스한
방이 아니면 견디지 못했으나 병풍이나 휘장을 치거나 요를 두껍게 깔지
는 않았다.

부군은 자리 근처에 화려한 물건을 두지 않았고 단지 예전부터 있어온
간지簡紙, 궤几, 연실硯室, 요강 뿐이었다. 필묵筆墨은 편리하고 좋은 것만
가려 쓰지 않았고 다 닳고 몽당붓이 되어야 버렸다. 오래된 벼루가 있었는
데 너무 닳아서 홈이 깊이 패어 쓸 수가 없었고 연적은 주둥이가 부서져
보기에 좋지 않았다. 그러나 부군은 늘 이 물건들을 아끼시며 "구물舊物이
다." 하였으며, 아이들이 혹 가지고 가 버리면 반드시 놀라 찾고야 말았다.

부군이 남쪽으로 가서 인가에 들어가게 되었는데 양왜洋倭의 물건인 잡
화雜花를 그린 그릇으로 술을 드리니 사양하고 마시지 않았다. 그래서 처
음에는 그 사람이 술을 마시고 싶은 마음이 없는 줄 알았다가 한참이 지나
자세히 살펴보니 그릇 때문임을 알고 그릇을 바꾸어 술을 올리니 비로소
술을 들었다.

부군은 견여肩輿를 타기를 좋아하지 않아 만년에 혈기가 쇠해서도 말을
탔으며 시종하는 하인을 두 명 이상 데리고 다니지 않았다. 그래서 불초가
매양 간諫하였으나 부군은 허락하지 않았다. 말을 탈 때는 반드시 반듯이

앉아서 고삐를 잡고 주위를 돌아보지 않았다.

부군은 남의 집에 오래 머물지 않았고 자매나 딸의 집일지라도 까닭
없이 오래 묵지 않았다. 주인이 성심으로 만류해도 좀처럼 듣지 않았고
절친한 사이가 아니면 그 집에 들어가지 않았다. 남의 마을에 들어갈 때는
반드시 먼저 인사를 두루 갖춘 뒤에야 머물렀고 매우 가까운 친척이 아니
면 그 집의 안주인을 만나려 하지 않았다. 집에 돌아오시면 아무리 피곤해
도 반드시 곧바로 가묘家廟에 배알하였다.

부군은 책에 있어서는 한 번 읽으면 곧 대의를 다 알았으며, 중요하고
알기 어려운 곳에 이르러서는 반드시 손가락으로 위 아래로 몇 번 그어
보고 반드시 꼭 맞는 뜻을 알고야 말았다. 끝내 미심쩍은 곳이 있으면
손 가는대로 차록箚錄하여 후일에 고찰해 보았고 한 구절도 무시하고 지나
치지 않았다. 그러나 안력이 너무도 빨라 남들은 글의 반도 읽지 못했는데
부군은 이미 다 읽었다.

부군이 말씀하기를 "나는 일생 동안 사서四書를 읽어도 부족한 바가 있
고 육경六經의 경우는 이미 대략 보았다. 그러나 『주역周易』에 있어서는
만년의 정력을 모두 여기에 쏟았다. 제가諸家의 설들은 단지 참고했을 뿐
이니, 송유宋儒의 설이라도 성인의 경전의 주각註脚일 뿐이며 그 후세의
설들은 주각의 주각일 뿐이다." 하였다.

부군은 잡서雜書를 보기를 좋아하지 않았다. 그러나 잡서도 만나면 한
번 훑어보아 대의大意를 파악하지 않은 적은 없었다. 패관稗官의 자질구레
한 글들은 두 번 읽지 않았다. 누가 불가佛家의 이서異書를 한 번 보라고
권하자 부군은 "나는 이제 늙었다." 하였다. 부군은 만년에도 작은 글자를

틀림없이 잘 보았다. 도사형都事兄이 늘 안력이 줄지 않은 것을 축하하면
부군은 "어제 보던 것을 오늘 어찌 보지 못하겠는가. 조금 지나면 그렇지
못할 듯하다." 하였다.

부군은 저술할 때 반드시 먼저 구상하여 큰 줄기와 주의主意를 세운
뒤 곧바로 써내려가 뜻을 다 서술한 다음에야 그만두었고 억지로 마음을
써서 글을 재단裁斷하지 않았다. 의리義理에 관한 글의 경우에는 곧바로
자연스럽게 나와 가는 곳마다 오묘하게 뜻을 전달하였으니, 마치 천생의
화목花木은 절로 가감하고 변개할 수 없는 것과 같았다.

부군은 서序·기記·발跋 등의 글에도 그다지 장단과 기결起結을 염두에
두고 짓지 않았으나 반드시 글에 기복起伏과 변환이 있어 의론을 시원스레
펼쳤으며 게다가 적절한 비유를 사용하여 의태意態를 극진히 드러내었다.
그래서 혹자가 책문가策文家의 구기口氣가 있다고 헐뜯으면 부군은 사양하
지 않으시며 말씀하기를 "예전에 익힌 기량이 혹 그대로 있는가보다." 하
였다. 서소書疏나 저술과 같은 글은 담담히 뜻을 전달할 뿐이었다. 그래서
문장가는 혹 주소가註疏家의 기미가 있다고 흠잡으면 부군은 역시 "나는
주소註疏를 많이 보았으니, 당연이 그러한 물이 들었을 것이다." 하셨다.

부군은 저술이 매우 많으나 일일이 손수 베껴 쓰고 자제들을 시켜 대신
베껴 쓰게 하지 않으며 말씀하기를 "글이란 볼수록 고칠 곳이 나오니,
손수 베껴 쓰지 않으면 불편하다." 하셨다.

남의 시문詩文에 응수할 경우에는 그 자리에서 지어 보내고 시일을 뒤
로 미루지 않았다. 친구나 족척族戚에 대한 만사輓詞와 같이 응당 지어야
할 글은 부음을 들으면 즉시 지었다.

부군은 시에 있어서는 성률聲律에 크게 구애되지 않았으나 대상을 묘사

하고 심회를 표현하는 것이 웅건하고 호방하였다. 만년에 한거閑居하면서
지은 잡영雜詠 및 여행하며 읊은 시들은 곧바로 천기天機를 드러내어 절로
곡조에 맞았다. 방산舫山 허공許公이 부군의 채미정采薇亭 시를 읽어 보시고
"천고에 이러한 작품은 없다." 하셨다. 그리고 만사輓詞로 지은 작품들은
더욱 핍진逼眞하여 여느 시인들이 미칠 바가 아니었다.

*방산舫山 허공許公 : 한주의 사돈이며 성재性齋 허전許傳의 퇴계학맥을 이은 학
　자인 허훈許薰(1836~1907)의 호가 방산이다.

　부군은 글씨를 쓸 때 별로 유의하지 않았으나 다 쓰고 나면 절로 필치
가 힘차고 곧았다. 작은 글씨일수록 더욱 정밀하고 주경遒勁하였다. 이공李
公 재교在嶠가 일찍이 말하기를 "부군의 글씨는 글자마다 모두 심획心劃에
서 나왔으니, 후세에 반드시 보배로 삼는 이가 있을 것이다." 하였다.

　부군은 글씨를 쓸 때 운필運筆이 나는 듯하였다. 혹자가 "어떻게 이토록
신속한가?" 하고 물으니, 부군은 "기량이 익숙한 것일 뿐이다." 하였다.
늘 종일토록 글을 쓰기에 문인門人들이 많이들 간諫하여 "모년暮年의 정력
을 아끼셔야 합니다." 하면 부군은 "나는 하는 일 없는 것이 도리어 정력
을 해친다. 이것은 익숙한 기량이라 힘든 줄 모른다." 하였다.

　부군은 지구知舊에게 보내는 서찰이나 화답하는 시는 반드시 미리 베껴
써 두었다가 인편이 있으면 곧바로 부쳤고 일각도 지체하지 않았다.

　부군은 깊이 사색할 곳이 있으면 몇 식경 동안 소상塑像처럼 단정히
앉아 있었으며, 밤에는 정좌靜坐하여 마치 숨을 쉬지 않는 듯 고요하였다.
혹 자리에 누워서도 잠들지 않고 사색하다가 한참 뒤에 다시 옷을 입고
일어나 앉았으며 때로 기침 소리가 들렸다. 때로는 새벽에 일찍 일어나

이불을 몸에 두른 채 고요히 앉아 창문이 밝지 않았는데 두 눈동자가 새벽
별처럼 형형하였다. 일찍이 말씀하기를 "나는 평생에 사색을 많이 하였으
니, 심기心氣를 해친 듯하다. 그러나 의리에 의심스러운 곳이 있으면 그대
로 둘 수가 없었다." 하였다.

부군은 천하 사물의 이치를 미루어 궁구窮究하되 반드시 그 대원大原이
되는 곳을 찾아서 아래로 분석해 내려왔으므로 모든 이치가 저절로 풀렸
다. 게다가 공부에 지성스러운 자세가 젊을 때부터 노년에 이르기까지
한결같았기 때문에 학문에 깊이 젖어들어 모든 이치에 두루 통달하였다.
예컨대 이理·기氣의 분합分合과 천天·인人의 교제와 같은 이치에 환히
관통하여 오묘하고 무궁한 경지에 깊이 들어갔으니, 그 경지는 사람들이
형용할 수 없을 정도하였다.

부군은 사람들과 세상사의 옳고 그름을 가릴 때에는 혹 누차 생각하고
좀처럼 쉽게 단정하지 않았으며, 혹 상대방의 말이 옳으면 흔쾌히 자신의
주장을 버리고 남의 견해를 따랐다. 경서經書나 사서史書 중의 작은 뜻,
긴요치 않은 부분들에 있어서도 마찬가지였다. 큰 의리義理를 논할 때에는
애초에 깊이 생각하지 않는 듯 보이지만 곧바로 이치를 분석하는 것이
마치 예리한 칼로 물건을 베는 듯하였고, 다시 논할 때는 첫머리부터 미루
어 설명하는 것이 마치 강하江河가 흘러내리는 듯하였다. 남이 혹 꽉 막힌
소견을 고집하면 그럴수록 부군의 주장이 더욱 확고하여 만 마리의 소*가
당겨도 되돌릴 수 없었다. 끝내 의견이 서로 합치하지 않으면 혹 준절峻截
한 말로 상대방을 꺾어 은연중 백세불혹百世不惑*의 뜻이 있으셨다. 그러나
상대방의 말에 근리近理한 곳이 있는 듯하면 반드시 한참 생각해 보고 천
천히 문답하여 상대방이 할 말을 다하게 한 뒤에 다시 논변하셨다.
  *만 마리의 소 : 두보杜甫의 고백행古柏行에 "큰 집이 무너지려면 들보가 필요한

법, 산처럼 무거워 만 마리 소가 고개 돌리누나.[大廈如傾要梁棟 萬牛回首丘山重]"
라 하였다.
*백세불혹百世不惑 : 자신의 견해를 확고하게 믿는 것으로, 『중용中庸』 29장에
"백세를 지나 성인을 기다려도 의혹이 없다.[百世以俟聖人而不惑]" 하였다.

세상 사람들이 혹 부군에 대해 '견해를 주장하는 것이 너무 강하다'고
들 하기에 불초가 조용히 말씀드리기를 "사람들의 말이 혹 틀리는 곳이
있더라도 조금 관대한 포용력을 보이시길 바랍니다." 하니, 부군이 "나는
일생에 태양증太陽症이 있어 이러한 병통이 있다. 그러나 안으로는 그렇지
않다고 여기면서 겉으로는 모호한 태도를 취하여 스스로 겸손한 듯 처신
하는 것을 병통으로 여긴다." 하였다.

부군은 선善을 좋아하고 악惡을 싫어하는 마음이 천성에서 우러나와 좋
아할 만한 일을 보면 결연히 하고 미워할 만한 일을 보면 결연히 버렸다.
작은 글이나 행실에는 그다지 마음을 쓰지 않았으나 법도에 맞지 않은
적이 없었으며, 큰 의리義理에 이르러서는 확고하여 조금도 뜻을 옮길 수
없었다. 예禮에 있어서는, 이치에 가까운 곳이면 비록 큰 것이라도 시속時
俗을 따랐고 이치에 어긋나는 것이면 비록 작은 것이라도 반드시 고쳤다.
다만 세상 사람을 놀라게 하는 특이한 행동을 함으로써 자신을 높이지는
않았다.

부군은 악惡을 두둔하는 사람을 매우 좋아하지 않았으나 때로는 잘못을
너그러이 보아 넘기는 경우도 있었다. 부군이 젊을 때 인해人海 중에서
도둑이 몰래 부군이 차고 계신 안경을 훔치다가 부군이 알아차리고 돌아
보자 도둑이 안경을 버리고 달아났다. 마침 예전에 패도佩刀를 잃은 적이
있는 사람이 그 자리에 있어 보고 뒤쫓아 가서 도둑을 잡아서 힐문하였다.
도둑이 당황하여 어쩔 줄 모르며 스스로 해명하지 못하고 있는데 부군이

돌아보며 그 도둑에게 말씀하기를 "어찌 이토록 장난이 심하시오?" 하니, 그 사람이 마침내 도둑을 놓아주었다.

또 젊을 때 달밤에 후원을 돌아보는데 어떤 사람이 배나무 위에 올라가 배를 따고 있다가 부군이 오는 것을 보고 당황하여 다급한 나머지 뛰어내리려 하였다. 부군은 먼 곳으로 자리를 피하시고는 "천천히 내려오시오." 하시고 끝내 그 사람을 알지 못하는 것처럼 하였다. 이에 그 사람이 감격하고 부끄러워 스스로 사람들에게 그 사실을 말하였다.

부군은 구차한 일을 하지 않았고 굳이 고절苦節을 지키지 않았으며, 어느 한 쪽으로 치우쳐 얽매이지 않았고 고집하거나 기필期必하지 않았다.

부군은 향원鄕愿을 가장 미워하셨고, 지나치게 자신을 수식하여 남이 보는 외면적인 측면에 힘쓰는 것과 거짓으로 겸손한 척하여 명예를 얻는 것을 좋아하지 않았으며, 알지 못하면서 함부로 행동하는 자와 단점을 가려서 스스로 자신을 속이는 자를 싫어하였다.

*향원鄕愿 : 향리에서 근후謹厚한 듯 보이면서 실은 세상에 영합하는 것일 뿐인 사람이다. 공자孔子가 "향원은 덕을 해치는 자이다.[鄕原德之賊也]" 하였다. 집주集註에서 원原은 원愿과 뜻이 같다고 보았다.

부군은 도를 보신 경지가 높았기 때문에 하나의 선善으로 명성을 이루려 하지 않았고, 이치를 분석하는 것이 날로 정밀하였기 때문에 덕德의 진전이 날로 새로웠다. 부군은 일찍이 말씀하기를 "나는 젊어서 성질이 거칠고 사나워 그 습기習氣를 억누를 수 없었는데 네 이자二慈의 내규內規* 덕분에 조금 변화시킬 수 있었으며, 젊어서 방일放逸하고 추솔麤率했던 것은 정헌공定憲公의 꾸짖음을 입어 조금 다스릴 수 있었다." 하셨다.

*이자二慈의 내규內規 : 이자는 두 모친이란 뜻이다. 한주의 첫 부인은 순천박씨

順天朴氏인데 자식이 없고 둘째 부인은 흥양이씨興陽李氏이다.

부군은 영매英邁하고 발월發越한 기상이 언어와 용모에 드러났다. 불초가 어릴 때 부군을 보면 안색은 많이 엄의嚴毅하고 언사는 많이 준정峻整하셨는데 만년에는 도리어 혼후渾厚하고 화이和易하며 언어가 더욱 침중해졌다.

곡은谷隱 장공張公이 찾아와서 부군을 보고는 말하기를 "젊을 때 공을 보니 단지 준위俊威한 사람이었을 뿐이었는데 이별한 뒤 몇 해만에 안면에 덕기德氣가 충만하구려." 하셨고, 예졸藝拙 강공姜公 내영來永이 부군을 보고는 "소년 시절 장옥場屋에서 이미 공의 걸출한 모습을 보고 우리와 다른 사람이라는 것을 알았는데 지금에야 경유의비經腴義肥란 말이 참으로 사실임을 알았소." 하셨다.

*경유의비經腴義肥 : 경전을 읽고 의리를 깊이 체득하여 덕성德性으로 드러난 것이다.

부군은 어릴 때 파리하게 여위어 질병이 많다가 쉰 살 이후에 도리어 병이 적어졌다. 만년에는 신색神色이 윤택하고 신체는 느긋하면서 편안하여 한 번 보면 앙수盎粹* 기상임을 알 수 있었다. 혹자가 묻기를 "노년에 와서 건강하신데 무슨 방법이 있습니까?" 하니 부군이 "조심히 조섭한 덕분이다." 하셨고, 또 "이천伊川의 과욕寡欲*의 효험이 아닌지요?" 하니 부군은 "감히 그렇다고 할 수는 없고 다만 근년 들어서 사사로운 생각이 적어짐을 느낀다." 하셨다.

*앙수盎粹 : 수면앙배粹面盎背의 준말이다. 맹자가 "군자의 본성은 인의예지가 마음에 뿌리를 내려 그 빛에 나타나는 것은 순수하게 얼굴에 드러나며 등에 가득하다.[君子所性 仁義禮智根於心. 其生色也 睟然見於面 盎於背]" 한 데서 온 말로 군자의 덕스러운 모습을 형용한 것이다.

*이천伊川의 과욕寡欲 : 정이천程伊川이 "앎을 기르는 것은 과욕 두 글자보다 나은 것이 없다.[養知莫過於寡欲二字]" 하였다. 『근사록近思錄 4권』

부군은 만년에 좌우명으로 "경은 천 가지 사특함을 이기고 성은 만 가지 거짓을 없앤다.[敬敵千邪 誠消萬僞]"라 썼다.

부군은 일생 동안 당세에 나가 뜻을 펴려는 뜻을 지녔고 노년에 이르러서도 여전히 그러한 뜻을 지녔다. 27세에 남성南省에서 생원시生員試에 장원급제하여 명성이 일국에 떠들썩했으며 그 이후로도 생원시에 일곱 차례나 장원급제하였지만 끝내 대과大科에 급제하지 못하였으니, 운명이로다.
*헌종憲宗 15년1849 식년 생원式年生員에 2등으로 급제했다.

우상右相 김유연金有淵은 고故 상신相臣 재찬載瓚의 손자인데 부군을 크게 칭찬하며 유사有司에게 추천하였으며, 얼마 뒤에는 정헌공定憲公을 배알하고 부군과 친교를 맺게 해달라고 청하였다. 정헌공이 "우리 조카는 고집이 있으니, 아마도 억지로 강요하기는 어려울 듯하오." 하셨다. 그래도 더욱 힘써 청하니, 부군이 그 말을 듣고는 자리를 옮겨 피하였다.

판서判書 김학성金學性이 일찍이 정헌공이 머무시는 관사館舍로 가서 청하여 부군을 만나보고 우연히 호락湖洛의 뜻*을 듣고는 매우 부군에게 경도되었다. 그래서 그 이후로 영남의 선비들을 만나면 반드시 부군의 안부를 물었다. 공이 무진戊辰年에 종숙부從叔父를 통하여 그의 수연晬宴을 축하하는 시를 지어줄 것을 청하니, 부군은 "나는 포의布衣일 뿐이니, 감히 재상을 위해 축하시를 지을 수 없다." 하였다. 후일에 조정의 의론이 김공金公을 재상으로 삼아야 한다고 하니, 공이 사람들에게 말하기를 "내가 재상이 된다면 응당 먼저 이 진사장李進士丈을 등용할 것을 연주筵奏*하리라." 하였는데 결국 재상이 되지 못하였다.
*호락湖洛의 뜻 : 기호학파畿湖學派의 학설이 우암尤庵 송시열宋時烈 이후로 호론 湖論과 낙론洛論으로 나뉘어 인물성동이人物性同異 문제를 놓고 논쟁을 벌였다.
*연주筵奏 : 임금의 면전에서 주청奏請하는 것이다.

기사년己巳年에 정헌공定憲公의 회방回榜*이 되어 관례에 따라 입시入侍하게 하여 사패賜牌하는 은전이 있었는데 자질子姪 중 배방陪榜*하는 사람은 응당 임자은任子恩*을 받게 되었다. 이에 부군이 가야 한다는 것이 중론이었는데 부군은 "나는 질병이 있어 갈 수 없다." 하셨다.

*회방回榜 : 과거에 급제한 지 60년이 되는 해를 가리킨다.
*사패賜牌 : 임금이 공로가 있는 신하에게 노비나 토지 등을 하사하는 것이다.
*배방陪榜 : 회방한 사람을 회방인回榜人이라 한다. 즉 회방인을 배종陪從하는 것이다.
*임자은任子恩 : 배방인의 자질子姪에게 관직을 임명하는 것이다.

판서判書 민승호閔升鎬가 부군의 이름을 듣고 재상이 된 뒤 암행어사 박이도朴履道에게 명하여 부군의 경학經學을 상주上奏하게 하였다. 박이도가 영남으로 내려가 사람들에게 부군의 이름을 물어보고는 탄식하기를 "이러한 사람을 임하林下에게 백수白首로 늙게 한단 말인가." 하고 장계狀啓를 올리려 하던 차가 그가 갑자기 죽었고 중간에 방해하는 사람이 있어 일이 이루어지지 못했다.

보국輔國 민태호閔台鎬가 부군의 이름을 듣고 매우 공경하였다. 그리하여 명사名士들을 선발하여 관직을 제수할 때 맨 먼저 부군의 이름을 올리려고 생각했다. 그런데 한 영남 사람에게 부군을 물어보니 그 사람이 우연히 "아무개는 덕망이 높고 게다가 문장에 뛰어납니다." 하였다. 이에 민태호가 문인文人인가 보다 생각하여 결국 부군의 이름을 올리지 않았다. 그래서 영남의 명망이 있는 이들은 모두 차례로 발탁되었는데 부군은 유독 이 때문에 발탁되지 못하고 말았다. 그리고 오래 뒤에 공론에서 이 일을 더욱 안타까워하자 민태호가 비로소 잘못이었음을 알았다. 그리하여 갑신년甲申年 가을에 민태호가 다시 재상이 되자 맨 먼저 부군을 임금께 말하여 의금부도사義禁府都事에 제수하였다.

　부군은 지론持論이 매우 공정하여 당의黨議 때문에 정견正見이 흔들리지
않으셨다. 국인國人을 보면 선조宣祖·인조仁祖 이래로 붕당을 나누어 서로
대립하였으니, 그 중 큰 것이 남인南人·북인北人·노론老論·소론少論이
다. 집안이 영남에 세거世居했고 게다가 학문적으로는 문목공文穆公*의 연
원이며 게다가 돈재공遯齋公*이 사문師門의 정도를 지켜 흔들리지 않았고
부군은 대대로 이어온 가학의 전통을 독실히 지키셨다. 그러나 부군은
젊을 때부터 남인·북인·노론·소론, 사가四家의 저술들을 통독하여 학
설들을 폭넓게 보고 공정하게 취사取捨하셨다. 그래서 학설은 어느 것이
옳고 어느 것이 잘못이며, 학문은 어느 쪽이 바르고 어느 쪽이 그른지를
손바닥 안을 들여다보듯이 환히 아셨다. 그래서 저 쪽이라 하여 그르다
하지 않고 이 쪽이라 하여 옳다 하지 않으셨다.
　영남의 병호屛虎*와 향리의 청회晴檜* 분쟁에 이르러서도 어느 한 쪽을
편들지 않으셨다. 그러나 마음은 거울처럼 환하여 모든 시비를 분명히
보셨으니, 눈금 없는 저울이 경중을 전혀 가늠하지 못하는 것과는 달랐다.

*문목공文穆公 : 퇴계의 제자인 한강寒岡 정구鄭逑(1543~1620)의 시호이다.
*돈재공遯齋公 : 한주의 고조高祖이다.
*병호屛虎 : 서애西厓 유성룡柳成龍을 모신 병산서원屛山書院과 학봉鶴峯 김성일金
　誠一을 모신 호계서원虎溪書院의 알력을 가리킨다.
*청회晴檜 : 동강東岡 김우옹金宇顒을 모신 청천서원晴川書院과 한강寒岡 정구鄭逑
　를 모신 회연서원檜淵書院의 알력을 가리킨다.

　부군은 전성前聖에 대해서는 맹자孟子를 말하기를 좋아하였고 송宋나라
현인에 대해서는 이천伊川을 말하기를 좋아하셨다. 이근수李根洙가 일찍이
시좌侍坐하고 있다가 이천의 미진未盡한 곳을 말하니, 부군은 놀라 두려워
하는 모습으로 한참만에 말씀하기를 "자네는 도리어 맹자를 알지 못하는
구나." 하였다.

부군은 자나 깨나 주자朱子와 퇴계退溪를 존숭하였다. 그래서 편언척어
片言隻語도 모두 주자와 퇴계의 저술에 근거하고 의방依倣하였다. 그리하여
거처하시는 서재에 조운헌도祖雲憲陶란 편액을 거셨다.

김공金公 형직馨直은 동강선생東岡先生의 주손胄孫이며 부군의 표종형表從
兄인데 옥사자玉獅子 도서인圖書印*을 부군께 주며며 말씀하기를 "자네는
우리 선조의 외손이며 게다가 우리 선조를 높일 수 있는 사람이니, 이것을
주어 사자 그림*에 비긴다." 하니, 부군은 그것을 공경히 받아 조운헌도祖
雲憲陶 넉 자를 전서篆書로 새긴 다음 그 사실을 서문으로 써서 갱장羹墻의
마음을 담았으며 일생 동안 이것을 공경히 간수하고 조금도 소홀히 다루
지 않았다.

*옥사자玉獅子 도서인圖書印 : 사자를 아로새긴 옥으로 동강東岡 김우옹金宇顒의
 손자인 사월당沙月堂 김욱金頊이 기증받은 것으로 한주의 외가인 의성김씨義城
 金氏 종가에 100여년 동안 전해오던 것이었다. 이것을 외손인 한주가 기증받
 아서 조운헌도祖雲憲陶 넉 자를 새겨 인장으로 사용했다.
*사자 그림 : 주자朱子의 사위는 황간黃幹이고 황간의 아들, 즉 주자의 외손은
 로輅이다. 로가 주자의 집에 왔을 때 벽에 걸린 사자 그림을 좋아하였다. 그
 래서 사자 그림을 황간에게 보내 주면서 외손인 로가 그림의 사자처럼 걸출한
 인물이 되기를 기대하였다.『주자대전朱子大全 속집續集 1권 답황직경答黃直卿』

계문溪門의 정맥正脈을 말씀할 때는 반드시 정선생鄭先生*을 말하였다.
*정선생鄭先生 : 한강寒岡 정구鄭逑를 가리킨다.

후생後生과 이학理學을 말할 때에는 대산大山 이선생李先生*의 설을 많이
인용하였다.
*대산大山 이선생李先生 : 퇴계 학통을 계승한 이상정李象靖(1710~1781)을 가리킨다.

후생들이 혹 양兩 문충공文忠公*의 고하高下를 말하니, 부군이 언성을 높
여 "너희들이 어찌 감히 선배의 장단長短을 말하는가." 하였다.

*양兩 문충공文忠公 : 학봉鶴峯 김성일金誠一과 서애西厓 유성룡柳成龍의 시호가 모
두 문충文忠이다.

신미년辛未年에 부설사원소復設祠院疏*를 올리는 일행으로 한양에 가서
경저京邸에 머무는데 대원군이 군병을 시켜 관사管事를 포위하고 사람들을
강제로 끌어내게 하였다. 정탐한 자가 보고 부군이 그 중에서도 뜻이 더욱
확고한 사람이라 여겨 맨 먼저 부군을 붙잡고 끌어내었다. 그러나 부군의
안색이 시종 동요하지 않는 것을 보고 말하기를 "우리들이 이제야 비로소
참된 선비를 보았으니, 삼가 잘 모셔라." 하고 한강 가에 이르러 부군을
보낼 때에는 나열하여 절하였다.
*부설사원소復設祠院疏 : 서원을 다시 설치할 것을 주청하는 소장疏章이다.

영남 사람들은 회의하여 대궐에 상소하는 것을 상사常事로 삼았다. 그러
나 부군은 그 논의에 참여하신 것이 단지 세 차례 뿐이었으니, 한 번은
정문목공鄭文穆公을 문묘文廟에 배향할 것을 청할 때이고 한 번은 서원을
훼철毁撤하는 것을 반대할 때이고 한 번은 양이洋夷를 배척할 것을 청할
때이다. 일찍이 말씀하기를 "사도師道를 높이고 이단異端을 물리치는 일이
아니면 포의布衣의 선비가 말해서는 안 된다." 하였다.

부군은 불가佛家에 대한 글을 짓지 않았다. 선석사禪石寺*의 중이 왕세자
를 위해 축원당祝願堂을 짓는다고 하면서 찾아와 그 기문記文을 지어줄 것
을 청하니, 부군은 거절하였다. 이에 중들이 유언비어를 퍼뜨려 위협하였
으나 부군은 동요하지 않았다.
*선석사禪石寺 : 경상북도 성주군星州郡 월항면月恒面 인촌동仁村洞 서진산樓鎭山에
있는 고찰로 본래의 이름은 신광사神光寺였다.

정헌공이 시호를 받아 잔치를 벌이게 되었을 때 고을의 관기官妓가 원님

의 뜻을 받들고 와서 흥을 도우려 하였다. 사람들은 모두 그렇게 하자고 하였으나 부군은 "우리 집안의 법도가 아니다." 하여 마침내 거절하였다.

조趙 아무개가 사술邪術을 가지고 사류士類를 속이고 유혹했다. 그가 부군을 만나서는 자신은 유술儒術을 공부한다고 하면서 친교를 맺자고 하였으나 부군은 예우하지 않았다. 그 뒤에 그가 정헌공의 정자 근처에 와서 우거寓居하자 부군이 정헌공께 말씀드려 그를 타일러 돌려보내게 하였다. 조 아무개가 크게 유감을 품었으나 부군은 끝내 아랑곳하지 않았다.

조정이 천주당天主堂을 설치하여 사류士類를 해치려 하였으며 또 머리털을 깎고 오랑캐 옷을 입게 하려 했다. 부군이 말씀하기를 "어찌 이럴 리가 있으리요." 하고, 이어 불초에게 "과연 사실이라면 수옥절영樹屋絶影*할 것이다." 하셨다.

*수옥절영樹屋絶影 : 살아 있는 나무를 이용해 집을 짓고서 종적을 끊고 사는 것으로 깊은 산 속에 은거함을 뜻한다. 후한後漢 때 사람 신도반申屠蟠은 자는 자룡子龍이다. 그는 은거하면서 학문에 열중하여 오경五經에 박통하고 참위설讖緯說에 밝았으며, 당고黨錮가 일어나자 산 속으로 들어가 살아 있는 뽕나무를 마룻대로 삼아 집을 짓고 살면서 하진何進, 동탁董卓 등이 불러도 끝내 벼슬에 나아가지 않았다. 『후한서後漢書 53卷』

부군은 늘 산수 좋은 곳에 집 한 칸을 두고 싶어 하였다. 그래서 가야산伽倻山이나 지리산 쌍계雙溪 등지에 들어가면 반드시 소요하며 유람하다 돌아오곤 하였다,
무우동無憂洞은 황항산黃項山 꼭대기에 있는데 일찍이 구역을 정해 두어 장차 이 곳에 집을 짓고 은거하려 하였다. 그리하여 그러한 뜻을 담아 시를 짓기도 하였다. 고반동考槃洞, 고무동鋼鉧洞, 노산사露山舍, 치동致洞 등지에도 모두 두루 다니시고 누차 은거하고 싶어 하는 뜻을 나타내었다.

그러나 결국 재력財力이 부족해 뜻을 이루지 못하였다.

　문인門人 이조현李祚鉉이 부군의 뜻을 알고 불초와 조금의 자금을 합쳤고 여러 해가 지나자 다소 이자가 붙었다. 족인族人의 정자가 현嵫 서쪽 명산동鳴山洞 뒤에 있는데 퍽 경치가 그윽하였다. 그래서 불초가 그 정자를 사고 싶어 하니, 부군이 "족숙族叔의 묘지가 그 곁에 있는데 그 집을 우리가 소유한들 마음에 편안하겠느냐?" 하였다. 불초가 "그 집 등을 보전하지 못해 족인의 힘을 빌려 보호하는 것이 타인의 손을 빌리는 편보다 낫습니다. 게다가 문서를 이미 교환했으니, 그만두기 어렵습니다." 하니, 부군은 마지못해 승낙하였다. 불초가 조용할 때 부군께 "그 산의 모양이 고전古篆의 심心 자와 같으며, 아버님의 주리主理의 학문이 우리 유가儒家의 심학心學의 근원을 밝혔으니, '심원心源'이라 이름하는 것이 좋을 듯합니다." 하니, 부군은 그저 웃기만 하고 말이 없었다. 그리고 오래지 않고 부군이 세상을 떠나셨으니, 하늘의 뜻인가! 어찌하리오.

　부군은 심즉리心卽理를 논할 때에는 주자朱子의 "심心이란 천리天理가 사람에게 있는 전체이다."라는 설에 근거하였고, '지각知覺 역시 리理를 위주로 말한 것'임을 말할 때는 주자의 "지각知覺은 지智의 일이다."라는 설에 근거하였으며, '사단四端과 칠정七情이 모두 리발理發임'을 논할 때는 주자의 "악기樂記의 칠정七情은 곧 리理가 발한 것이다."라는 설 및 이자李子의 중도中圖*의 "본성이 발한 것이다."라는 설에 근거하였다. 달도達道가 리발理發임을 논할 때는 기고봉奇高峯의 "달도는 리理에서 발하는 것이니 기발氣發이라 할 수 없다."고 한 설이 이자李子께 인정을 받은 것에 근거하였고, 명덕明德은 리理만을 가리킨 것임을 논할 때는 주자의 "천리天理가 사람에게 있는 전체이다."라는 설에 근거하였으며, 태극太極의 동정動靜을 논할 때는 주자의 "태극이 스스로 동정하니, 기氣와 무슨 상관이 있겠는가."라는 설에 근거하였다. 『중용中庸』의 귀신鬼神 역시 실리實理를 가리킨 것임을 논할 때는 주자의 "리理의 실질"이라는 설에 근거하였고, 연어鳶魚*도 리발理發을 위주한 것임을 논할 때는 이자李子의 "기氣 중에 나아가 리理를 가리켜 낸 것이다."라는 설에 근거하였다.

부군의 일생에 걸친 주리主理의 뜻은 곳곳마다 환히 알아 모든 설에서 두뇌頭腦가 되는 곳을 쪼개어 분명히 밝히셨으며, 또한 한 마디도 주리朱李 주자와 퇴계의 본지本旨에 근거하지 않은 것이 없었다.

*악기樂記의 칠정七情 : 악기는 『예기禮記』의 편명이며, 칠정은 희노애락애오욕 喜怒哀樂愛惡欲이다.

*이자李子의 중도中圖 : 이자는 퇴계退溪 이황李滉을 높여서 부른 것이다. 중도中 圖는 퇴계가 선조宣祖에게 올린 『성학십도聖學十圖』의 심통성정도心統性情圖 중 중도를 가리킨다.

*연어鳶魚 : 『중용』에 "『시경』에서 '솔개는 하늘 높이 날고 물고기는 못에서 뛰논다.' 하였으니, 상하上下에 이치가 밝게 드러남을 말한 것이다.[詩云鳶飛戾天 魚躍于淵 言其上下察也]" 한 것을 가리킨다.

부군은 이미 사서四書・삼경三經・태극도太極圖・『통서通書』・『근사록 近思錄』・『주자대전朱子大全』・『주자어류朱子語類』・『퇴계집退溪集』 등의 의의疑義를 두루 차록箚錄하고 이것들을 모아서 『구지록求志錄』이라 이름하 였다.

부군은 일찍이 말씀하기를 "나의 일생의 정력은 『어류語類』 책에 있 다.*" 하였다. 이 책은 문인門人들이 때와 장소에 따라 기록한 것이며, 선 생의 진도進道와 입언立言은 초년・중년・만년의 차이가 있고 기록한 사 람도 정오正誤와 상략詳略의 차이가 있으므로 자체로 모순이 되는 것이 많 고 게다가 혹 정론定論은 적고 미정未定인 설이 많은 경우도 있다. 부군은 이 책을 끝까지 통독하고 의심스러운 곳들을 차록箚錄, 사서집주四書集註와 『주자대전朱子大全』과 비교 검토하여 학설의 이동異同의 귀결을 궁구하였 다. 서로 어긋난 학설은 문인이 선생의 말씀을 들은 세월의 선후로써 판단, 어느 학설은 따르고 어느 학설은 버리는 것에 모두 분명한 근거가 있었다. 그리하여 무려 11년이 지나서야 저술을 완성하였고 또 12년에 걸쳐 거듭 교감하였다. 그런 뒤에 주자의 깊고 은미한 뜻이 환히 드러나 볼 수 있게 되었고, 부군의 평생의 이학理學 또한 이 책을 따라서 이루어졌으니, 아아, 정밀하고 지극하도다!

*일생의 … 있다 : 주자朱子가 "온공溫公 사마광司馬光이 『통감通鑑』을 짓고 말하기를 '평생의 정력이 모두 이 책에 있다.' 했는데 내가 『대학大學』에 있어서도 그러하다." 하였다. 『大學集註 讀大學法』

부군은 일찍이 여헌旅軒 장선생張先生*의 목사설木柶說에 따라 주역周易』 점을 쳤는데 맞지 않은 적이 없었다.

*여헌旅軒 장선생張先生 : 영남의 거유巨儒인 장현광張顯光(1544~1637)의 호가 여헌이다. 그는 특히 역학易學에 조예가 깊었다.

부군은 초년의 술작述作을 초록하여 입두록入頭錄이라 하고 이어 선비들과 왕복한 서한書翰들을 만록漫錄이라 하고 타인들과 응수應酬한 글 및 여타의 원고들을 잡록雜錄이라 하고 산수山水를 기행하며 지은 시문詩文들은 따로 유록遊錄으로 모아두었는데, 이러한 원고들이 건연巾衍에 남아있다.

아아! 평생의 일언一言·일구一句가 모두 도리에 근본하고 실제 사무事務를 헤아린 것으로 지극한 이치가 깃들어 있지 않은 것이 없으니, 후세의 군자들이 보고 아는 이가 있을 것이다.

부군은 갑술년, 만귀정晚歸亭 산방에 거처하면서 간간이 시를 읊어 회포를 달랬다. 이에 진학進學·수업修業의 방도를 차례로 읊어 선善을 실천하고 악惡을 제거하는 것으로부터 이단異端을 물리치고 도道를 밝히는* 것에 이르기까지 학문의 본말이 모두 갖추었다. 그리고 또 어버이를 사모하고 아우를 그리워하고 아내를 생각하고 자식을 면려하고 벗을 생각하고 임금을 사랑하고 백성을 근심하는 뜻을 서술, 심회를 극진하게 형용하였으며,* 또 도道를 싣고 있는 성현의 경전經傳의 뜻을 서술, 『소학小學』・『대학大學』으로부터 독법讀法에 의거하여 범례를 만들어서 주자朱子와 이자李子의 저술에까지 미쳤다. 또 효고시嘐古詩*를 지어 이윤伊尹・부열傅說로부터 악비岳飛・문천상文天祥에 이르기까지 고인古人의 행적을 서술하셨다. 아아! 여기서 부군의 일생의 대의大意를 볼 수 있으며, 그 학문의 정밀함과 윤강倫綱의 정대正大함, 도학道學 연원의 전수와 경륜經綸 충의忠義의 뜻을 절로 개괄해 볼 수 있을 것이다.

> *진학進學 … 밝히는 : 제목은 술학자경述學自警이며 26수의 절구로 이루어져 있다. 그 소제목小題目을 보면 선소필위善小必爲・악소필거惡小必祛로 시작하여 벽이단闢異端・명성도明聖道로 마친다. 『한주집寒洲集』 1권에 실려 있다.
> *또 … 형용하셨다 : 『한주집寒洲集』 1권에 산재감흥山齋感興 19수로 실려 있다.
> *효고시嘐古詩 : 『한주집』 1권에 효고이십이절嘐古二十二絶로 실려 있다.

정헌공은 자질子姪들을 좀처럼 칭찬하지 않았는데 일찍이 말씀하기를 "우리 종족 5백년 만에 비로소 이 조카가 있다." 하였다.

유 정재柳定齋 선생이 강우江右의 대유大儒를 꼽을 때는 반드시 이모李某라 하였다.

정헌定軒 이공李公이 역학易學을 논하며 말씀하기를 "나는 지금 세상에서 이모李某 한 사람을 보았을 뿐이다." 하였다.

정와訂窩 김공金公이 사람들에게 말씀하기를 "남쪽 지방에서 우뚝 일어나 사도斯道를 창도해 밝힐 이는 반드시 이 사람일 것이다." 하였다.

곡암曲庵 강공姜公이 부군과 사칠설四七說을 논하고는 말씀하기를 "명세

命世의 재주이다." 하였다.

김 판서金判書 학성學性이 부군을 논하기를 "기상이 영상英爽하고 학문이 연박淵博하니, 응당 남중南中 제일의 인물이라 하겠다." 하였다.

중암重庵 김공金公이 －윤주하尹冑夏에게 보낸 편지에서－ "전현前賢이 밝히지 못한 뜻을 밝혀 정주程朱의 뜻에 꼭 부합하니, 지금 하늘 아래에서 심心의 본체의 진면목이 이처럼 분명하게 환히 드러날 줄을 생각지도 못했다." 하였다.

관악觀岳 송공宋公이 "지기志氣가 고원하고 범위가 홍대弘大하고 기상이 화수和粹하며, 언어와 용모는 태산암암泰山巖巖*의 높은 기상이 있다." 하였다.

*태산암암泰山巖巖 : 태산이 높고 높다는 말로 본래는 『시경詩經』 노송魯頌 비궁閟宮에 있는 구절인데 맹자孟子의 기상을 형용한 말로 쓰였다. 『근사록近思錄 14권』

주공朱公 명협命協 －북청北靑 사람이다.－ "이 부군의 심즉리설心卽理說을 보고 2백년 이래 이러한 작품은 없었다." 하였다.

참고문헌

1. 原典類

1) 中國原典

『性理大全』, 保景文化社, 1984.
『宋元學案』(黃宗羲 撰・全祖望 補修, 陳金生・梁運萆 點校), 華世出版社, 1987.
『心經・近思錄』, 保景文化社, 1986.
『王陽明全集』, (吳光・錢明・董平・姚延福이 編校) 上海古籍出版社出版, 1992.
『二程全書』, 保景文化社, 1986.
『二程集』, 漢京文化事業有限公司印行, 中華民國 72.
『張子全書』,(文淵閣四庫全書 697, 子部 儒家類) 臺灣商務印書館, 中華民國 75.
『朱子大全』, 中和堂, 1986.
『朱子語類』, 中文出版社, 1970.

2) 韓國原典

『寒洲全書』, 亞細亞文化社, 1980.
『寒洲集』, 초간본, 필자 소장.
『后山集』, 后山書堂 발행, 世振社, 1999.
『大溪集』, 三峯書堂, 漢城圖書株式會社, 漢籍本, 昭和 2년(1927).
『俛宇集』, 俛宇集刊行所, 漢城圖書株式會社, 大正 14년(1925).
『后山集』, 后山書堂 발행, 世振社, 1999.
『大溪集』, 三峯書堂, 漢城圖書株式會社, 漢籍本, 昭和 2년(1927).
『紫東集』, 한적본, 필자 소장.
『勿川集』, 勿川書堂, 아세아출판사, 1989.
『勿川集』, 勿川書堂, 아세아출판사, 1989.

『退溪集』, 계명한문학연구회, 學民文化社, 1990년.
『退溪學文獻全集』, 계명한문학연구회, 學民文化社, 1991년.
『葛庵集』, 『한국문집총간』 127-128, 민족문화추진회, 1994.
『高峰集』, 『한국문집총간』 40, 민족문화추진회, 1989.
『龜峯集』, 『한국문집총간』 42, 민족문화추진회, 1993.
『南塘集』, 『한국문집총간』 201-202, 민족문화추진회, 1998.
『老栢軒文集』, (韓國歷代文集叢書 507-513) 경인문화사, 1987.
『農巖集』, 『한국문집총간』 161-162, 민족문화추진회, 1996.
『大山全書』, 驪江出版社, 1990.
『東儒學案』, 一鵬精舍, 1970년(中化堂 재영인)
『梅泉野錄』, (황현 저, 김준 역), 敎文社, 1994.
『舫山文集』, 서울대학교도서관 印行, 1974.
『巍巖遺稿』, 『한국문집총간』 190, 민족문화추진회, 1997.
『栗谷全書』, 『한국문집총간』 44-45, 민족문화추진회, 1990.
『華西先生文集』, 學古房, 1986.
『田愚全集』, 亞細亞文化社, 1986.
『晦堂文集』, (韓國歷代文集叢書 894-900) 경인문화사, 1987.
『朝鮮儒敎淵源』, 亞細亞文化社, 1973년.
『朱子大全箚疑輯補』, 韓國學資料院, 아름출판사, 1985.

2. 單行本

1) 國內書

琴章泰, 『朝鮮 後期의 儒學思想』, 서울대학교 출판부, 1998.
금장태, 『퇴계학파의 사상(I)』, 집문당, 1996.
금장태・高光植 『儒學近百年』, 博英社, 1984.
금장태・高光植 『續儒學近百年』, 여강출판사, 1989.
劉明鍾, 『韓國哲學史』, 日新社, 1982.
유명종, 『宋明哲學』, 螢雪出版社, 1985.
유명종, 『朝鮮後期 性理學』, 日新社, 1988.
尹絲淳, 『퇴계철학의 연구』, 고려대학교 출판부, 1980.
尹絲淳, 『한국유학사상론』, 열음사, 1992.

李丙燾, 『韓國儒學史』, 아세아문화사, 1989.

李東歡, 譯解 『中庸·大學』, 나남출판, 2000년.

崔錫起, 『韓國經學家事典』, 三寶印刷所, 1998.

崔英成, 『韓國儒學思想史(Ⅰ-Ⅴ)』, 아세아문화사, 1994-1997.

한국사상사연구회, 『조선 유학의 학파들』, 예문서원, 1996.

한국철학사연구회, 『한국철학사상사』, 한올아카데미, 1996.

玄相允, 『朝鮮儒學史』, 현음사, 1982.

2) 國外書

勞思光 저, 鄭仁在 역, 『中國哲學史』, 탐구당, 1988

牟宗三, 『心體與性體』, 正中書局, 중화민국 58.

徐復觀, 『中國人性論史』, 先秦篇, 臺灣商務印書館, 中華民國 58.

熊十力, 『體用論』, 臺灣學生書局, 중화민국 71.

錢穆, 『朱子新學案』, 三民書局股분有限公司, 중화민국 60.

陳來, 『朱子哲學研究』, 華東師範大學出版社, 2000.

진래, 『朱熹哲學研究』, 文津出版社, 중화민국 79.

진래, 안재호 옮김, 『송명성리학』, 예문서원, 1997.

진래, 『朱子書信編年考証』 上海人民出版社 1987년.

진래, 전병욱 옮김, 『양명철학』(원제 : 有無之境), 예문서원, 2003.

陳榮捷, 『宋明理學之概念與歷史』, 中央研究院中國文哲研究所籌備處印行, 중화민
국 85.

진영첩, 『王陽明傳習錄詳註集評』, 學生書局, 중화민국 72.

馮友蘭, 『中國哲學史』, 商務印書館, 1931.

다카하시 도루 지음, 이형성 편역, 『다카하시 도루의 조선유학사』, 예문서원, 2001.

오하마 아끼라(大濱晧) 지음, 이형성 옮김, 『범주로 보는 주자학』(원제 朱子の哲學)
예문서원 1997.

3. 論文類

姜大杰, 「寒洲 李震相의 理氣說 小考」 『北岳論叢』 제5집, 국민대학교, 1987.

琴章泰, 「退溪學派의 學問「21」-寒洲 李震相의 性理學과 心卽理說」 『退溪學報』
제102집, 退溪學研究所, 1999.

琴章泰, 「退溪學派의 學問「22」－俛宇 郭鍾錫의 性理學」『退溪學報』 제103집, 退溪學研究所, 1999.

琴章泰, 「韓末道學의 思想史的 照明」『道原柳承國博士華甲記念論文集 東方思想論攷』 道原柳承國博士華甲記念論文集刊行委員會, 종로서적, 1983.

金京一, 「俛宇 郭鍾錫의 易學思想」『韓國思想家의 새로운 發見(3)』, 한국정신문화연구원 연구논총 95-19, 1995.

金道基, 「吾東儒賢의 '心卽理'說 論辨攷』『擇窩許善道先生停年紀念, 韓國史學論叢』, 일조각, 1992.

金東赫, 「寒洲 李震相의 主理哲學에 關한 研究」, 한국정신문화연구원 석사학위논문, 1984.

김동혁, 「寒洲 性理說의 主理的 特性」『東洋哲學研究』 제7집, 동양철학연구회, 1986.

김동혁, 「心卽理의 陽明說과 寒洲說 비교연구」『慧田專門大論文集』 제8집, 1990.

김동혁, 「湖洛論爭에 대한 寒洲의 批判的 立場」『慧田專門大論文集』 제9집, 1991.

김동혁, 「寒洲 李震相의 直字心訣에 관한 연구」『慧田專門大論文集』 제13집, 1993.

김동혁, 「寒洲 李震相의 直思想에 관한 연구 그의 心性論과 關聯하여－」『東洋哲學研究』 제14집, 1993.

金時杓, 「退溪 心性論에 관한 研究」『동양철학』 제1집, 1990.

文錫胤, 「朝鮮後期 湖洛論爭의 成立史 研究」, 서울대학교 박사학위논문, 1995.

문석윤, 「巍巖과 南塘의 '未發' 논변」『泰東古典研究』 제11집, 泰東古典研究所, 1995.

문석윤, 「퇴계에서 리발(理發)과 리동(理動)의 의미에 대하여」『退溪學報』 제110집, 2001년.

문석윤, 「巍巖 李柬과 南塘 韓元震의 人物性同異論辨에 관한 연구」『東方學志』 제118집, 延世大學校 國學研究院, 2002.

山內弘一, 「李震相의 心卽理說과 嶺南學派」『碧史李佑成停年紀念 민족사의 전개와 그 문화』, 창작과 비평사, 1990.

宋錫準, 「艮齋의 性師心弟說과 俛宇의 心卽理說에 관한 一考察」『艮齋思想研究論叢』 제2집, 艮齋思想研究會, 1998.

宋錫準, 「俛宇 郭鍾錫의 哲學思想」『韓國思想家의 새로운 발견(3)』, 한국정신문화연구원 연구논총 95-19, 1995.

宋贊植, 「朝鮮朝末 主理派의 認識論理－寒洲 李震相의 思想을 中心으로－」『韓國學報』 제9집, 1977.

송찬식, 「寒洲 李震相先生의 학문과 사상」『淡水』제13집, 1984.

송찬식, 「寒洲 李震相의 理氣論 연구」『韓國史學』제5집, 한국정신문화연구원, 1983.

李光虎, 『李退溪 學問論의 體用的 構造에 관한 研究』, 서울대학교 박사학위논문, 1993.

李東歡, 「南冥·退溪 兩學派의 思想 特性에 관한 몇 가지 問題 提起」『남명학연구』제9집, 경상대학교 남명학연구소, 2000.

이동환, 「16C 士林에서의 出處觀의 문제」『南冥과 동시대 大儒들』, 경상대학교 남명학연구소, 2002.

李三基, 「寒洲 李震相의 心性論의 연구」, 고려대학교 석사학위논문, 1993.

李相弼, 『南冥學派의 形成과 展開』, 고래대학교 박사학위논문, 1998.

李相夏, 「東岡 金宇顒의 出處와 학문」『南冥學研究』제11집, 慶尙大學校 南冥學研究所, 2001.

이상하, 「每月堂 金時習의 心儒跡佛 再考」『韓國學研究』제17집, 啓明漢文學會, 2003.

李佑成, 「韓國儒學史上 退溪學派의 形成과 그 展開」『退溪學報』제26집, 퇴계학연구원, 1979.

李昤昊, 『17世紀 朝鮮 學者들의 『大學』해석에 관한 研究』, 성균관대학교 박사학위논문, 2000.

李炯性, 「李震相 性理學의 方法論에 관한 考察」『韓國思想과 文化』제6집, 한국사상문화학회, 1999.

이형성, 「李震相의 性理說에 있어서 主宰性에 관한 一考察」『東洋哲學研究』제19집, 동양철학연구회, 1998.

이형성, 「李震相의 心統性情論에 관한 攷察」『東洋古典研究』제15집, 동양고전학회, 2001.

이형성, 「寒洲 李震相의 心性論 研究」『韓國思想과 文化』제2집, 1998.

이형성, 「李震相 哲學思想研究 序說」『韓國思想과 文化』제13집, 한국사상문화학회, 2001.

이형성, 「寒洲 李震相 性理學說의 方法論에 관한 연구」, 성균관대학교 석사학위논문, 1994.

이형성, 『寒洲 李震相의 性理學 研究』, 성균관대학교 박사학위논문, 2001.

崔英辰, 「조선조 儒學史 서술에 있어서 主理·主氣의 문제」, 한국사상사학회 발표문, 1992.

洪元植, 「이진상의 철학사상과 그 후예들」『동양학』제29집, 단국대학교 동양학연구소, 1999.

홍원식, 「퇴계학의 南傳과 寒洲學派」『韓國의 哲學』제30집, 경북대학교 퇴계연구
　　소. 2001.

丁淳佑, 「星州地域의 退溪學派」, 上同.

계명대학교 한국학연구원, 「근대 영남 유학의 유산 : 寒洲學派」, 제13회 한국학연
　　구원 기획학술발표회, 1999.

성균관대학교 대동문화연구원 동아시아 유교문화권 교육연구단, 「寒洲學派의 學
　　脈과 民族運動」, 제40회 동양학 학술회의(近代의 儒敎學脈과 民族運動
　　Ⅲ), 2000년 8월.

찾아보기

이상하 李相夏

1961년 경북 성주 출생
고려대학교 문학박사
민족문화추진회 국역위원
조선대학교 한문학과 교수

논 문
「寒洲 李震相 性理說의 입론 근거 연구」, 「南冥의 詩와 心學」,
「梅月堂 金時習의 心儒跡佛 再考」 등

역 서
『鵝溪遺稿』, 『庸齋集』, 『月沙集』, 『挹翠軒遺稿』, 『石洲集』 등

한국인물사 학술총서 ⑤

寒洲 李震相의 主理論 研究　　　　값 14,000원

| 2007년 6월 20일 | 초판인쇄 |
| 2007년 6월 30일 | 초판발행 |

저　　자 : 이 상 하
발 행 인 : 한 정 희
발 행 처 : 경인문화사
편　　집 : 신 학 태
서울특별시 마포구 마포동 324-3
전화 : 718-4831～2, 팩스 : 703-9711
E-mail : kyunginp@chol.com
http://www.kyunginp.co.kr
등록번호 : 제10-18호(1973. 11. 8)

ISBN : 978-89-499-0493-1　93150